예수와 하나님 나라

주 성 준 지음

도서출판 혜안

주 성 준

1952년 11월 14일생
총신대학 신학과 (B.A.) 졸업
미국 남침례 신학대학원 석사 (M.Div.)
동대학원 박사 (Ph.D.) 신약신학 전공
현재 총신대학 강사

예수와 하나님 나라

주 성 준 지음

초판 1쇄 인쇄 · 1995년 12월 15일
초판 1쇄 발행 · 1995년 12월 20일

발행처 · 도서출판 혜안
발행인 · 오일주
등록번호 · 제21-471호
등록일자 · 1993년 7월 30일

서울특별시 서초구 잠원동 43-4 우편번호 137-030
전화 511-8651~2 팩시밀리 511-8650

값 7,000원

ISBN 89-85905-16-3 03230

감사의 글

이 책이 나오기까지 많은 분들의 희생과 수고와 기도가 있었다. 무조건적인 지지와 사랑을 아끼지 않았던 가족과 친척들, 친구와 친지들, 지도와 격려로 인도해 주신 교수님들, 정작 기억조차 할 수 없는 익명의 지원자들, 그런 모든 분들에게 감사를 드린다. 이 책의 내용을 말하자면, 일세대 민중신학자들의 견해에 대한 비판적 대화라고 할 수 있다. 다시 말해 필자의 학위 논문의 내용을 근거로 교회가 수용한 예수와 하나님 나라에 관한 이해를 재점검하기 위한 시도이며, 민중신학자들이 수용한 신학적 사고의 틀이 초래한 신앙의 위기를 지적하는 비판이다. 21세기를 맞이하면서, 교회가 지나온 발자취를 돌이켜 보고, 처음 우리에게 전해지고 경험되었던 하나님의 은혜의 말씀을 다시 기억할 수 있기를 바라며, 이 책을 내놓게 되었다.

1995년 초겨울, 서울에서

차 례

제1장 서 론

오늘날 한국적 현실은 종교를 포함한 사회 전반적인 영역에서 위기를 경험하고 있다. 특히 과거 수십 년 동안 현상유지에 안주하려는 신앙에 익숙해진 교회의 일반적 분위기에 반해 미래를 향한 참된 신앙을 발견하려고 노력하는 그리스도인들에게 이러한 위기의식은 실제적이다. 이러한 불행한 결과는 일견 오직 '영혼구원'만을 고집하는 개인화된 신앙 안에서 그 원인을 찾아 볼 수 있다.[1]

---

1) 기독교인들은 예수 그리스도를 구주로 고백하는 신앙을 삶 속에서 체험하며 산다. 때로 구원과 종교적 확신들은 단순히 사적인 것으로 간주되어, 오직 한 개인과 하나님과의 관계가 신앙의 내용의 전부로 여겨지기도 한다. 이런 폐해의 대표적인 예는 교회가 공교회가 아닌 사교회로 전락된 경우를 들 수 있다. 그러나 이러한 사적인 차원의 신앙은 성경에 나타난 믿음과는 다르다(예 : 믿음의 근원이 되시는 하나님은 삼위일체의 하나님이시며, 창조와 종말의 주가 되신다). 더구나 사적인 차원의 신앙으로 예수 그리스도의 복음에 기인한 신앙의 진실성을 제 종교들과 현대의 사상들 가운데서 검증하는 실천은 대단히 어려운 일이다.

　지난 오랜 세월 동안 개신교 안에서의 전통 신학적 실천들은 성경적 증거들과 충분히 일치하지 않음을 보게 된다. 실제로 아직도 많은 기독교인들은 그리스도인이 된 이유에 관한 물음에 대동소이하게 단지 '영혼의 구원'을 위함이라고 대답한다. 물론 이러한 대답은 나름대로 정당성과 진실성이 있다. 그러나 이 대답이 단순히 개인적이며, 현재의 삶과 관계없는 구원을 전제로 하고 있다면 그러한 이해는 성경의 핵심적 증거와는 다르다고 할 수 있다.

　실제로 신앙의 지식과 실천 사이에 차이가 있다면 이러한 신앙은 문제를 안고 있는 것이다. 흔히 말하는 경험을 통해 믿는가, 아니면 들음을 통해 믿는가 하는 질문도 잘못된 것이다. 왜냐하면 하나님의 은혜와 용서를 체험하고, 죄사함을 입은 성도는 실생활 속에서 계속적인 변화를 통해서 복음을 증거하는 삶을 살기 때문이다.

　대부분의 교회 강단이 간과하고 있는 점은, 복음전파를 통해 성도들의 삶이 제자로서의 헌신된 삶이 되며 구원을 증거하는 삶이 되도록 인도하려하지만, 많은 경우 현실의 문제들을 신앙으로 해결하려는 노력이 부족하다는 것이다. 따라서 교회들은 현실에 근거한 삶의 궁극적인 의미와 목적을 말하는 데 실패하고 있으며, 교회의 증거들은 전반적으로 과거의 전통과 신학에 지나치게 치중하고 있는 것처럼 보인다. 이런 배경에서 신앙을 현실적인 문제들과 접목시키려는 요구가 교회의 중요한 관심사가 되는 것은 당연한 일로 간주된다.[2]

　복음이 선포되는 과정에서 사회·문화적인 요인들이 연관되듯이

---

2) 교회의 증거는 성경의 증거와 일치해야 한다. 기독교 선교의 전망은 성경에 증거된 하나님과 예수 그리스도에 대한 헌신에서 발견될 수 있다. 그럼에도 참된 증거는 신학적인 해석과 문화의 수용이란 문제점들과 연결되어 있다. 다시 말해 성경적 증거의 진실성을 상실하지 않고 이러한 문제점들을 다룰 수 있는가 하는 것이 주어진 과제이다.

예수 그리스도를 통해 알 수 있는 하나님에 관한 지식도 그 당시 사람들의 삶과 소망으로부터 분리되어 전해지는 것은 아니다. 다시 말해 신학의 작업을 통해 과거의 신학적 전통과 현재의 실천으로부터 끊임없이 배워야 하겠지만, 나아가 현실을 통해 성령께서 교회들에게 하시는 말씀에도 주의를 기울여야 할 것이다.

그러나 하나님을 단순히 질문과 학문의 대상으로만 축소시키거나 전락시킬 수는 없다. 왜냐하면 하나님의 주권에 의한 역사는 인간에 의해서 통제되거나 변질될 수 없는 초월적인 면을 갖고 있기 때문이다. 그럼에도 역사 안에서 하나님의 임재하시는 모습은 예수 그리스도를 통해서 매우 극적으로 드러난다. 그리스도인들에게 처음 찾아와 주시고 계속적으로 만나 주시는 하나님은 예수 그리스도의 하나님 외에 다른 하나님이 아니다. 성경은 바로 하나님께서 역사를 통해 특정한 백성들을 해방시키는 자기계시의 증거이다.3) 성경에 기록된 이야기들을 통해, 특히 예수 그리스도의 이야기를 통해 하나님을 현재의 주어진 삶 안에서 만날 수 있는 것이다. 따라서 예수 그리스도를 믿는 자는 단순한 과거의 존재로서가 아니라 오늘의 삶의 경험 속에서 함께 역사하시는 하나님을 만난다.

Monika Hellwig는 "오늘날 기독교인들은 근래의 기독론의 이론적 구조에 의해 혼돈과 부담을 안고 있다"고 지적한다.4) 사실 그녀의 지적이 많은 신자들에게는 현실 안에서 살아계신 하나님을 찾고자 하는 의도와는 무관한 방향으로 발전해온 교회의 기독론을 뜻하

---

3) R. T. France, "Liberation in the New Testament," *The Evangelical Quarterly,* 58 (January 1988), p. 3-23 참조.

4) Monika K. Hellwig, *Jesus the Compassion of God : New Perspective on the tradition of Christianity* (Wilmington : Michael Glazier, Inc., 1983), p. 9.

는 것으로 생각된다. 우선 교회가 새롭게 관심을 가져야 할 분야는 예수 그리스도의 삶 속에 분명히 드러난 선교적 소명이라 생각된다.

성경 안에서 예수 그리스도는 자신의 삶과 죽음을 통해 하나님 나라가 현실에 임한 사실을 증거함으로써 따르는 제자들의 삶을 변화시켰던 사실을 볼 수 있다. 따라서 예수의 선교의 핵심적 목표이며 내용이었던 '하나님 나라'가 오늘 교회가 당면한 신학적 실천의 과제임을 알게 된다.5) 실제로 신학자들에게 하나님 나라의 의미를 찾는 것은 중요한 과제로 인식되어 있다.6) 그러나 하나님 나라를 기독론과 분리시켜서 이해할 수는 없다.7) 왜냐하면 하나님 나라는 세상을

---

5) Frederick Herzog, *God-Walk : Liberation Shaping Dogmatics* (Maryknoll : Orbis Books, 1988), pp. 1-52 참조. 신학을 한다는 것은 단순히 신학을 위한 작업이 아니라 하나님의 역사를 변화시키는 계속적인 사역, 즉 예수 그리스도의 사역에 동참하는 것을 의미한다고 Herzog는 말한다(p. 10). 신학은 삼위일체의 하나님에 관해 계시된 성경과 역사를 통한 기독교인들의 사상을 비판적으로 수용하여 주어진 삶의 경험에 적용하는 두 가지 면을 갖고 있다. 따라서 신학은 살아계신 하나님과의 대화 — 특별히 예수 그리스도를 통해 드러나신 — 와 함께 현실의 정황 안에서 신앙을 해석하는 작업이라 볼 수 있다.

6) Bruce Chilton, "Introduction," *The Kingdom of God in the Teaching of Jesus,* ed. Bruce Chilton, Issues in Religion and Theology 5 (Philadelphia : Fortress Press ; London : SPCK, 1984), pp. 1-26 ; Benedict T. Vivano, *The Kingdom of God in History* (Wilmington, Del. : Michael Glazier Inc., 1988) ; Wendel Willis, ed., *The Kingdom of God in 20th-Century Interpretation* (Peabody, MA : Hendrickson Publishers, 1987).

7) Leonhard Goppelt, *Theology of the New Testament I,* trans. John E. Alsup, ed. Jurgen Roloff (Grand Rapids : Wm. B. Eerd-

구원하시는 하나님의 뜻에 대한 신실한 증거이어야만 하고, 그 증거
는 예수 그리스도 안에서 성취되었기 때문이다.

따라서 우연에 기인하지 않고 오히려 필요에 의해, 하나님 나라의
관점에서 제자도를 찾으려는 부단한 노력들을 많은 교회들, 특히 소
위 제3세계의 교회들 안에서 볼 수 있다.8) 이러한 제자도란 구체적
이고 특정한 삶의 자세를 통해 예수를 따르는 것을 말한다.9) 제자도
는 그리스도의 복음을 증거하는 것으로 소망에 관한 내용과 선지자
적 행위로의 부름을 의미한다.

그러나 주어진 환경에 따라서 신학적 이해를 찾는다는 것이 결코
쉽지는 않다. 교회의 전통적인 종말에 관한 교리적 확신이 단순히
초자연적이고 내세적인 면에 치우칠 경우, 기독교인들이 복음의 능

---

mans Publishing Co., 1981), p. 63. 고펠트는 다음과 같이 주장한다
: "하나님 나라의 임재에 대한 질문은 곧 예수에 관한 질문이다."

8) 소위 제3세계의 해방신학자들은 신앙의 소망과 역사의 역동적 사건들
을 연결시키는 작업을 통해 기독교인들의 정치적 사고를 발전시켰다
고 긍정적으로 평가될 수 있다. 그러나 상당수의 신학자들은 해방신학
이 인간의 성격과 운명의 부정적 측면을 경시하는 경향이 있음을 지
적한다. 실제로 인류역사에 있어 항존해 왔던 위험은 역사가 언제라도
'무비판적인 행동주의나 집단주의'와 결합할 수 있다는 데 있다[Glenn
Tinder, *The Political Meaning of Christianity : The Prophetic
Stance, An Interpretation* (San Francisco : HarperCollins, 1991
; originally published by Louisiana State University Press,
1989), pp. 7-17].

9) Jon Sobrino, *Christology at the Crossroads : A Latin American
Approach,* trans. John Drury (Maryknoll : Orbis Books, 1978),
pp. 118-31. Sobrino는 진정한 제자도란 하나님 나라를 위한 헌신으
로 "예수를 따르는 것에 관한 진정한 변화를 필요로 한다"고 지적한
다(p. 118).

력에 참여하는 일에 무관심하거나 심지어 방해가 되는 결과를 낳게
될 수 있다.10) 복음을 선포하는 과정에서 교회들이 현실과는 아무런
관계없이 전달의 매체로 말씀만을 지나치게 강조하는 면을 볼 수 있
다. 다시 말해 전통적 신학을 따르는 과정에서 상당수의 교회들은
단순히 성경의 권위만을 지키려는 자세를 유지하고 계속적인 성령의
사역을 최소화시키는 성향을 보여준다.11) 이러한 성향은 때로 교회

---

10) 하나님 나라의 의미가 한국 교회들의 신학과 영성에서 왜곡되었거나,
심지어 무관한 것으로 남아 있음을 보게 된다. 여기에 반해 최근까지
개인들에 대한 즉각적인 축복이 성령의 역사임을 강조하는 교회들의
폭발적인 부흥은 기이한 현상이다.

11) 상당수의 설교자들이 '영적 해석'에 치우치는 경향이 있는데, 성경해
석적 측면에서 이 해석은 단순히 경건을 근거로 한 주관적 해석이거
나 실존주의에 흐르는 성경해석으로 보이게 된다. 성경은 단지 영감으
로 기록된 하나님의 말씀일 뿐만 아니라, 역사적 사건들을 통해 나타
난 하나님의 계시이기 때문에, 역사적·문법적 해석의 시도가 필요하
다. 그러나 성경의 해석을 역사비판적 방법만으로 하는 것은 충분치
않다. 여기서 Schneiders의 의견을 통해 진실된 성경해석에 관한 이
해를 돕고자 한다 [Sandra M. Schneiders, *The Revelatory Text :
Interpreting the New Testament as Sacred Scripture* (San
Francisco : Harper & Row, 1991), esp. chap. 4]. Schneiders는 믿
음의 공동체가 갖고 있는 신학적·영적인 상상력이 그들의 역사적 경
험을 통해 예수 그리스도의 역동적 모습을 하나님의 계시로 표현하는
데 관여했음을 본다. 따라서 성경 본문의 의미를 찾기 위해서
Schneiders는 "다양한 방법들이 사용되는 것이 필요하며, 그 이유는
성경 본문 자체가 문학적·역사적 형식과 역사적·신학적 내용이기
때문이다"고 제시한다(p. 127). 신학자의 역할은 신앙에 관한 이론적
근거를 제시하는 데 있다고 해도 과언이 아닐 것이다. 하나의 신학이
신앙의 모든 것을 수용할 수 없지만, 그럼에도 불구하고 하나님의 계

가 상황에 따른 판단을 무시하고 단순히 교리만 전가하는 결과를 낳기도 한다.[12] 기독교 신앙이란 단순한 교리의 수용을 의미하는 것이 아니라, 예수의 가르침을 증거하는 실행의 삶이다. 따라서 말씀과 증거가 하나님의 종말론적 사역 안에서 결코 분리되어질 수 없는 것이다. 피상적인 교리적 전통주의에 빠지지 않고 보다 진실한 복음의 증거를 발견하기 위해 성령의 능력이 믿음의 공동체 삶 속에서 날마다 새롭게 이루어지고 있다는 사실을 이해하는 것은 대단히 중요한 일이다.[13] 그러므로 예수 그리스도의 복음을 주어진 현실에 적응시

시로서 성경의 증거에 충실해야만 한다.

12) 물론 복음(혹은 신학적 이해)을 다른 문화적 상황에 전달하는 상황화의 과정[Paul G. Hibert, "Critical Contextualization," *The Best in Theology,* vol. 3, general editor J. I. Packer(Carol Stream, Il : Christianity Today, Inc., 1990), pp. 387-400 ; Shoki Coe, "Contextualizing Theology," *Mission Trends,* no. 3, ed. Gerald H. Anderson & Thomas F. Stransky(New York : Paulist Press ; Grand Rapids : William B. Eerdmans Publishing Co., 1976), pp. 19-28]을 통해, 신학의 작업은 타협적인 증거를 제시하는, 즉 복음의 본질을 상대화 시키는 위험이 있음을 알아야 한다. 따라서 "어떻게 예수를 우리 자신의 소원을 성취하기 위한 보증인으로 만들으려는 의도를 피할 수 있는가?"라는 질문으로부터, 상황화의 과정이 필연적으로 성경의 증거 안에서 말씀과 실천을 함께 찾는 작업으로 되돌아가야 함을 볼 수 있다. 이런 의미에서 상황화란 단순히 인간의 기대와 필요에 부응하는 작업이 아니라 예수께서 우리들을 변화시키시는 일에 순종하는 것이라 하겠다. Jens Glebe-Moller, *Jesus and Theology : Critique of a Tradition,* trans. Thor Hall (Minneapolis : Fortress Press, 1989), pp. 77-99 ; idem., *A Political Dogmatics,* trans. Thor Hall (Philadelphia : Fortress Press, 1987) 참조.

13) Thomas H. Groome, *Sharing Faith : A Comprehensive Appro-*

키며 이해시키려는 노력은 지속되어야만 한다.14)

민중신학은 복음의 상황화를 표방하며, 한국적 상황에서 올바른 실천적 신학임을 스스로 주장한다. 구체적인 삶의 경험으로부터 민중신학자들은 자신들이 처한 시대의 사회·정치적 불의에 대한 도전으로 민중신학을 제시한다.15) 정치적 해석인 민중신학은 직·간

---

ach to Religious Education & Pastoral Ministry (San Francisco : HarperCollins Publishers, 1991) 참조.

14) 다양한 전통교리의 발전이 하나님의 구원에 관한 본래의 진실한 증거를 역사적으로 상황화시키는 과정이다. 문화가 하나님의 구원을 증거할 수 있는 가능성을 내포하고 있다면, 중요한 것은 상황화의 규범들을 예수 그리스도를 통해, 특히 신약성경에 증거되어진 대로, 인식하는 것임을 알아야 한다. 그러므로 신학의 작업은 예수 그리스도 안에서 발견된 공동체의 자기 이해와 대화하는 방법을 취해야 한다. 이 대화는 또한 계속적인 상황의 변화에 반응해야만 한다. 상황화는 결국 믿음의 공동체와 그와 관련된 문화를 향해 끊임없이 계속적인 비판과 평가를 시행할 것을 요구한다. Shoki Coe, "Contextualizing Theology," *Mission Trends* No. 3, ed. Anderson & Stransky (New York : Paulist Press, 1976), p. 21 ; Carl E. Braaten, *No Other Gospel : Christianity among the World's Religions* (Minneapolis : Fortress Press, 1992), esp. pp. 83-102 참조.

15) *Minjung Theology : People as the Subjects of History,* ed. the Commission on Theological Concerns of the Christian Conference of Asia (Maryknoll : Orbis Books, 1983) 참조. 민중신학자들은 한국의 1960년대와 70년대의 정치사회적 상황을 통해 고통받는 민중의 경험에 동참하는 가운데 성경의 증거의 상황화가 드러났다고 주장한다. 그러나 민중의 현실적 해방을 위한 투쟁의 일환으로서 민중신학의 상황화는 기독교 신앙의 세속화와 종교 다원주의를 수용한 관점에서 이루어진다는 것이다.

접으로 독일의 정치신학과 각종 해방신학들의 영향을 받았으며, 성경 본문해석에 역사비판적 입장을 수용할 뿐 아니라 사회학적·문학적 제 이론들을 사용해 타당한 해석을 이끌어내려 한다. 그렇기에 민중신학은 지나치게 본문의 실용성을 강조하게 되고 나아가 민중의 경험을 정당화하는 과정에서 성경해석의 전통적인 방법들을 쉽게 무시하게 된다.

물론 민중신학이 현실에 안주하거나, 개인적 차원에 머무는 신앙에 도전이 되는 것은 놀라운 일이 아니다. 민중신학이 실천을 강조하는 성경해석은 최근의 각종 철학적·신학적 사조들과 함께 호흡하고 있다. 때때로 민중신학자들은 신학적 이론의 중요성을 부정하면서, 전통적 해석학의 이해를 넘어 단지 실천(praxis)만을 강조한다. 민중신학은 일면 정치·해방신학의 급진적인 면을 보이기도 하고, 다른 한편으로는 한국적 민중이야기를 신학의 전거(典據)로 사용하기 위해 종교 다원화의 입장을 수용한다. 민중신학은 기독교가 전통적으로 주장해 온 '예수 그리스도만이 유일한 하나님의 자기 계시'라는 성경적 증거를 포기할 것을 주장한다. 근본적이고 결정적인 기독교 신학의 근거에 회의를 던지는 이와 같은 민중신학의 자세는 전통적인 방법을 따르는 신학에 직접적인 위협이 되고 있다.

오늘날 상당수의 그리스도인들은 매일의 삶 속에서 진정한 제자로서의 삶을 실천하지 못하고 있다고 생각한다. 그러나 여전히 많은 교회가 추종하는 신학의 내용이 구체적인 삶과는 무관한 중립적인 입장을 취하려 하며, 동시에 새로운 비판적 시도로 등장한 민중신학의 내용도 단지 복음의 정치·사회·경제적 실천만을 주장한다.[16]

---

16) 나는 한국적 상황에 관련된 복음의 재해석에 대한 민중신학의 요구가 기독교신학이 수용할 수 없는 면을 제시하며 나아가 신학의 순수성에

그렇기 때문에 그리스도인들은 제자로서의 삶을 실천하기 위한 올바른 신앙 이해가 요구된다.

그러므로 이 책의 관심은 제자들의 삶에서 드러난 예수의 정체와 하나님 나라에 대한 연구를 통해, 역사 안에서 구원을 이루시는 하나님의 임재를 찾으려는 노력으로 나타날 것이다. 부연하면 한국교회가 당면한 주요한 과제들 중 하나는 삶의 경험 안에서 복음의 의미를 찾는 것이고, 특히 현실의 경험 안에서 하나님 나라의 의미를 찾는 것이다.

연구의 목적

이 책의 목적은 예수의 정체를 연구하고 신앙의 실천에서 하나님 나라[17]가 차지하는 중요성을 조사하는 데 있다.[18] 이 목적은 한국의

___

대한 위협이 되고 있다고 생각한다. '비교리화' 와 '비신학화'를 통해 역사적 예수를 발견하려는 민중신학의 해석적 접근들은 마땅히 수정되어야만 한다. 이런 관점에서 예수의 가르침과 선포 속에 나타난 하나님 나라는, 민중이 경험을 통해 성령을 이해하는 판단기준으로 다시 해석되어야 한다.

17) 전통적으로 기독교 신앙의 정체성과 연관성은 "예수께서 구세주이며 주가 되신다"는 고백을 근거로 한다. 예수의 삶은 그의 전적인 하나님에 대한 신뢰로 표현될 수 있으며, 그의 이러한 확신이 자신의 정체성을 드러낸다. 그러나 예수의 정체성은 결정적으로 그의 행위를 통해 드러난다. 따라서 예수의 인격과 사역은 기독교 신앙의 핵심으로 남아 있다. '예수가 그리스도'라는 신앙 고백은 역사적 예수와 부활의 그리스도를 동시에 칭하고 있다. 이 고백에서 '그리스도'는 현재와 미래에 있을 일에 중요성을 부여하고 있는데, 그것은 예수를 믿는 자마다 성령으로 말미암아 하나님과 연합하고 있다는 사실이다. 따라서 기독론

제1장 서 론

토착적이고 상황적인 신학이라는 민중신학[19]을 Clyde Norman Kraus의 기독론적 신학[20]을 통해 비판함으로 이루어질 것이다.

은 예수 그리스도의 인격과 사역을 함께 연구하는 것으로 이 두 가지 면을 분리하지 않는다. 나아가 예수의 사역의 성격을 이해하는 가장 중요한 비유는 하나님 나라일 것이다. 일면 그리스도인들에게 있어 예수는 하나님 나라와 동일시되기도 한다. 실제로 "예수는 누구인가?" 하는 질문은 예수의 선포의 핵심인 하나님 나라의 의미와 밀접한 관계를 갖고 있다.

18) Clodovis Boff, *Theology and Praxis : Epistemological Foundations* (Maryknoll : Orbis Books, 1987) ; Anselm Kyongsuk Min, *Dialetic of Salvation : Issues in Theology of Liberation* (Albany, N.Y. : State University of New York Press, 1989), pp. 37-77 ; Peter C. Hodgson, *God in History : Shapes of Freedom* (Nashville : Abingdon Press, 1989), pp. 186-234 참조.

19) *Minjung Theology,* op. cit., and Jung-Young Lee, ed. *An Emerging theology in World Perspective : Commentary on Korean Minjung Theology* (Mystic, Conn. : Twenty-Third Publications, 1988) 참조. 영어로 번역된 민중신학에 관한 자료들이 많지는 않지만 이 두 권의 책이 민중신학을 잘 나타내고 있는 것으로 보인다. 신학적으로 민중신학의 성격은 차치하고, 민중신학의 주된 관심은 목회적이고 선교적이라는 것을 말할 수 있다. 다른 말로 하면 민중의 구체적 삶의 현장에서 복음을 고백하는 것이라고도 할 수 있다. 민중신학은 문화적 정체성과 정치적 색깔을 분명히 표방한다. 다른 여타의 아시아의 신학들과 같이 민중신학은 지역신학으로서, 문화와 종교 특히 공동체의 전통에 대해 특별한 관심을 강조한다. 민중신학자들은 유추적이고 이론적인 지식을 추구하기보다는 신앙의 실행에 근본적인 관심을 나타낸다. 다만 민중신학은 방법론에 있어 전통적인 신학으로부터 급격히 분리된다.

20) Clyde Norman Kraus, *Jesus Christ Our Lord : Christology*

　민중신학은 실제로 많은 사람들에게 기독교 신앙의 정체성과 타
당성에 관한 이해에 위기를 불러일으켰으며, 이 위기는 결국 한국적
상황에서 예수의 정체와 그의 사역에 관한 교회의 일반적 이해가 초
래한 위기라 할 수 있다.[21] 비록 비판적인 대화를 통해 민중신학과
교류하지만, 이 연구를 통해 예수와 하나님 나라에 관한 포괄적인
신학을 발전시키거나, 민중신학의 모든 면을 다루려 하지는 않을 것
이다. 다만 정의와 자유를 얻기 위한 투쟁을 통해서 야기되는 주요
한 신학적 논제들(특히 한국적 상황)과 관련된 대화에 참여하는 자
세로 이 책을 쓴다.[22]

　연구의 기본적 논제는, 성경 안에서 발견되는 하나님의 구원의 실
체가 예수의 생애와 말씀뿐만 아니라, 현실의 경험들을 통해서도 이

---

from a Disciple's Perspective (Scottdale, Pa. ; Kitchener,
Ontario : Herald Press, 1987), esp. pp. 15-19 참조. Kraus는 '평화
신학'을 표방하며 자신의 신학의 과제로 '십자가'와 '부활'을 통해 "예
수 안에 드러난 하나님의 자기 계시의 의미"를 찾고자 한다. "왜 예수
는 죽어야만 했는가?"라는 질문에 답하고자 하는 과정에서 진행되는
Kraus의 신학은 한국적 상황에서 또다른 신학적 선택으로서, 역사적
이며 현실적인 예수 그리스도와 하나님 나라에 관한 의미들을 새롭게
소개할 수 있다고 본다. 이 책은 이제부터 *Our Lord*로 인용될 것이
다.

21) 민중신학은 일면 자기중심적인 교회, 정의와 자유를 회복하기 위한 울
　부짖음에 초연한 교회들을 향한 도전이기도 하다. 그럼에도 민중신학
　이 잘못된 신학이라면 상당수의 신자들을 오도할 수 있는 위험한 시
　도로 간주되어야만 한다.

22) 나의 시도는 하나의 교량적 역할로서, 민중들로 하여금 민중신학자들
　이 제시한 영역을 넘어 성경적이고 역사적인 전통에 대한 새로운 이
　해로 나아갈 수 있기를 원하는 바람이라고 규정하고 싶다.

해될 수 있다는 것이다.[23]

비판적 대화를 위한 방법

이 연구의 방법은 비판적 대화이다.[24] 따라서 Kraus의 저서,
*Jesus Christ Our Lord*를 근거로 민중신학과의 비판적 대화를 발
전시킬 것이다. 이 방법은 대화의 상호관계를 고려하여 어떤 특정한
목표와 목적을 부여하는 것을 가급적 피하려 한다. 다만 대화를 통
해 서로가 보다 나은 이해를 갖게 될 것을 기대한다.

먼저 Kraus가 제시하고 있는 기독론의 분석을 통해 민중신학과
의 대화를 위한 기본적 근거를 제시할 것이다. 그러나 Kraus와 민중
신학자들의 견해가 무비판적으로 수용되거나 모방되지는 않을 것이

---

23) Peter G. Hodgson은 그의 저서 *God in History* 안에서 주장하기를,
예수의 비유에서 하나님 나라는 "새로운 공동체적 삶의 방향을 지적
해 주는데, 그것은 나그네와 이방인에게도 열려진 사회, 즉 다른 문화
와 인종, 그리고 종교까지도 포용하는 것이다. 따라서 이것(하나님 나
라)은 변화를 구체화시킬 수 있는 실천적 규범으로, 전혀 다른 문화적
조건들 아래서도 작용할 수 있다"고 한다 (p. 211). 이와 같이 하나님
나라는 선교의 역설적인 면을 수용할 수 있는 규범으로 이해될 수 있
다.

24) Kraus, *The Authentic Witness : Credibility and Authority*
(Grand Rapids : Wm. B. Eerdmans Publishing Co., 1979), pp.
27-48 참조. Kraus는 복음 증거의 신실성을 추구하는 데 있어 사람
들의 갈망과의 일치를 추구하며, 나아가 그들의 열망과 필요에 알맞는
행동으로의 발전을 지향할 필요성을 인정한다. 그러나 예수의 사역을
살피면서, Kraus는 지역사회의 문화가 먼저 하나님과의 상징적 교제
를 통해 구속의 과정을 거쳐야 함을 보여준다.

다. 대화의 내용은 신학에서 예수의 정체와 역할 그리고 하나님 나라의 의미에 그 초점이 맞춰질 것이다. 대화의 내용인 예수와 하나님 나라는 교회의 역사를 통하여 무수히 다뤄진 주제들이기 때문에 이 연구에서 인용될 자료들은 선택적이고 제한적일 수밖에 없다. Kraus는 대화의 방법에 관련해서 유용한 의견을 제시해 주었는데, 그것은 이 대화가 단지 교회가 처한 상황과 관련된 범주에서만 시도되고, 대화의 결과인 신학적 제시를 통해 교회의 삶과 사역을 돕는 것에 한정하는 것이다.

따라서 이 연구는 예수의 정체와 그의 가르침의 주제인 하나님 나라의 의미를 새롭게 이해하려는 개인적인 노력의 결과이다. 이 연구는 또한 문화적 배경을 극복하려는 선교적 관점에서 이루어질 것이다. 비판적 대화를 통한 이러한 노력이 진리를 찾는 데 조그마한 발전이 되기를 바라는 마음에서 단순히 Kraus의 주장이나 민중신학의 인용에 제한되지 않고 성령의 구속의 능력과 은혜 앞에 열려 있는 자세로 임할 것이다.

단원요약

첫째 단원은 서론과 연구의 목적 그리고 연구의 방법인 비판적 대화에 관한 내용으로 구성된다. 둘째 단원에서는 Kraus의 기독론을 이용해 "예수의 정체성에 관한 이론적 분석이 신앙의 실천적인 면과 무슨 관계가 있는가?"하는 질문에 대한 대답을 추구하며, 여기서 신학적인 예수의 이해를 구한다. 이 단원의 대화는 예수가 구세주이심을 나타내는 기본 자료인 신약성경의 예수에 관한 증거들을 다루고 있다. 결국 예수는 하나님의 역사적 임재로 이해된다. 또한 하나님 나라는 하나님의 구원으로의 초대와 선포로, 하나님의 주권에 대한 인간의 책임있는 반응을 통해서 이해된다.

셋째 단원에서는 대화의 동반자인 민중신학이 주장하는 예수 그리스도와 하나님 나라에 관한 이해를 다루고 있다. 민중신학의 견해에 따르면 예수 그리스도의 하나님은 억압 속에 신음하는 사람들의 고통소리에 응답하시는 하나님이다. 그러나 자기만의 신학적 이해에 몰입하는 과정에서 민중신학자들은 신학의 보편성을 상실한다. 이는 민중신학자들이 민중의 해방을 위해 성경을 재해석하고 그 해석을 근거로 새로운 복음을 형성해가는 과정에서 일어난다. 민중신학자들이 신학의 전제를 오직 민중의 해방운동에만 국한시키려 했기 때문에, 민중은 지상낙원을 성취하는 자유자가 된다. 결과적으로 민중신학은 복음의 상황화와 조화를 이룰 수 없는 대단히 위험한 시도로 생각된다.[25]

민중신학은 민중을 역사의 주체로 만들기 위해,[26] 하나님 나라를 단지 민중 해방을 위한 도구로만 사용하려 한다.[27] 그러나 민중신학

---

25) 민중신학은 이론적 구조가 아직 완성된 형태의 신학이 아니다. 신학적 방법조차도 공유할 수 없는 자기만의 것이며, 민중신학 형상은 신앙의 지평을 넓혀주기보다는 오히려 위축시키고 있다. 전통적 문화수용을 통한 인본주의적 상황화의 과정을 통해 민중신학은 기독교 신앙의 역사적 뿌리를 상실하고 있다.

26) 서남동, "Historical References for a Theology of Minjung," *Minjung Theology,* p. 164. 서남동은 민중신학은 '반신학'이라고 주장한다. 그의 주장은 한국교회의 전통적인 신학방법은 단순히 '서양신학'의 모방이기 때문에 민중신학은 반신학적 자세를 취한다는 것이다.

27) 안병무·김창락·민영진, 「민중신학의 성서해석방법」, 『신학사상』 57, 1987, 412-33 ;『1980년대 한국민중신학의 전개』, 한국신학연구소, 1990, pp. 299-320 참조. 안병무는 민중이 이미 하나님 나라가 무

자들의 이러한 태도는 역사적 실제와 성경적 인용의 중요한 긴장관계를 상실하고 있다. 비록 민중의 고난을 신학의 근거로 삼으려는 민중신학자들의 시도는 이제까지 감추어졌던 신앙의 측면을 공개했을 수도 있으나, 보다 폭넓은 기독교 신학의 배경에서 성경과 교회의 전통을 근거로 민중신학은 평가받아야 한다.[28]

넷째 단원에서는 예수와 하나님 나라에 대한 Kraus의 이해를 바탕으로 민중신학이 행한 복음의 상황화에 대해 비판적 이해를 시도한다. 부연하면 민중을 역사의 주체로 만들기 위해 민중의 전통과

엇을 의미하는지 알고 있기 때문에 예수께서 굳이 하나님 나라의 의미를 설명하지 않으셨다고 주장한다(p. 313). 그는 예수의 말씀에 나타난 하나님 나라는 'mono Yahwism'과 체제에 반대하는 선지자들에 의해 영향을 받은 민중들의 염원을 나타내고 있다고 한다(p. 312). 불트만의 신학적 사유에 관한 이해를 바탕으로, 비신화화를 따르지는 않지만, 복음서에 기록된 내용 중 민중해방의 목적과 일치하지 않는 본문들은 제도적 교회에 의해 후대에 기록된 것으로 간주한다.

28) Orando E. Costas, *Liberating News : A Theology of Contextual Evangelization* (Grand Rapids : Wm. B. Eerdmans Publishing Co., 1989), pp. 1-19 참조. 복음의 이론적 구조를 형성하는 데 Costas는 성경과 기독교의 전승, 그리고 경험을 신학의 3대 기본적 근거로 제시한다. 다시 말해 Costas는 경험이 신앙의 이해에 중요함을 인식하고 있다. 반면 Costas는 경험의 신학적 상관관계를 비판적으로 잘 평가해 놓고 있다. 그의 말을 인용하면, "만약 개인적인 (존재적 그리고 신비적) 경험이 지나치게 강조되면 하나님을 개인적 영역으로 제한하게 된다. 그러나 사회·문화적 요소가 지나치게 강조되면 하나님과 문화 사이에 구별이 없어지게 되거나 혹은 최악의 경우 하나님이 역사 자체 속에 흡수되고 만다"(p. 5-6). Costas의 정확한 지적과 같이 경험은 성경의 명백한 가르침을 대신하거나 상치될 수 없으며, 확증된 전통을 반대할 수 없는 것으로 보인다.

경험이 성경의 말씀보다 우위에 있음을 강조하는 복음의 상황화를 평가한다. 그러나 복음의 상황화라는 회심의 경험 안에서 예수 그리스도의 역할은 신앙의 독특한 성격으로 설명될 것이다. 아울러 하나님 나라를 선전하기 위한 순종적 참여도 신앙을 확인하는 한 지침으로 이해될 것이다.

다섯째 단원은 결론으로서, 신학의 작업에 관계된 간단한 진술에 이어 Kraus와 민중신학 사이의 비판적 대화를 통해 걸러진 결론들을 제시한다. 예수 그리스도는 하나님의 아들로서, 종말적 구원의 선포자로 이해되며, 그의 삶은 자신의 선포의 내용인 하나님 나라를 실천한 것으로 이해된다. 하나님 나라는 역사 안에서 구원을 이루시는 하나님의 뜻을 드러내고 나아가 그 뜻을 이루게 하는 하나님의 능력의 임재로 이해된다.

제2장
Clyde Norman Kraus의
예수와 하나님 나라

기독론적 관점에서 신학의 내용을 전개하는 Kraus는 예수를 주와 그리스도로 증거하며, 동시에 하나님 나라를 하나님의 주권적 역사에 대해 인간의 반응으로 이루어지는 구원에로의 초대와 부르심으로 이해한다.

서론

기독교 신앙 이해에 있어서 나사렛인 예수의 위치와 비중은 절대적이다. 왜냐하면 예수를 유일하신 "그리스도요, 살아계신 하나님의 아들"(마태 16 : 16)이라고 고백하기 때문이다. 그러나 예수가 그리스도라는 고백의 의미와 암시의 표현들은 시대와 환경에 따라 다양할 수 있다.1) 더구나 Hans Kung의 선언과 같이 "기독론적인 토론은 근세이래로 아직도 완전히 결론이 나지 않고 있다"는 견해가 제시되기도 한다.2) 그러나 Kraus는 성경의 결정적 증거들과 교회의 전통 안에서 기독론의 진정한 중요성은 구원론으로 이해되고 있다고 결론짓는다.3) 역사를 통해 하나님에 대한 보편적이고 절대적인 신학적 해석은 없다는 주장에 반해, 그는 신약성경이 역사적 사건인 예수 그리스도의 삶과 죽음, 그리고 부활 안에서 구원의 보편성과 절대성에 관한 결정적 증거를 제시한다고 주장한다.4)

　Kraus는 또한 신약성경이 기독론과 인간론을 연결시켜주는 중요한 자료를 제공하고 있다고 본다.5) 왜냐하면 예수 그리스도는 '하나

---

1) Jaroslav Pelikan, *Jesus through the Centuries : His Place in the History of Culture* (New Heaven and London : Yale University Press, 1985), pp. vii-ix 참조.

2) Hans Kung, *The Incarnation of God : An Introduction to Hegel's Thought as Prolegomena to a Future,* trans. J. R. Stephenson (New York : Crossroad, 1987 ; London : T & T Clark, 1989), p. 19.

3) Kraus, *Jesus Christ Our Lord* (Scottdale, PA. ; Kitchener, Ontario : Herald Press, 1987), pp. 196-97, 201 참조. [이후부터는 이 책의 인용은 *Our Lord*로 표기한다]

4) Kraus는 신약성경을 인자이신 예수의 삶을 통해 "계시의 극적 사건에 참여한 사람들에 의해 씌어진" 역사적 산물로 정의한다 [*Our Lord,* p. 58 참조].

5) 기독론의 인간론적 적용은 구원론의 한면이 된다. 사실 기독교 신앙이해에 있어서 기독론과 구원론은 본질에 있어서 동일하고 불가분리의 관계를 이루며, 복음의 내용이 된다.

님의 형상'(고후 4 : 4 ; 골 1 : 15)이며, 이 형상을 따라 인간이 창조
되고, 모든 만물이 그를 위하여 창조된 것이기 때문이다(고전 8 : 6
; 골 1 : 16). 구원론과 창조론을 묶어서 오직 예수 그리스도의 전
생애를 통해서만 인간실존의 진정한 의미를 이해할 수 있다고 주장
한다. 덧붙여 그는 신학의 가치가 단지 논리의 전개에 있지 않고 그
적용에 있다면서, 신학의 역할은 기독교 공동체가 선교의 현장에서
갖고 있는 구체적인 질문들과 의심들에 대한 답을 제공하는 것이라
고 말한다. 따라서 Kraus의 신약신학은 기독론에 관한 이해를 근거
로 구원론과 인간론의 주요한 질문들에 답하려는 시도로 보인다.

1. 기독론

"예수의 정체성에 관한 이론적 분석이 어떻게 그리스도인의 삶과
관련이 있는가?"라는 질문을 근거로 Kraus는 그의 기독론을 전개해
나간다. 환언하면 예수 그리스도 안에 나타난 하나님의 성격과 구원
의 의미를 이해하려는 시도로 그의 기독론은 시작된다. 또한 Kraus
의 기독론은 선교적 관점에서 단순히 "예수가 참 하나님의 자기 계
시인가?" 하는 질문만이 아니라, 사람들의 삶의 의미와 역사에 관한
질문들, 그리고 종교와 전통을 포함한 보다 포괄적인 내용들을 다루
게 된다.[6] 그는 또한 하나님과 관련된 언어들을 규명하기 위해 서술
적이고 분석적인 이해의 과정을 통해 기독론적 질문들을 전개시킨
다.

Kraus의 기독론을 이해하기 위해 우리는 무엇보다도 먼저, 그가
믿음의 공동체 안에서 예수를 따르려는 '재세례파'의 전승
[Nachfolge Jesu]에 신실하려 하며, '신앙과 행위'의 균형을 찾으려

---

6) Kraus, *Our Lord,* pp. 102-103.

하는 노력을 읽을 수 있어야 한다. 다시 말해 자신이 속한 전승을 맹목적으로 지지하고 추종하는 것이 아니라, 오히려 다양한 방법과 전승을 통해 복음을 재조명하려는 그의 시도를 보아야 한다. 즉 특정한 전승을 극복하고 예수 안에서 신앙의 보편적 정체성을 찾으려는 노력을 통해 하나님과의 언약적 관계가 회복된 가운데 예수 그리스도의 주권에 순종하는 삶의 내용을 제시한다.

둘째로, Kraus의 기독교 신앙은 예수의 삶과 죽음, 그리고 부활을 통한 가르침에 그 근거를 두고 있으며, 그 가르침은 메시아적 공동체를 통해 현재도 계속되고 있다고 주장한다.7) 비록 신앙의 공동체가 불완전하다 해도 하나님의 선교를 감당함으로써 신실해져야 하며, 하나님 나라의 능력을 통해 하나님의 뜻을 실천해야 한다는 것이다. 예수 그리스도 안에서 하나님의 선교란 "하나님의 주권 아래 새로운 사회적 · 영적 인간관계를 시작한 것"8)이라고 말한다.

셋째로, Kraus는 성령이 하나님 계시의 매체로서 행하는 역할을 조사한다. 성령은 예수를 증거하고, "계시의 '원 사건'"에 참여한다고 주장한다. 다시 말해 성령께서는 사람으로 하여금 하나님과 만나게 하며, 그리스도 안의 새 생명으로 인도하는 역할을 행한다. 성령의 임재는 적대감 속에서도 화해를, 고통과 낙심 가운데에서도 기쁨을 이루는 하나님의 보증으로 신자들의 삶 안에서 역사한다. 따라서 Kraus는 강조하기를 성령에 관해 바르게 이해하는 것은 기독론의 올바른 이해에서 비롯되며 현실의 다양한 삶 속에서 복음의 내용을 효과적으로 실천하는 삶을 통해 그 실재를 인정받게 된다.9)

---

7) Ibid., p. 244-45.
8) Ibid., p. 241.
9) Ibid., p. 36.

넷째로, 신약의 증거들을 통해 알려진 '그리스도 사건'을 그의 기독론의 출발점과 규범으로 간주한다. '그리스도 사건'이란 역사에서 독특하고 유일한 사건이기 때문에, 이 사건의 증거인 신약성경은 '체험된 실체의 언어'이어야 하는 것이다.[10] 복음서에 기록된 예수에 관한 다양한 표현들은 우리가 신앙 안에서 예수의 중요성을 이해하기 위해서는 신학적 언어들을 사용할 필요가 있음을 보여준다고 한다.

다섯째로, 소위 정통신학의 지나친 형이상학적인 개념화에서 비롯된 '가현설적(docetic)' 경향에 반대하여, Kraus는 예수의 인성 안에서 그의 기독론의 단서를 찾으려 한다.[11] 복음서에 드러난 예수는 '진정한 인간의 원형'이며, 하나님의 계시가 역사적 인물인 나사렛 예수를 통해 주어진 것으로 본다. 역사에서 하나님의 구원에 관한 증거를 찾는 과정에서, 예수의 인성은 하나님의 신성을 구체적으로 알게 하는 증거가 된다. 따라서 Kraus는 교리적 선언이 아닌 역사적 인물 예수 그리스도를 기독론적 연구의 시발점으로 삼는다.

마지막으로, 하나님 나라를 하나님의 구원과 동일시하는 Kraus는 하나님 나라를 하나님의 선취(initiative)와 인간의 반응(response)으로 이루어지는 믿음 안에서 구원으로의 초대, 혹은 선포로 이해한다. 그리스도의 삶과 죽음은 하나님 나라를 가능케 하고, 또는 필요하게 함으로써 삶의 현실적 상황을 변화시켰다. 따라서 하나님 나라의 종말론적 중요성은 신앙에 관한 이해에서 기독론이 차지하는 비중과 같은 것으로 간주되며, 나아가 예수의 생애와 제자도를 통해서 세속적 법과 질서를 초월하는 하나님의 지속적인 구원 능력을 발견한다.

---

10) Kraus의 *Our Lord*의 제2장을 자세히 읽어보시오.
11) Ibid., p. 63-64.

2. 기독교 신앙이해

Kraus는 다양한 기독교 신앙의 실천들을 분석하며12), 참된 신앙을 제자도에 비유하면서 그 내용은 "하나님의 율법이 아닌 사랑에 대한 순종"13)이라고 말한다. 즉 기독교 신앙은 하나님의 사랑을 이루기 위해 죽기까지 순종하신 예수께서 율법이 아닌 믿음으로 의롭게 되는 모범(전형)이 되셨으며, 또한 믿음으로 구원의 사역에 참여하는 신자들도 의롭게 하신다는 내용을 전파하는 것이다(롬 3 : 22, 26). 신학적 관점에서 Kraus는, 예수의 십자가의 죽음과 부활은 하나님께서 죄의 문제를 해결하시는 방법이라고 설명하며, 예수 그리스도가 모든 신앙의 규범이 됨을 주장한다. 한 가지 덧붙여 알아야 할 사실은, Kraus는 이미 완성되어진 교리를 단순히 반복하거나 변호하기 위해 신학의 작업을 하는 것이 아니라, 구체적인 현실과 연관된 문화 사이의 차이를 극복하는 선교적 관점에서 기독교 신앙의 핵심적인 내용을 재구성하고 있다는 점이다.

따라서 최근에 성경연구와 선교적 필요에 의해 새롭게 제시된 요구들을 만족시키기 위해, 기왕의 전통적인 구원의 교리들을 부인하지 않으면서, 사도들의 선포를 통해 밝혀진 주님의 죽음과 부활에 관한 전체적인 윤곽을 구체적으로 드러내려 한다. 이런 관점에서 진정한 신학은 신약성경이 제시한 그리스도의 증거를 올바르게 인식하고 신실하게 드러냄으로써 오늘날의 다양한 정황에서도 복음을 효과적으로 전하는 것에서 명백해진다. 따라서 Kraus는 자신의 기독론을 "섬김의 실천을 위한 이론"14)이라 부르기를 주저하지 않는다.

---

12) Kraus, *Our Lord,* pp. 230-35.
13) Ibid., p. 180.

Kraus는 기독교 신앙의 생생한 예시들을 현재의 삶에서 경험하는 하나님의 은혜라고 생각한다. 그리스도인들은 예수 그리스도의 말씀을 함께 나누고, 하나님께서는 신자들 안에서, 혹은 그들을 통하여 역사하시지만, 사람이 하나님을 소유하거나 지배할 수는 없다. 그러므로 그리스도인들은 나사렛 예수가 모든 삶의 영역에서 지배적인 영향력을 행사할 것을 고백해야 하며, 동시에 예수께서 우리와 관련이 있는 사실을 확인하기 위해서는 예수에 관한 지식을 소유해야만 한다.

하나님의 자기 계시

다양한 종교와 문화의 다원주의적 사회에서 "왜 예수는 죽으셨는가?"라는 질문에 답하려는 시도는, 일견 인생의 궁극적 의미와 목적에 관한 질문에 부응하려는 신약신학에 있어 결정적인 과제인 것으로 보인다. 이는 예수의 죽음이 단순히 인간사의 한 단면이 아니라, 하나님의 예정과 섭리 안에서 인생의 근본적인 문제를 해결한 사건이며, 하나님의 말씀으로서 역사적·신학적 증거인 성경과 교회를 통해서 계속적으로 기억되고 선포되기 때문이다. 따라서 Kraus는 위의 질문에 답하기 위해 성경과 교회의 전승에 반영된 주와 그리스도되신 예수의 의미를 찾는 작업을 시작했다. 이 작업을 통해 Kraus는 예수가 하나님의 궁극적 의도를 이루신 하나님의 자기계시란 결론에 이른다.[15] 실제로 신약성경은 유대의 그리스도인들이 예수를

---

14) Ibid., p. 37.
15) Kraus는 기독교 신학에 있어서 성경의 증거가 '필수적'임을 주장한다.

알게 됨으로써 이전에 갖고 있던 하나님의 뜻에 관한 이해를 바꾸기 위해 갈등하는 모습을 그리고 있다(참고 행 10 : 36). 왜냐하면 예수 그리스도께서 초월적이고 영적인 하나님의 자기계시인 사실을 체험했기 때문이다. Kraus는 예수 그리스도 안에 나타난 하나님의 계시를 역사안에 드러난 하나님의 의도로 이해하며, 다음과 같이 설명한다 : 첫째로, 하나님의 계시 형태는 '인격적 임재와 대화'이며, '구체적 사고의 교환과 신비한 연합'16)이다. 둘째로, 하나님의 계시의 실체는 '하나님을 예배하는 사람들의 모임'17)이다. 셋째로, Kraus에게 있어서 계시의 목적과 내용은 '근본적으로 공적이고 사회적'인 것으로 생각되며, 하나님의 계시를 표현한 성경적 개념들은 '약속', '율법', '언약'으로 인격적 관계에서 이해될 수 있다.18) 따라서 하나님의 계시의 최종적 의도는 (예수 그리스도의) 제자들의 모임을 창조하고 재창조하는 데 있다.

Kraus는 구원의 말씀되시는 예수 그리스도를 성경과 그리스도인들의 경험을 역동적으로 연결시키고 유지시킬 수 있는 연결고리로 제시한다. 실제로 신약성경을 통해 알려진 예수의 이야기가 그리스도인들의 모든 경험을 옳다고 인정하는 것은 아니다. 나아가 신약성경에 기록된 사도들의 신앙은, 오늘날 그리스도인들이 믿음으로 겪

그러나 그리스도를 믿는 신앙의 의미는 하나님의 말씀인 성경과 신자들이 처한 현실(Sitz im Leben)과의 계속적인 대화를 통해서 찾아져야만 한다 [*God Our Savior : Theology in a Christological Mode* (Scottdale, PA. : Waterloo, Ontario : Herald Press, 1991), p. 48 참조(이 책은 *God Our Savior*로 인용될 것이다)].

16) Ibid.
17) Ibid.
18) Ibid., p. 50.

는 매일의 경험들을, 예수에 관한 기억들과 예수께서 선포하시고 살아가셨던 하나님 나라의 이상을 통해 검증할 것을 요구하고 있다. 왜냐하면 현실의 삶 안에서 살아계신 하나님을 발견하는 것은 다름 아니라 미래를 향한 소망을 창출할 수 있는 새로운 가능성들과 함께 왜곡되고 손상된 전승들을 직시할 수 있는 기회가 되기 때문이다.

Kraus는 하나님을 "처음 시작하신 일을 계속해서 완성해가는 인내와 사랑의 하나님"으로 이해한다.[19] 따라서 Kraus의 신학작업에 있어서 하나님의 근본적 뜻(original intention of God)은 중요한 의미를 갖는다. 그렇기 때문에 Kraus에게 있어서 기독론이 구원론의 이해와 밀접하게 연결되고 있는 것은 결코 우연이 아니다.

1. 신앙의 내용과 규범인 십자가

Kraus에게 십자가는 하나님께서 인간을 구원하시는 근본적인 뜻을 이루신 방법일 뿐만 아니라, 왜 죽으셨는가에 대한 역사적·신학적 대답을 제시한 사건이다. 십자가는 살아계신 하나님께서 자기를 친히 주시는 사랑의 전형(paradigm)을 의미하며, 성육신의 의도를 성취하시는 구체적모습으로, 결과적으로 "인간의 죄된 모습과 함께 하시며, 인간을 구원하시는 사랑을 이루시는 특별한 사건과 상징"이 되었다. 하나님께서는 십자가를 통해 '하나님의 형상'을 회복시키고 이 세상을 풍요로운 곳으로 만들기 위해서 생명을 다한 섬김으로 사랑의 진정한 모습을 드러내셨다.[20] 그러나 Kraus는 바로 이 십자가의 예수가 기독교인들과 현대인들의 마음에 수치와 의문으로 남아 있음을 인식하고 있다.

---

19) Kraus, *Our Lord,* p. 157.
20) Ibid., pp. 157, 178.

세속화되고 고난받는 세상에서 신학 작업은 마치 표현할 수 없는 것과의 씨름과 같다. 오늘날 과학과 기술문명은 인류의 미래와 목적을 충분히 통제하고 있는 것처럼 보이지만, 실제로는 이 세상을 모두 파괴하고 마는 비극적 결과를 낳을 수도 있다. 역사의 현실 가운데 계속되고 있는 사람들의 엄청난 고통은 당장이라도 하나님을 역사의 현장 안으로 불러들이려는 것처럼 보인다. 그럼에도 실증적인 사고에 익숙한 현대인들에게 가장 혼란스럽고 어려운 질문은 "어떻게 하나님의 존재의 의미를 말할 수 있는가?" 하는 질문이다.

Kraus는 위의 질문에 구체적으로 대답하기 위해 자신의 기독론을, 자유주의 신학자들이 사용하는 '이성적 논증'이나 정통 개신교 신학과 로마 가톨릭 교회의 신학적 방법인 '변증'과는 달리, '상이한 문화적 배경을 통해' 그 성경적 의미를 전개시킨다.21) 따라서 그의 기독론적 접근 방법은 "사랑과 정의에 관한 근본적인 의미, 성경적 증거와 권위의 성격, 성육신 자체의 의미"와 관련되고 있다. 간단히 요약하면 그의 노력은 예수 그리스도의 십자가와 부활에 집중되어 있으며, 그리스도의 십자가는 하나님께서 인류와 하나됨을 비유적으로 표현한 것으로 이해한다.

2. 참된 신앙의 추구

기독교 신앙의 역동적 상징인 십자가의 중요성은 예수 그리스도가 신학의 첫 시발점이자 규범적인 기준이 된다는 점에서 입증된다. 그러므로 기독교 신앙의 내용과 규범인 예수의 십자가는 하나님의 구원에 거스르고 대적하는 이 세상 문화의 지배적인 가치들을 대항하는 능력이 된다. 이런 점에서 십자가는 현실에 안주하려는 사람들

---

21) Ibid., p. 16.

에게는 실질적인 위협이 될 수 있다. 왜냐하면 예수의 십자가는 기독교 신앙을 증거하는 공동체에게 주어진 선물이자 동시에 하나님의 구원을 성취하기 위한 과제이기도 한 것이다.

예수의 십자가는 선교적 상황에서 하나님과 인간에 대해 전혀 새로운 관점과 지식을 제시한다. 무엇보다도 예수의 십자가는 하나님의 자유케 하시는 능력의 진정한 모습으로 이해되어야 한다. 나아가 예수의 십자가를 통한 신앙이해야말로 세속화와 영적인 미성숙으로 인해 고통받는 그리스도인들에게 화평케 하는 참된 영성을 제시하게 될 것이다.

그러므로 기독교 신앙이해에서 "왜 예수는 죽어야만 했는가?"라는 질문 자체가 중요한 신학적 역할을 수행한다고 생각하는 Kraus는 어떻게 예수의 행위와 고난이 인류를 구원하게 되었는가를 설명하려 한다. 실제로 "왜 예수께서는 죽으셔야 했는가?" 하는 질문은 때로는 적대적인 세상 가운데서 신앙을 지키기 위해 갈등하고 투쟁하는 믿음의 공동체들과 그리스도인들에게 구원의 확신을 제공하는 수단이 된다. 즉 예수의 십자가는 죄의 문제를 극적으로 해결하시는 독특한 하나님의 계시의 절정이었으며, 하나님과 예수의 관계를 그를 따르는 제자들에게도 "인격적인 만남을 통해 경험될 수 있는 관계"22)로 제시한다고 Kraus는 주장한다. 결론적으로 말한다면 십자가는 하나님의 구원하시는 행위의 구체적인 모습이며 동시에 하나님의 무조건적이고 자유케 하는 사랑에 대항하는 죄악이 절정에 이른 모습인 것이다.

---

22) Ibid., p. 55.

인자이신 예수

"예수가 누구이신가?"라는 질문은 예수의 십자가와 부활로 분명하게 드러나는데, 그것은 역사 안에서 하나님의 구원을 이루는 계시이다. Kraus의 기독론에서 예수의 인성이 차지하는 중요성을 명백하게 볼 수 있다. 그는 하나님의 형상인 "예수는 인간을 위한 하나님의 모습과 함께, 진정한 인간이란 무엇인가를 보여준다"고 이해한다.[23] 다시 말해 예수는 자신의 인성을 통해 하나님의 형상으로 창조된 인간 실존의 참된 의미와 존엄성을 드러내며(히 1 : 3 ; 딤전 2 : 5), 동시에 구원을 이루시는 하나님의 형상인 것이다.

따라서 Kraus는 예수 그리스도를 표현하는 언어들을 '임마누엘 언어'와 '내포적 언어'로 규정한다. 여기서 '임마누엘 언어'란 '역사적 실체를 경험한 사람들의 언어'이며, 예수는 '하나님의 의사소통'이며, '하나님께서 자기 안에서 인류를 구속하시고 계심'을 드러낸다. 신약성경 안에서 하나님의 아들로서 예수의 유일성과 독특성을 의미하는 '내포적 언어'는 하나님 나라의 주권적 사역에 대한 반응으로 사람의 참여를 배제하지 않는다. 예수의 인성은 결과적으로 하나님의 구원 사역에 제자들로 하여금 믿음으로 참여하도록 요구하는 결정적인 단서를 제공하게 된다.

1. 참된 증거 [Gestalt]

신약성경의 증거를 통해 드러난 예수의 참 모습은 당시 사람들이 기대하던 구세주와는 전혀 다른 고난받는 종이었으며, 십자가에 죽기까지 아버지의 뜻에 순종함으로써 삶의 모든 내용이 신앙의 참된

---

23) Kraus, *God Our Savior,* p. 31.

증거가 되었다. 즉 예수는 하나님에 대한 참된 증거를 제시하심으로써 선교의 실천적 내용과 방법을 고난의 종의 모습을 통해 드러내신 것이다. Kraus는 하나님의 선교를 통한 지속적인 구속의 사역에 있어서 그리스도와 제자들 사이에 나타난 차이점을 "질적이지만 배타적인 것"으로 보지 않기 때문에 복음전파를 위해 제자들이 받는 고난과 핍박도 하나님의 구원을 이루는 내용으로 인식한다. 그럼에도 오해하지 말아야 할 것은, 오직 예수를 통해서만 그의 삶과 구원사역에 동참할 수 있게 된다는 사실이다. 따라서 하나님의 구원을 이루는 참된 증거에 참여한 모습을 이해하는 데 있어서 주인과 종의 관계가 예수와 그를 따르는 무리들 사이의 관계를 가장 적절하게 표현한 것으로 보인다.

Kraus의 또 다른 관심은 예수의 제자들이 복음의 참된 증거를 실천하면서 경험했던 하나님의 능력을, 현실안에서 선교하는 교회를 통해 회복시키려는 노력에 집중된다.24) 주어진 상황에서 고난의 종이신 예수 그리스도의 모범을 선교현장에서 구체적으로 실천하는 제자도야말로 복음에 대한 참된 증거가 된다고 생각한다.

2. 예수의 인성의 중요성

Kraus는 '신앙적 지식'과 '역사적 지식'의 차이점을 극복하기 위

---

24) Kraus는 기독교 신앙을 하나님의 구원에 대한 참된 증거라 말하며, 다음과 같이 설명한다 : "세상의 다양한 문화들을 향해 복음을 제시하기 위해서는 신약성경의 증거를 사용하는 규범을 제시할 신학적 설명이 필요합니다. 그것[규범]은 우리 자신이 그리스도를 따르는 사람들이라는 자기이해에 이를 수 있는 단서를 제공하고 동시에 우리를 현실적인 제자도의 실천으로 인도해야만 합니다" [*Our Lord*, p. 29 참조].

해 신약성경을 "인간 예수와 교회가 경험한 부활의 그리스도 사이의 연속성과 역사적 동시성"을 이해할 수 있는 믿을 만한 증거로 수용한다.[25] 그러나 무엇보다도 제자도를 위한 신학적 작업에 있어서 예수의 인성이 갖는 중요성은 아무리 강조해도 지나침이 없는 것으로 보인다. 예수 그리스도의 정체성에 관한 질문은 결과적으로 그의 인성으로부터 시작되어야 한다. 나아가 참된 제자도를 구현하기 위해서, Kraus는 예수의 인성을 통해 그가 기독교 신앙의 개척자, 혹은 진정한 모범이 되심을 강조한다. 그러므로 세례를 받으신 후 광야에서 시험받으신 사실을 통해 확증된 예수 그리스도의 인성은 부활의 그리스도와 관련된 제자들의 경험을 재구성하는 규범이 되며, 역사의 예수와 신앙의 그리스도를 연결시키는 확실한 역할을 한다.

예수 그리스도는 인류를 대표하여 가난한 자들과 핍박받는 자들의 고난에 동참하시며, 창조의 목적을 이룰 수 있도록 인류를 회복하신다. 실제로 예수의 정체성은 인간이 원래 의도된 하나님의 형상을 취할 수 있도록 하며, 인격적 관계를 통해 하나님께 응답할 수 있는 길을 제시한다.

3. 인류를 위한 말씀

"말씀이 육신이 되었다"라는 말의 의미는 "인간 존재의 의미와 운명을 드러낸 것"이라고 Kraus는 주장한다. 하나님께서는 구원을 이루시는 사랑을 하나님의 유일한 말씀을 통해서 이루시기 때문에, 우리는 그 사랑의 진정한 성격을 성육하신 말씀을 통해서 알게 된다. Kraus는 요한복음의 서론에서 두 가지 독특한 이해를 발견한다[26].

---

25) Ibid., p. 33.
26) Ibid., p. 64.

그 첫째는, 말씀이 모든 창조의 근원이 된다는 사실이다. 따라서 육신이 되신 말씀인 예수 그리스도 안에서 피조물인 인류는 그의 '형상과 운명'을 발견하게 된다(요 1 : 15-17). 둘째로, 말씀은 태초로부터 인간 존재의 의미를 밝히는 참된 빛이다(요 1 : 4-5).

전통적으로 예수 그리스도에 관한 신학적인 질문들은 영광의 주와 인간이신 예수 사이의 구별, 두 가지 상이한 사역 혹은 성품을 이해하려는 방법들로 이루어진다. 그러나 Kraus는 하나님 말씀의 초월적인 성격을 강조하면서도 예수를 단지 외형적으로만 사람이라 생각하는 가현설적(docetic) 시도들을 비판한다. 구원의 은혜 안에서 "우리와 함께하시는 하나님(임마누엘)은 초월적이고 보이지 않는 하나님이 아니라, 우리를 향해 우리를 위해 우리와 함께하시는 하나님이시다."27) 성육하신 하나님의 말씀인 예수의 인성을 통해 드러난 증거들로 말미암아 사람들은 하나님을 의존하고 순종해야 됨을 깨닫게 된다. 그러므로 예수 그리스도의 인성이 기독론의 이해에서 차지하는 비중과 내용을 우선적으로 밝혀야 하며, 또한 인간 예수의 삶의 증거들을 통해 하나님을 전적으로 의존하는 실천을 제시해야만 한다.

4. 인간의 전형이신 예수

Kraus의 기독교 신앙에 대한 인간론적 이해는 아래의 말을 통해 가장 분명하게 표현된다 ─ "인간의 진정한 완성은 오직 살아계신 하나님과의 관계 안에서만 가능하다." 즉 하나님의 형상인 예수께서 인간으로 죄악된 세상에서 살아가신 모습을 통해 사람들은 하나님의 뜻을 이해할 수 있게 된다. Kraus는 현대 신학이 인간 예수를 신격

---

27) Ibid., p. 110.

화하는 경향을 피하면서, 오히려 하나님의 참된 모습을 인간 예수를 통해 찾으려 한다. 그러나 예수가 인간으로 태어난 사실이 죄 가운데서 태어난 것을 의미하지 않듯이, 죄악된 세상에서 고난을 당하시나, 예수는 죄가 없으셨다는 점을 결코 잊어서는 안 된다. 예수께서는 십자가에서 자신을 희생하시는 하나님의 사랑을 실천하기 위해 피를 흘리심으로 하나님을 대적하는 인간들에게 하나님의 참 사랑을 나타내셨다.

여기서 Kraus는 죄를 단순히 법적·윤리적 차원만이 아닌 성경적인 언약관계의 차원에서 생각하기 때문에, 죄를 하나님의 법에 대한 범죄로서가 아니라 오히려 파괴(단절)된 하나님과의 관계로 보며, "하나님의 뜻을 거스르며 자신의 주장을 내세우는 행위" 혹은 "하나님의 권위에 순복하기를 거부하고 자신을 하나님의 위치에 놓는 행위" 등을 하나님을 대적하는 죄라 하며,[28] 그 특성을 "소외, 적대감, 두려움, 영적 무지"[29] 등으로 규정한다.

Kraus는 바울 서신을 해석하면서, 예수께서 구세주이심을 설명하기 위해서는 그리스도의 인성이 필요하다고 강조한다. 바울의 회심의 경험과 생애를 통한 선교 사역은 '그리스도가 새로운 인류의 시작이다'는 확신에 기반하고 있다고 Kraus는 주장한다. 또한 아담 기독론[30]의 중요성을 인식하면서, 둘째 아담인 예수는 '살려주는 영'

---

28) 실제로 죄의 능력은 사람들로 하여금 하나님의 은혜로 말미암는, 전적으로 새로운 삶인 예수 그리스도를 통한 용서와 화해의 삶을 받을 수 없게 한다.

29) Ibid., p. 166.

30) James D. G. Dunn, *Christology in the Making*(Philadelphia : Westminster Press, 1980), p. 115 참조. Bultmann 학파들과는 달리, Dunn 교수도 빌립보서 2 : 6-11을 아담 기독론의 예로 본다.

(고전 15 : 45-49)이며 '참 하나님의 형상'이라고 주장한다. 또한 예수는 '창조보다 먼저 나신 자'이며 '부활의 첫 열매'(골 1 : 16-18)인 것이다. 예수의 인성을 통해 드러난 하나님의 의도는 하나님의 형상을 따라 창조된 인간이 언약의 공동체로서,[31] 하나님과의 관계만이 아니라 이웃과의 관계를 회복하고 살아갈 것에 대한 요구이다. 첫 아담은 실패했으나, 마지막 아담인 예수는 창조를 통해 약속하신 하나님의 뜻을 이루셨다. 그러므로 인간 예수는 하나님과 인간 사이에 파괴된 관계를 결정적으로 회복시키는 하나님의 계시인 것이다. 다시 말해 그리스도는 모범을 통해 '하나님의 법이 의도하는 것을 이룰 수 있음을 증거하셨다.'[32]

5. 인간과 함께하시는 하나님

그리스도의 인성의 중요성은 하나님께서 우리와 함께하심으로 새로운 삶의 가능성을 입증하신 것에 있다. 예수께서는 아버지의 뜻에 순종함으로써 하나님과 인간 사이의 언약관계를 회복시켰으며, 이 언약의 회복을 통해 새로운 깨달음이 사람들에게 주어졌고, 오직 그리스도의 죽음에 동참함으로써 이 새로운 인간성을 나눌 수 있게 되었다. 하나님께서 인간을 먼저 찾으시고 함께해주심을 Kraus는 강조한다. 하나님께서는 성육하신 살아 있는 말씀으로 우리와 함께하시며, 그렇기 때문에 예수는 인간의 연약함과 부족함을 체험하신다. 인간이신 예수는 하나님께서 인간을 찾아주신, 그리고 하나님의 구원을 성취하시는 모습인 것이다. 예수를 통해 하나님께서는 친히 인간의 약점을 담당하시는 것이다. 따라서 예수는 하나님의 구원의 증

---

31) Kraus, *God Our Lord*, p. 102.
32) Kraus, *Our Lord*, p. 73.

인일 뿐만 아니라 "교회의 삶과 사역의 진정한 권위가 된다"고 Kraus는 지적한다.[33] 하나님 아버지께 전적으로 순종함으로써 예수의 인성은 진실한 관계를 회복할 수 있는 거룩한 사랑의 기회를 제공하게 된다. 자기희생의 실천을 통해 하나님께서 인간과 함께하심은 죄인을 회개토록 촉구하며, 회복된 언약의 관계 안에서 하나님, 그리고 이웃과 진실한 삶을 살도록 촉구하시는 의도이다. 하나님이시며 동시에 인간이신 예수 그리스도를 통한 하나님의 구원은 하나님께서 우리와 연합하시는 뜻과 행동 안에서 분명한 의미를 구체적으로 계시하고 있다.

하나님의 아들 예수 그리스도

예수를 '하나님의 아들'로 고백하는 신앙은 예수의 '존재론적 실체보다는 하나님의 자기계시라는 정체성' 위에서 성립한다.[34] 따라서 예수를 아는 것은 하나님을 아는 것이며, 예수를 모르면서 하나님을 이야기할 수 없으며, 하나님을 모르면서 예수를 이야기할 수도 없다. Kraus는 기독론의 존재론적 의미들을 설명하기 위해 전통적인 기독론의 가르침들의 핵심적인 내용들을 재구성하려고 노력한다. 이러한 그의 신학적인 관심은 단순히 인간 예수가 아닌 하나님에게 그 초점이 맞추어진다. 세상 안에서 지속적인 구원사역을 행하시며, 하나님과의 친밀한 관계를 계시하시는 하나님의 아들 예수를 Kraus는 다

---

33) Kraus, *The Authentic Witness : Credibility and Authority* (Grand Rapids : Wm. B. Eerdmans Publishing Co., 1979), p. 20.
34) Kraus, *Our Lord,* p. 101.

음과 같이 설명한다.

1. 부활의 그리스도

상상조차도 할 수 없었던 유일무이한 역사적 사건인 예수의 부활 후에, 사도들은 예수를 '주'와 '하나님의 아들'로 선포한다. 예수가 하나님의 아들이란 사실이 처음부터 온전히 알려진 것은 아니다. 이와 같은 이해는 구세주로서 행하신 지상에서의 사역들을 통해 입증되었던 것이다.[35) 예수는 그의 삶을 통해 역사 안에서 하나님의 성품과 행위를 구체적으로 드러내셨다. 예수께서 행하신 이적과 기사는 하나님의 역사였다.[36) Kraus는 예수께서 행하신 이적이 하나님의 표적이라지만, '하나님의 아들'이심을 증명하는 유일한 증거들은 아니라고 본다. 오히려 하나님 아버지의 뜻에 대한 전적인 의존과 순종을 통해 확실히 드러난 하나님과의 친밀한 관계 안에서, 결국은 부활로 말미암아 하나님의 아들로 인정되었다. 그런데 이 부활은 오직 하나님만의 역사이다. "정확히 무엇이 발생했는가에 대한 경험적이고 역사적인 최종적 증거는 없다 해도, 역사의 시공속에 '사건'으로서 무엇인가 대단히 중대한 일이 발생했다는 분명한 역사적 증거가 있다. 예수 자신과 관련된 이 '사건'은 실망과 회의에 찬 제자들로 하여금 예수가 죽고 장사된 후에 부활했음을 확신케 했다. 분명히 말할 수 있는 사실은 부활의 주가 그의 제자들에게 믿음을 갖도록 한 것이지, 제자들의 믿음이 부활의 주를 만든 것이 아니다."[37)

예수의 제자들이 그의 삶과 죽음의 의미를 부활과 성령강림을 통해 보았을 때, 그들은 보다 명확히 예수가 하나님의 아들이셨음을

---

35) Ibid., p. 86.
36) 요한복음 5 : 18-47을 보시오.
37) Kraus, *Our Lord,* p. 89.

깨닫게 된다. 그러므로 예수의 정체성은 하나님의 선교를 감당하는 그의 섬김으로 인해 입증된다. 제자들은 하나님의 구원을 위한 예수의 사역이 그의 죽음으로 끝나지 않았음을 다시금 발견하게 된다. 그러므로 궁극적 표적인 예수의 부활은 예수를 하나님의 아들로 증거한다(행 17 : 31).

따라서 부활의 신학적 중요성은 그것의 초자연적 성격에 있는 것이 아니라, 다만 십자가와의 관련성에 있다고 Kraus는 주장한다. 십자가는 더 이상 패배와 수치의 상징이 아니었다. 왜냐하면 예수의 부활은 하나님께서 예수가 옳다고 증거하심으로 죄와 사망의 권세를 이기신 예수의 승리의 모습이었기 때문이다. 따라서 예수께서 선포한 하나님의 구원은 죽음으로부터의 구원으로 이해된다(고전 15 : 12-19). 예수 그리스도는 하나님의 권세를 행사하신다(고전 8 : 6). Kraus는 "예수의 승리를 통한 권세(하나님의 우편에 앉으심)는 오직 십자가를 통해 이루어졌으며, 이 십자가는 계속되는 권세의 표상이다"[38]고 주장한다. 십자가에 죽으신 고난의 종이 참 하나님의 아들임을 부활은 증거한다.

하나님의 지속적인 은혜의 역사는 예수 그리스도를 따르는 무리들의 삶에 나타난다. 예수의 부활은 종말적 사건으로서 제자들의 믿음 안에서, 비록 그들이 종말적 심판에 참여할 때까지는 그 완성된 성질을 알 수 없다 해도, "종말의 구원에 대한 소망이 된다"고 한다.[39] 제자들은 현재 진행중인 하나님의 구원사역에 참여함으로써, 부활의 능력에 참여케 되나, "그것(부활의 실체)은 마치 불의 심판으로 옛 것을 파괴하고, 새로운 하늘과 땅을 창조하는 것(벧전 3 :

---

38) Kraus, *God Our Savior,* p. 31.
39) Kraus, *Our Lord,* p. 89.

11-13)과 같이 옛 것과 새 것 사이의 분명한 차이가 생기게 하는 것은 아니다”고 말한다.[40] 그러나 예수의 부활은 현실에 안주하는 것을 넘어서, 역사의 종말을 지시한다. 따라서 부활의 중요성은, 첫째로, 최후의 승리는 영혼불멸이라는 개념에 있는 것이 아니라, 새롭게 하시는 하나님의 은혜를 통한 행위에 있다(고전 15 : 25-26). 둘째로, 육체의 부활이란 '신령한 몸'(고전 15 : 44)의 중요성과 함께 옛 사람의 의미도 중요함을 드러낸다. 셋째로, 부활은 결정적 변화와 새로움을 내포한다. 넷째로, 부활은 하나님께서 악의 세력들을 완전히 물리쳤음을 증거한다.[41]

2. 언약의 성취이신 예수 그리스도

예수는 하나님과 독특한 관계를 갖는다. 이 독특한 관계는 빌립보서 2장 7절의 표현과 같이 아버지의 뜻에 대한 전적인 의존과 순종에 근거하고 있다. 다시 말해 예수 그리스도가 하나님의 아들이란 사실은 구속사적 관점에서 이해해야만 한다. Kraus에 의하면 예레미아(렘 31 : 33-34)와 요엘(욜 2 : 28-29) 선지자들의 예언을 통해 하나님과 그의 백성들의 관계회복을 기대할 수 있다는 주장이다. 누가가 오순절 성령강림을 하나님의 약속이 성취된 것으로 이해한 것은, 예수의 삶 안에서 이루어진 내용들이 제자들의 삶을 통해서도 동일하게 이루어졌기 때문이었다. 그러나 이와 같은 성취가 결코 인간이 이룬 업적(예 : 사회보장, 정치적 업적, 윤리적 완성, 자유와 평화 등)으로 이해되서는 안 된다. 하나님의 약속의 성취는 철저하고 새로운 하나님의 미래가 현실의 가능성으로 드러난 것으로, 한마디

---

40) Kraus, *God Our Savior,* p. 221.
41) Ibid., p. 222.

로 제자도를 통한 새로운 삶이라 할 수 있다.[42]

Kraus는 예수의 세례시 들렸던 하늘의 음성(마 3 : 17 ; 막 1 : 11 ; 눅 3 : 22)과 베드로가 예수를 하나님의 아들로 고백한 것(마 16 : 16-17)은, 인간의 생각이 아닌 하나님의 역사로 인정한다. 따라서 성령께서는 예수가 독생하신 하나님의 아들이심을 알게 함으로써 제자들에게 예수께서 하나님의 계시의 규범이 되시고, 죄인들에게 새로운 관계를 제시한 것을 증거한다. 인간으로 오심으로, 그들의 고난에 동참하심으로, 예수는 하나님의 성품과 함께하나님의 구원을 계시하신다. 나아가 그리스도인들에게 성령을 허락하신 이유는 그들로 하여금 하나님의 자녀됨을 깨닫게 하기 위함이다(롬 8 : 14-16). 그러므로 예수가 하나님의 아들이라는 사실은 그를 주로 믿고 따르는 모든 사람들에게 새로운 삶을 열어주는 하나님의 은혜의 성취를 보장한다.

3. 하나님의 자기계시

기독론적 이해는 점진적으로 발전하며, 다른 통찰력 및 견해들과 관련되어왔다. Kraus는 예수가 하나님의 아들이자 자기계시임을 이해하기 위해 제자들에게 끼친 예수의 영향력에 초점을 맞추려 한다. 왜냐하면, "하나님은 나사렛 예수의 삶과 죽음 그리고 부활을 통해 나타나셨고 다시 나타나시기 때문이다."[43] 예수가 그리스도란 의미는 세계 어느 종교에 나타난 인물과도 다르다. 다시 말해 오직 예수 그리스도만이 신적 계시의 규범임을 강조한다. 역사 안에서 아들로서의 순종을 통해 하나님을 계시한 예수는 "인간들의 고통에 찾아와

---

42) Kraus, *Our Lord,* p. 171-186.
43) Kraus, *God Our Savior,* p. 94.

주심으로 하나님께서 인류를 대속하시는 살아계신 모습을 보여 주셨다."[44] 역사와 무관하신 단순한 초월적 신이 아니라, 아버지로 말씀하시고 만나 주시는 하나님으로 나타나신 사건이다. 따라서 예수는 하나님을 대신하여, 하나님의 성품과 사역을 증거하신다. 예수를 통해 하나님은 항상 인류를 위해 일하시는 하나님으로 나타나며, 그 종말론적 사역의 완성을 참 하나님이며 참 인간이신 예수 그리스도 안에서 성취하신다. 예수 그리스도는 하나님의 종말론적 계시이며 동시에 인류의 종말론적 완성으로서, "창조와 구속 안에서 하나님의 사랑의 내적이며 윤리적인 본질"[45]을 계시한다고 Kraus는 주장한다.

4. 아들의 중요성

예수께서 하나님을 독특한 친밀감을 갖고서 '아빠'라고 부른 것은 잘 알려진 사실이며, 아버지와 아들의 관계를 통해 성부와 성자는 동일한 뜻과 목적을 이루심을 알게 된다. 예수의 하나님에 대한 이해는 하나님께서 그를 보내셨고 영원히 함께하신다는 사실에 근거하고 있다. 십자가 위에서 "나의 하나님, 나의 하나님, 어찌하여 나를 버리셨나이까"(막 15 : 34)라는 예수의 외침은 죽음의 자리에서조차 '아빠'와의 독특한 관계를 이해하는 데 있어서 매우 중요하다. Kraus는 성찬의 비유가 하나님과 예수 사이의 관계를 이해할 수 있는 또 다른 단서를 제공한다고 생각한다.[46] 성찬의 내용은 아버지의 뜻을 이루시기 위해서 겪는 예수의 고난의 의미를 상징적으로 드러

---

44) Ibid.
45) Kraus, *Our Lord,* p. 160.
46) Ibid., p. 112-113.

내며, 성찬에 참여하는 제자들은 예수의 사역에 직접적인 증인의 역할을 감당케 된다.

아들의 중요성을 이해하는 데 있어서, Kraus는 소위 개신교 정통주의 신학과 로마 가톨릭 신학이 아버지와 아들의 관계를 삼위일체의 충만으로 설명하는 데 실패했다고 주장한다. 다시 말해 비록 그들 신학이 예수를 하나님과 동등하다고는 말하지만, 하나님과 같다고 말하지는 않는다는 것이다.[47] Kraus는 삼위일체 하나님을 존재론적으로 표현하는 철학적 용어인 위(位, persona)라는 단어가 하나님을 '전적인 주체'로 보기보다는 '전적인 객체'로 만들기 쉬운 위험이 있다고 본다. 그는 전통적인 삼위일체의 이해 방법인 존재에 관한 유추(analogy of being)는 하나님의 임재의 모든 것을 설명해주기보다는 단지 부분이 합쳐진 전체로 생각케 한다는 주장이다.

덧붙여 이와 같은 견해는 하나님의 참된 윤리적 성품을 발견하는 데 어려움이 된다고 한다. 즉 하나님의 성품을 이해하는 데 있어서, 만약에 영광의 그리스도가 십자가의 그리스도보다 월등히 강조된다면, 예수 그리스도는 단지 "종말에 군사적 심판주로서 역사를 폭력과 저주의 격동에서 마감하는 분"으로 이해될 수 있다고 말한다. 그러므로 이와 같은 형이상학적 영역에 속한 하나님의 성품에 관한 이해를 돕기 위해, Kraus는 인격적 자기 정체성을 통한 유추와 자기존재를 통한 이해를 근거로 예수 그리스도 안에 나타나신 하나님을 설명한다.[48]

---

47) Ibid., p. 112.

48) Kraus는 정통보수신학의 명제적 방법과 현대의 실증적 방법의 차이를 메우기 위해 대안을 제시한다. 그는 self란 단순히 개별적 존재가 아닌 '사회적·심리적 구성체'를 의미하는 것으로, '형이상학적 구성체'인 spirit과도 다른 개념이라고 제안한다.

부연하면 Kraus는 존재의 유추를 통해 이성적으로 이해하는 경우 계속적으로 경험하는 신앙의 이해와는 상관없이 논리적 확신에만 이를 수 있으며, 나아가 하나님과의 신비적 일체감은 객관적 대상이 없을 경우에는 단지 주관주의로 흐를 수 있다고 지적한다. 그러므로 개인적 지식에 의거한 이해를 바탕으로, 하나님 안에서 개별적 관계를 확인하여, "진정한 사회적·종교적 경험의 가능성"을 추구한다. 다만 Kraus 자신도 인격적 자기이해란 개념이 예수 안에서 하나님의 실재를 불분명하게 할 수 있다는 사실을 인식하지만, 오히려 "이성적·존재론적 범주를 통한 예수의 신성에 대한 이해를, 전인격적 신앙의 헌신 안에서 예수를 주로 섬기는 신앙으로 변화시킨다"고 주장한다.[49] 결과적으로 Kraus의 기독론에 있어서, 인간의 경험으로부터 끌어낸 부모와 자녀의 비유(a parent-child metaphor)를 내포하는, 예수의 아들되심은 중요한 신학적 의미를 갖게 된다. 또 하나님의 은혜로 말미암은 구원에 관한 이해에 있어서도 부모와 자녀의 비유가 차지하는 전적인 중요성을 인정한다. 그러나 Kraus는 하나님의 전적인 은혜로 말미암은 구원이 결코 그리스도인들의 윤리적 책임을 무의미한 것으로 간주하는 것이 아님을 새삼 강조한다.[50]

하나님과 죄를 범한 인류와의 관계를 해석함에 있어, Kraus는 하나님의 구체적 형상인 예수 그리스도께서, 아들되심을 통해 "죄인들과 함께하시는 책임과 대속의 수치와 고난을 감당하셨다"[51]고 설명한다. 따라서 하나님의 아들 예수 그리스도를 통해 인류는 하나님의 형상을 회복할 수 있게 되었으며, 하나님 나라에 속한 영적인 존재

---

49) Kraus, *Our Lord,* p. 116.
50) Ibid., p. 160.
51) Ibid., p. 163.

가 된다는 전혀 새로운 자기이해를 갖게 된다.

구세주인 예수 그리스도

예수 그리스도가 구세주로 불리는 이유는 원래 유대인들이 기다리던 구세주의 호칭과 관련되어 있다. 그러나 예수가 구세주로 불리는 진정한 의미는 당시의 다양한 집단들이 갖고 있던 이해와는 다르다는 사실을 사도들의 증거 안에서 찾아볼 수 있다.52) 실제로 제자들은 예수의 부활 이후 사건들을 통해 그가 이스라엘의 선민사상에 근거한 율법의 이해를 초월하는 하나님의 언약의 내용을 성취하는 구원을 이루기 위해 오신 구세주란 확신을 갖게 된다(행 5 : 31 ; 13 : 23). 다시 말해 유대인들이 기대하던 구세주는, 오직 유대인만을 위한 구세주였으나, 제자들은 예수가 세상을 구원하는 구세주가 되

---

52) 예수가 구세주라는 의미는 하나님께서 역사적 실존으로 자기 자신을 나타내고 말씀하셨다는 사실에 근거한다. 따라서 기록된 예언, 교리들, 율법들이 아니라 하나님께서 예수를 통해 사람들에게 드러내신 정체성에서 예수 그리스도는 참 하나님이시며 동시에 참 인간이신 하나님의 인격적 자기 계시이며, 전적인 자기부정으로 아버지와 인류를 위해 자신을 주셨음이 나타난다. 인간의 연약함과 죄성을 체휼하심으로 하나님의 사랑, 즉 아가페의 절정을 보여 주셨다. 따라서 하나님의 사랑의 본질은 인간과 온전히 함께함으로, 하나님의 인격적 가능성을 나누어 주시고자 하시는 하나님의 의지로 나타난다. 이런 관점에서 Kraus는 Martin Buber가 제시한, 진정한 상호 인격적인 관계로서의 이해와 존경을 통한 책임있는 반응들을 요구하는, 'I-Thou'(나와 당신)의 관계를 신약성경에 나타난 아가페의 참 의미와 연결시킨다 [Kraus, *Our Lord,* p. 146 ; idem., *God Our Savior,* p. 28 참조].

신 사실을 깨닫게 된다(고후 5 : 19 ; 요 3 : 16 ; 4 : 42 ; 요일 4 : 14). 따라서 구약에 약속된 하나님의 구원을 이루시며(행 5 : 31 ; 13 : 23), 믿고 따르는 사람들이 '구세주'라고 부르는(딛 2 : 13-14) 예수를 다음과 같이 설명할 수 있다.

1. 구세주의 역할

이스라엘을 하나님의 백성으로 삼았던 1세기의 문화적 역동성들은 예수님 당시의 구세주 대망을 이해하는 데 가장 중요한 요소들로 간주된다.53) 즉 공생애 초기에 세례 요한이 예수를 '하나님의 양'과 '하나님의 아들'로 소개함으로써, 예수는 이스라엘의 구세주 대망사상들과 결부되어 이해되었다. Kraus는 '하나님의 아들'이 익히 알려진 메시아적 칭호일 뿐만 아니라, '하나님의 양' 또한 사람들로 하여금 유월절 희생양을 기억케 한다고 본다. 다시 말해 예수는 이스라엘을 새로운 출애굽으로 인도할 메시아로 알려지게 된다.

예수를 정치적 지도자로 인정하지 않는-일반적으로 통용되는-전통적 방법과는 다르게, Kraus는 "예수는 정치적 이미지를 전적으로 거부한 것이 아니라, 오히려 그 내용을 완전히 바꿨다"54)고 주장한다. 예수님의 사역의 배경으로부터 Kraus는, 대부분의 유대인들이 바라던 메시아적 인물은 마카비 반란이래로 여전히 자유와 독립을 성취하기 위해 투쟁했던 '용사·순교자'적 구세주라는 사실을 지적한다. 그러나 예수께서 광야에서 겪으신 시험의 이야기들은 예수님의 메시아적 사명에 대한 또다른 이해를 제시한다. 예수의 광야 시험에 대한 다양한 이해들이 있음을 주지하면서, Kraus는 이를 메시

---

53) Ibid., pp. 134, 136.
54) Kraus, *Our Lord,* p. 135.

아적 적용 맥락에서 해석한다. "돌로 떡을 만드는 시험은 메시아의 왕국에서 뭐든지 원하는 것은 충족될 수 있다는 것을 반영하고 있다. 다시 말해 모세가 이스라엘 백성들로 만나를 먹게 했듯이, 새로운 모세는 풍족한 양식을 주게 될 것이다. 성전 꼭대기에서 뛰어내리라는 시험은 메시아가 하늘로부터 갑자기 나타날 것이라는 묵시적 대망을 반영하는 것이다. (거의 대부분의 주석가들이 메시아적 내용이라고 동의하고 있는) 세번째 시험 즉 시험자를 경배하라는 것은 세상적 신정국가의 성립에 대항하는 메시아의 통치를 성취하는 또 다른 방법을 제시하는 것이다."[55]

예수께서는 세 가지 시험을 모두 부정하심으로써 이스라엘인들의 메시아적 대망을 명백히 거부하셨다. 반면에 예수는 이사야 선지서에 그려진 '고난받는 종'의 역할을 받아들이셨다. 따라서 Kraus는 예수의 자기이해를 통한 정체성과 역할로 인해 "교회가 이스라엘과 분리된 실체로 나타나게 되었다"[56]고 주장한다. 예수가 선택한 메시아적 역할은 어떤 내용이었는가? Kraus는 다음과 같이 설명한다 : 예수는 불의한 체제의 권세를 인정하지 않으셨고, 그 권세가 자신을 죽이려는 위협조차도 두려워하지 않으셨다.[57] 어떤 경우에도 예수께서는 폭력을 지지하지 않으셨으며, 구약의 엘리야가 행사했던 것처럼 하나님의 심판하시는 능력을 행사할 수 있었지만, 결코 백성들을 위협하지 않으셨다. 예수께서는 또한 무리들의지지 속에 잠재된 힘을 행사하여 자신의 행위를 정당화하지도 않으셨다.[58] 단지 고난받는 종으로서 하나님의 새로운 사랑의 법이 현실에 이루어졌음을 증

---

55) Ibid., p. 137.

56) Ibid.

57) Ibid., p. 146.

58) Ibid.

거하셨다.

한마디로 예수는 전제군주와 같은 메시아적 역할을 거절하시고, 오히려 새로운 하나님의 모습을 계시해 주셨다. 즉 하나님의 아들로서 하나님과의 교제를 통해 상호간의 이해에서 드러난 인격적 하나님이신 예수는 우리를 사랑·책임·존경·용납 등의 단어들로 표현될 수 있는, 사회적·윤리적 관계에서 만나 주셨다. 그러나 하나님은 절대로 이 세상과 사람들의 관계성을 나타내는 어떠한 실재와 동일시될 수는 없다. 왜냐하면 하나님 아버지와 아들의 관계는 어떤 인간적인 관계와도 다르기 때문이다. 오히려 역설적인 면에서 하나님께서는 초월적 성품(하나님과 피조물 사이의 절대적인 차이)과 내재적 성품(모든 것을 포용하시는 모습)을 아들을 통해 동시에 드러내셨다. Kraus는 예수께서 메시아적 구원을 이루시는 모습은 하나님께서 창조를 통해 이루려 하신 근본적 의도를 성취하려는 새로운 모범으로 사회적·영적 본보기이며, 자신을 희생하는 사랑을 통해 나타났다고 주장한다.

2. 하나님 사랑의 실체인 구세주

하나님께서 예수와 전적으로 함께하심으로 하나님의 임재와 능력의 실체를 보게 하신다. 기독교 신앙은 예수 그리스도 안에서 모든 창조를 위한 하나님의 사랑의 가장 인격적인 모습을 발견한다. 예수 그리스도 안에서 발견된 기독교 신앙은 결코 자기소외나 현실로부터의 도피를 의미하지 않는다. 오히려 기독교 신앙은 하나님의 사랑 안에서 현재의 모든 실재에 관한 의미를 설명하려는 노력이다. 구세주이신 예수는 하나님의 율법이 내포하고 있는 하나님의 본래적 의도인 사랑을 성취한다(마 5 : 17). Kraus는 "네 마음을 다하고 목숨을 다하고 뜻을 다하여 주 너의 하나님을 사랑하라," "네 이웃을 네 몸과 같이 사랑하라"는 예수님의 말씀을 하나님의 구원의 의도와 관련시켜 이해한다.

그러므로 구세주의 사랑인 아가페를 다음의 말로 설명한다 : "첫째, 우주적이며, 적용함에 있어 편견이 없다.……둘째, 사랑은 오만하지 않다. 절대로 상대방을 강요하지 않는다. 다만 은혜인 것을 드러낼 뿐이므로 용납의 정신으로 용기를 주고, 격려하며, 잘못을 고치고, 견책하며, 경고한다. 셋째, 은혜로서의 사랑은 거절과 방해의 고통으로 인한 모든 위험을 감수하는 일방적인 행위이다. 이와 같이 사람들의 잘못으로 인한 모든 고통의 책임을 용납하고 그 결과로 인한 고난을 당한다. 마지막으로, 아가페는 인간의 의를 초월하는 것으로 결코 인간의 정의 혹은 동등한 형벌로 이해될 수 없다. 아마도 이런 점이 우리가 이해하기 가장 어려운 부분일 것이다. 그러나 예수는 하나님 나라에서 공평한 의를 요구하거나 기대해서는 안 될 것을 명백히 가르치셨다. 왜냐하면 하나님은 그와 같은 규칙에 따라 역사하지 않으시기 때문이다(참고 : 마 20 : 1-16)."59)

Kraus는 이 사랑의 새로운 의를 '사랑의 정치'라 이름한다. 이 사랑의 정치는 이상국가의 실현을 의미하지 않으며, 오히려 그리스도 안에서 제시된 하나님의 새 언약에 의한 새로운 인간 사회를 의미한다. 하나님의 거룩함을 "악을 악으로 갚기를 거부하는 하나님의 사랑"과 일치시킴으로써,60) Kraus는 하나님의 사랑과 하나님의 거룩함을 대비시켜 보는 관점을 극복한다. 다시 말해 그리스도 안에서 이 사랑은 이전의 율법과 힘의 정치를 변화시켜, 모든 사람을 유익하게 하는 적극적인 선한 의지를 낳는 사랑의 정치로 만든다. 그러

---

59) Kraus, *Our Lord,* pp. 143-44.
60) Ibid., p. 144.

므로 하나님의 사랑인 아가페의 모든 내용은 예수의 삶, 죽음, 그리고 부활로 온전히 알려지게 되었으며, 하나님은 사랑의 성품과 의지를 이루시는 새로운 질서관계를 창조하신다.

예수를 통해 계시된 하나님의 사랑은 인간들의 반응에 의해 제약받지 않는다. 인간의 죄는 도리어 이 은혜로운 사랑을 거부하지만, 하나님의 사랑은 자발적으로 미움과 무관심을 극복하고, 결코 사랑을 포기하거나 후퇴하지 않는다(고전 13 : 7). 무엇보다도 하나님의 사랑이 드러내는 가장 독특한 점은 자신을 주시는 사랑이며, 그 사랑의 대상을 하나님의 자녀로 삼아 참된 삶의 가치를 갖게 한다. 나아가 하나님께서는 자신을 부인하실 수 없듯이 이 사랑을 거두시거나 포기하시지 않는다. 따라서 이 사랑을 멈추게 할 수 있는 방법이 있다면, 그것은 사랑의 대상을 죽이는 방법 외에는 없을 것이다.[61] Kraus는 인간의 죄와 하나님께서 자기를 부인하실 수 없는 성품을 배경으로, 구세주이신 예수의 죽음은 "이 세상에서 하나님 나라를 확장시키는 데 필요불가분한 일이었다"고 믿는다. 따라서 십자가에서 예수가 죽으심은 구세주로서 사랑의 절정을 보여주는 것이다. 나아가 부활은 이사랑의 확증이며, 구세주의 승리를 의미한다.

3. 하나님의 임재인 구세주

Kraus는 예수가 구세주라는 사실은 육신으로 세상에 계심으로써 사람들에게 하나님을 지속적으로 나타내는 것이라고 주장한다.[62] 육신으로 세상에 계속적으로 임재한다는 의미는 무엇인가? Kraus는 교회를 통한 제자도의 실천을 "종으로의 섬김과 십자가"[63]라고 보

---

61) Ibid., p. 165.
62) Kraus, *God Our Savior,* p. 38.

며, 하나님의 임재는 바로 이 제자도 안에서 드러나게 된다고 설명
한다. 즉 구세주이신 예수는 하나님의 통치를 시작하셨을 뿐만 아니
라 또한 성령을 보내심으로 그의 사역을 제자들을 통하여 지속케 하
셨다(행 2 : 33). 조지 헨드리와 에밀 부르너를 인용하면서, Kraus는
성령을 구세주의 임재의 형태로 설명한다. 성령은 그리스도의 말씀
이 살아계신 하나님의 말씀으로 되는 데 필요한 하나님의 임재 모습
이다. 성령의 역사로 말미암아 그리스도의 사역은 우주적 효력을 갖
게 되고, 세상과 역사가 그리스도 안에서 하나가 된다. 그러므로 성
령의 역할은 예수 그리스도를 살아있는 임재로 증거하는 것이다. 다
시 말해 성령은 제자들을 예수 그리스도 안에서 그와 함께하는 교제
로 인도하는 역할을 담당한다. 이 교제는 그리스도 안에 참여하는
가장 밀접한 개인적 관계로서 인격적이며, 동시에 사회적인 공동체
를 구성하게 된다.[64] 더구나 성령 안에서 교제는 사랑의 연줄로 인
해 일치된 모습으로 나타난다.

구세주는 성령을 통해 역사 안에서 여러 가지 다양한 하나님의 구
원의 모습을 드러낸다. Kraus는 세상에서 성령의 자유로운 역사를
무시하지 않지만, 그 역할은 십자가와 부활의 역사적 예수를 계시하
는 것으로 규정한다. 그는 하나님의 선교를 위한 교회의 역할이 결
코 완전하지 못함을 인정하지만, 성령의 자유로운 역사조차도 가시
적 교회의 삶을 통해 이해되어야 함을 역설한다.[65] 성령은 구세주의

---

63) Ibid.

64) 참고로 F. Hauck의 'koinonia', *Theological Dictionary of the
New Testament* vol. 3, ed. Gerhard Kittel & trans. G. W. Bro-
miley (Grand Rapids : Wm. B. Eerdmans Publishing Co., 1965),
pp. 797-808를 보시오.

65) Kraus, *God Our Savior*, p. 146. 그는 다음과 같이 잠정적인 성령론

임재로 그리스도인들을 문자주의와 율법주의로부터 자유케 함으로 신자들로 하여금 더 이상 외적이고, 역사적이고 문화적인 권위에 의해, 비록 그것이 아주 높은 권위라해도, 억압당하지 않게 한다. 실제로 Kraus는 빌립보서 2장 1절에 기록된 성령의 교제를 공동체 안에서 함께 경험하는 "성령 안에서의 나눔"으로 해석한다.66) 결과적으로 복음을 증거하는 공동체의 진실한 권위는 믿음과 순종을 통해 그리스도의 영이 지시하는 지혜를 따라 역사하는 교회의 실존적 권위로 본다.67)

4. 왕이신 구세주

Kraus는 그리스도의 구원사역에 관한 전통적 개신교의 신학적 이해로서 선지자, 제사장, 그리고 왕에 관한 논의를 통해, 예수의 왕권이 일반적으로 '영적'인 것으로 취급되고 그의 신성에만 관련되는 것을 비판한다. Kraus는 대부분의 개신교 신학자들이 구세주이신 예수의 역할을 "본질에 있어 제사장적이고 선지자적이지만, 왕적인 것은 아니다"68)고 생각하기 때문에, 그들은 교회를 통한 그리스도의 왕직을 영적인 천상의 권위로만 인정하려는 경향이 있다고 본다. 따라서 구세주이신 예수의 역할을 종교적이고 영적인 영역에만 제한하기 때문에, 성경에 증거된 그리스도의 왕권의 범위와 성격을 정당하

을 제시한다. "성령은 그의 백성들 가운데 하나님의 임재로, 새로운 인간성을 창조하는 그리스도의 사역을 완수한다. 성령은 인간의 제도적 가능성을 초월하여, 대속적 구원을 나누는 교회를 형성하는, 하나님의 운동의 동기, 능력, 그리고 인도자이다."

66) Ibid., p. 152.
67) Ibid., p. 160.
68) Kraus, *Our Lord,* p. 128.

게 규정하지 못하고 있다고 주장한다(비교 ; 엡 3 : 9-10). 즉 현실에서 구세주의 주권을 충분히 나타낼 수 없는 단지 종말적 왕이란 개념으로 구세주를 이해한다는 것이다.

　Kraus는 로마 가톨릭의 경우도 개신교도들의 이해와 별로 다르지 않지만, 단지 예수의 왕적 권위를 교회 안에서, 그리고 교회를 통해 행사함으로 교권의 정치적 전제주의를 초래하게 되었다고 주장한다.69) Kraus는 예수 그리스도를 진정한 주(Lord)로 확증하기를 원한다. 그는 예수 그리스도의 왕적 권위 혹은 영적 왕권이 단순히 내적·정신적 권위가 아니라, 구원사역에 신실한 참여를 요구하는 부르심으로 이해한다.70) 진정한 제자로서의 삶은 항상 구세주와 왕이신 예수를 의지하며, 살아있는 관계로 변화시키는 것을 의미한다.71) 따라서 Kraus는 예수를 왕으로 바르게 이해함으로써 삶의 모든 영역에서 하나님의 주권을 인정하게 되며, 제자도의 실천은 결국 사회적·정치적 영역을 포함하게 된다고 본다.

---

69) Ibid.

70) 독일의 신학자 Ritschl이 예수의 삶과 죽음이 신자들의 현실의 삶에 실제적 의미가 있음을 강조하기 위해 그의 생애를 '왕적 선지자'로 해석한 것이, 그리스도의 죽음을 대속의 희생으로 이해한 첫번째 대표적인 개신교의 신학적 이해이다. 그러나 Ritschl은 그리스도를 선지자적 왕으로 이해하면서, 예수의 종교적 하나님이해를 통해 새로운 하나님 나라의 의, 즉 새롭고 고차원적인 윤리적 규범을 제시한다고 주장한다 [Kraus, *Our Lord,* p. 131, esp., footnote 7 참조].

71) 비록 Kraus는 법적인 면보다는 역사적인 관점에서 예수 그리스도의 구속을 강조하고 있는 것으로 보이나, 예수의 정체성의 바른 이해를 위해서는 존재론적 확증이 필요한 것으로 간주된다.

예수와 하나님 나라

예수는 공생애 초기에 하나님 나라를 선포하시고, 가르치시며, 또한 그 능력을 행사하셨다(막 1 : 14-15). 마태는 예수께서 갈릴리를 두루 다니시면서 하나님 나라의 복음을 선포하고 모든 질병들을 고쳐주셨다고 기록한다(마 4 : 23-25). 실제로 대부분의 성서학자들은 예수의 가르침과 설교의 핵심이 하나님 나라라는 의견에 동의한다. 하나님 나라는 본질적으로 하나의 신학적 주제 이상으로, 하나님과의 관계를 회복하려는 예수의 사역이 성취하고자 하는 목표이며, 이스라엘만이 아니라 모든 인류를 위한 구원으로의 초대이다. 따라서 바른 신앙의 이해를 위해서 하나님 나라의 의미를 아는 것은 절대적이며, 또한 예수 그리스도를 떠나서 하나님 나라를 이해하는 것은 의미가 없다는 점을 잊지 말아야 한다.

1. 메시아적 사역

Kraus에게 있어서 하나님 나라는 예수께서 관심을 갖게 된 어떤 우주적·무시간적 원리가 명백히 아니다. 오히려 하나님 나라는 예수께서 하나님의 원래의 뜻을 회복하는 사역을 시작하신 공적인 선언이며, 그 내용이었다. 예수는 역사 안에서 창조적 자기계시를 통해 새로운 시대(성육신을 통한 증거의 때)를 시작하셨다. 예수님은 억압받는 이스라엘에게 혁신적인 구세주로 나타나셨으며, 당시 유대인들은 구약의 예언자들에 의해 선포된 '하나님의 날'로 간접적으로 이해했다. 그러나 근본적으로 이스라엘의 국가적 신정통치의 이상과 예수의 하나님 나라에 대한 이해는 결코 일치할 수 없었다. 복음서에 기록된 예수 그리스도의 모습은 당시 사람들의 지배적인 메시아상과는 전혀 다른 것으로 드러난다. 로마제국하에서 억압받는 이스라엘이 자유와 평화를 갈구하는 것은 자연스러운 현상이었다. 그들이 바라는 완전한 자유는 하나님의 선물로 하나님의 백성들이 거룩한 전쟁을 통해서 성취하거나, 메시아의 기적적 개입으로 이루어질 수 있다고 생각했다. 그러므로 예수의 사역이 이스라엘의 메시아적 대망을 고취시켰음은 부인할 수 없는 사실이다.

그러나 예수는 하나님 나라가 폭력을 사용한 정치적 혹은 사회적 혁명으로 성취될 수 있다고 생각지 않으셨다. 하나님 나라는 선물일 뿐만 아니라 성취되어야 할 과제이지만, 결코 전쟁과 같은 수단을 사용하는 것을 허용하지 않는다. 하나님께서 예수의 사역을 통해 그의 왕권을 행사하심으로, 예수의 하나님 나라 선포는 획기적인 사건으로 옛 시대와 새로운 시대를 분명하게 구분하는 분기점이 되었다. 따라서 구속사적 관점에서 하나님 나라의 선포를 통해 이 세상은 하나님의 주권이 행사되는 영역이 된다. 따라서 Kraus가 성경 안에서 '하나님 나라', '하나님의 구원', 그리고 '하나님의 평화'를 동의어로 보는. 것은 타당하다.[72] 또한 하나님 나라와 천국은 같은 의미를 갖기 때문에, 이 두 단어는 호환적인 사용이 가능하다. 진정한 의미에서, 예수께서 이루신 하나님 나라의 구원은 하나님의 주권, 혹은 그리스도의 왕권에 속하는 것이며, 개인적 구원의 내용과 일치하는 영적인 실재일 뿐만 아니라 사회적·정치적 실재이기도 하다.

예수와 그의 제자들이 행한 사역의 직접적인 배경에서 유대인들의 메시아적 구원에 대한 지배적인 이해와 달리, 예수가 하나님의 뜻을 이루기 위해 모델로 삼은 것은 선지자들의 예언에 나타난 고난받는 종이었다. 그럼에도 불구하고 예수를 따르는 사람들이나 그를 대적하는 무리들이나 하나님 나라를 이루는 메시아의 역할에 대한

---

72) Kraus, *Our Lord,* p. 140.

오해는 대단히 깊고 지속적이었다. 그들은 자신들이 바라는 직접적
이고 현실적인 메시아적 대망 외에 다른 것을 생각하기가 어려웠기
때문에, 예수의 왕권은 유대적 메시아 대망 안에서 이해되었던 것이
다. 그러나 예수의 삶과 죽음과 부활의 빛 아래서 알 수 있는 하나님
나라의 내용은 다음과 같다.

2. 하나님의 구원

하나님 나라는 하나님의 통치로 이미 예수의 지상사역을 통해 시
작되었다. 그렇기 때문에 Kraus는 하나님 나라를 하나님의 구원과
같은 것으로 본다. 여기서 Kraus가 "어떻게 예수의 삶과 죽음이 우
리와 관련이 있는가?" 하는 질문과 "어떻게 구원이 우리의 삶에 영
향을 끼치는가?" 하는 질문은 동전의 양면과 같은 것이라고 생각하
는 이유를 알 수 있다. 그는 예수 그리스도에 관한 지식을 근거로 신
앙을 다음과 같이 설명한다 — "그리스도의 주권 아래서 우리는 하
나님의 사랑하는 아들의 왕국으로 들어갔으며, 사랑의 권세와 통제
아래서 살아갈 수 있게 되었다."73) 하나님의 자녀인 그리스도인들은
하나님 나라를 하나님의 능력의 임재로 이해함으로써 그 나라를 하
나님의 구원과 같은 것으로 본다.74)

비록 하나님의 구원에 대한 다양한 해석들이 있음을 인정하지만,
Kraus는 예수 그리스도 안에 있는 하나님의 구원을 해석하기 위한

---

73) Ibid., p. 186.

74) 물론 묵시적·종말론적 관점이 예수와 동시대 유대인들이 메시아적
사명에 관해 이해하는 데 지대한 영향력을 끼쳤음은 틀림없을 것이다.
그러나 하나님 나라에 대한 예수의 가르침과 선포를 통해서 유대적
신정통치의 대망은 하나님의 자녀가 되려는 정서로 급속히 변화된 것
으로 보인다 [Kraus, *Our Lord,* p. 136 참조].

네 가지 제안을 내놓는다. "[1] 하나님과 사람들 사이의 언약관계의 회복 ; [2] 인류를 위한 하나님의 본래 의도를 파괴한 마귀의 능력으로부터의 자유 ; [3] 참된 인간의 운명을 완성하는 의와 진리 안에서 하나님의 형상으로 새롭게 됨 ; [4] 종말론적 관점에서 소위 죽음의 영원한 폐지"75)가 그것이다. 따라서 하나님 나라가 하나님의 창조와 관련된 원래 의도를 회복하고, 언약관계를 성취하는 하나님의 구원이 된다고 주장한다. 요약하면 하나님 나라는 죄인들을 죄의 구속으로부터 자유케 한다. 그 나라는 단순히 영적 현상이나 현재의 삶을 희생시켜서 성취해야 할 미래의 가능성이 아니라, 이미 스스로 드러난 실체로서 근본적으로 새로운 가능성이며, 즉시라도 참여할 수 있는 실재이다.

하나님 나라는 죄된 인간들을 자신 안에서 화목케 하시는 하나님의 선취적 사역의 모습이다. Kraus는 예수의 피가 사람들의 죄를 용서함으로써 언약관계를 유지케 한다고 선언한다(롬 3 : 25). 실제로 하나님 나라는 사람들에게 죄의 속박과 권세로부터 회개할 것을 촉구함으로써 하나님과 사람들 사이의 관계를 회복시킨다. 그러나 로마적인 법이해와 히브리적 신율사상의 전승에서 비롯된 견해, 즉 하나님을 의로운 재판관으로 보는 견해는 현실의 삶에서 하나님의 임재를 소외시키는 모순을 낳게 된다고 주장한다. 이런 경우에 무엇보다 시급히 요구되는 것은 수치와 죄책, 그리고 흑암의 세력을 극복할 수 있는, 사랑의 근원이신 하나님의 임재를 발견하는 일이다. 하나님 나라란 그리스도 안에 있는 하나님의 사랑의 약속이며, 그리스도인들에게는 신앙의 기초가 된다. 따라서 구원은 당연히 율법이 아니라 믿음으로 인한 칭의로 이해되어야 한다.

---

75) Ibid., p. 173.

Kraus는 하나님 나라로 인한 하나님의 구원을 바르게 이해하기 위하여 아래와 같은 사실을 제시한다.

"첫째로 그리스도를 하나님의 아들 혹은 하나님의 형상으로 인식함으로써 그의 생애가 언약에 신실한 모습인 것을 깨달아야만 한다. 이러한 인식은 율법적 순종을 통하여 자기 자신의 의를 이루려는 모든 시도들을 포기하는 것을 포함하며 나아가 예수를 '믿음의 주와 온전케 하시는 이'(히 12 : 2)로 믿는 것을 의미한다. 둘째로 하나님 나라에 들어가는 것은 예수의 죽음과 부활을 통해 (새롭게) 제시된 언약에 대한 충성을 서약하는 것을 포함한다. 셋째로 예수 안에서 신앙은 하나님과 이웃을 위한 성령의 사랑에 참여하는 것을 의미한다. 바울이 담담히 전하고 있듯이 '누구든지 그리스도의 영이 없으면 그리스도의 사람이 아니라'(롬 8 : 9)고 할 수 있다. 넷째로 그리스도 안에서 신앙은 '그의 부활의 권능과 그 고난에 참예함을 알려 하여 그의 죽으심을 본받아'(빌 3 : 10)라는 바울의 가르침과 같이 고난과 죽음을 통해서라도 모든 사람들에게 구원을 가져다 주는 그리스도의 사역에 참여함을 의미한다."76)

3. 구원의 능력

죄와 사탄의 권세로부터의 구원은 하나님 나라의 중요한 측면이다. 로마서 7장에 기록된 표현대로 원하는 선을 행하지 못한다는 바울의 갈등으로부터 Kraus는 중요한 인식을 도출해낸다. 그는 죄의 권세는 사람을 속박하는 힘으로 인간의 의지 혹은 "하나님의 자녀로서 그 의지를 이루려는 것"을 막는 것을 뜻한다고 설파한다. 하나님 나라는 하나님의 사랑과 자유의 권위에 속한 이타적인 삶으로 죄의

---

76) Ibid., p. 180.

권세에 대항하여 우리 자신을 다스릴 수 있는 하나님의 능력인 것이다.

신약성경에 나타난 구원의 비유들, 즉 대속의 희생과 승리의 구주를 바르게 이해하기 위해서는 구원의 방법보다는 구원 자체의 내용이 강조되어야 한다고 Kraus는 주장한다. 다시 말해 하나님께서는 죄악의 노예 상태로부터 자유케 하심을 통해 인간 스스로는 결코 옳은 일을 행할 능력이 없다는 사실을 보여주며, 또한 사람들이 자신의 한계를 극복하기 위해 인간의 수단과 방법을 의지하여 권세를 소유하려는 이기적인 욕망에 사로잡혀 있는 모습을 보여준다. 실제로 하나님 나라는 하나님께서 정하신 창조의 의도를 수행하여 책임있는 삶을 살고자 하는 결단을 사람들에게 요구한다. 사람들은 자신들의 궁극적인 운명조차도 지배하지 못하는 연약함을 한탄하며 살아간다. 마찬가지로 Kraus도 "죽음이 생명의 근원인 하나님과의 분리를 의미할 때, 죄와 사망의 관계가 보다 분명히 드러나고 있음"[77]을 지적한다. 그러나 예수 그리스도의 부활은 죽음을 이기시고 새 생명을 가져 온 표적이며, 결과적으로 이제는 궁극적 관심이 육체의 죽음이 아닌 영적 죽음으로 모아지게 진다.

일반적으로 사람들의 관심이 자신들을 죄의 권세 아래 속박케 하는 죽음의 공포에 모아지는 것은 지극히 당연한 귀결이라 하겠다. 예수 그리스도는 "우리를 대신하여 죄를 삼으신"(고후 5 : 21) 사실로 죄악된 인류와 하나가 되시고, 인간의 소외와 적대감을 충분히 체휼하심으로 아버지의 보내신 뜻을 몸소 이루셨다. 십자가와 부활로 말미암아 인간의 최종적인 운명을 계시하셨는데, 그 내용은 하나님의 전적인 은혜의 대상이 되었다는 것이다. 이와 같은 하나님의

---

77) Kraus, *God Our Savior*, p. 216.

은혜는 죄의 권세로부터 자유를 가능케 하는 기회들을 제공해 준다.[78] 하나님 나라는 바로 이 전적인 하나님의 은혜를 의미하는 것으로, 죄의 권세로부터의 자유와 용서를 얻는 새로운 가능성이기도 하다. 흥미롭게도 Kraus는 신약성경에 나오는 악마의 권세를 죄의 권세의 분리시키는 능력으로 보아, 인간성과 인간의 운명을 파괴하는 힘이 바로 악마의 독특한 권세라고 지적한다.[79] 나아가 Kraus는, 죄의 권세가 인간의 자유의지를 지배함으로써 의도적이고 계획적인 폭력을 행사하게 하는 것과는 달리 악마의 권세는 혼돈의 통제할 수 없는 폭력을 낳게 한다고 주장한다.[80] 따라서 시민들을 억압과 죽음으로 통치하려는 근대의 전제적 정부들은 좌파나 우파에 관계없이 모두 신약성경에 기록된 '정사(rulers)'의 나타남이라고 본다(비교 : 엡 6 : 12 ; 고전 2 : 6 ; 마찬가지로 엡 2 : 2 ; 롬 8 : 38 ; 엡 3 : 10 ; 골 1 : 16). 이런 관점에서 세상의 정사와 권세는 하나님께서 공의를 이루시는 사랑의 권세인 하나님 나라와는 대조적인 악한 세력으로 보인다. 결과적으로 Kraus는 하나님 나라의 직접적인 영향을 "죽음과 두려움의 세력을 물리친 새로운 시작"[81]으로 이해한다.

4. 하나님 형상의 회복

Kraus는 사람들 안에 나타난 하나님 형상의 회복의 비유를 통해 하나님의 구원, 혹은 나라의 실체를 설명한다. 그는 이러한 이해를 배경으로 원죄를 다음과 같이 정의한다. 즉 원죄란 "하나님의 형상이 참된 자기의 모습인 것을 거부하는 것이며, 하나님으로부터 독립

---

78) Kraus, *Our Lord,* p. 184.

79) Ibid.

80) Ibid., p. 185.

81) Ibid., p. 186.

된 정체성과 인간성을 발견하려는 시도이다."[82] 그러므로 인간의 타락한 형상은 "온전히 이루어야할 상태에 도달하지 못한 존재"로서, 한마디로 이기적인 삶을 살아간다. 실제로 역사의 과정을 통해 인류는 선과 악이 함께하는 모습을 보여준다. 따라서 인간의 실존의 상태는 하나님 나라의 목표인, "하나님의 원래의 의도에 따른 재창조와 재생"을 추구해야만 하는 것으로 이해된다.

개신교의 정통신학은 하나님 나라를 본질적으로 육체적 혹은 자연적 선물인 이성, 마음, 의지와는 상관없는 신자들의 영적 신분에 영향을 끼치는 영적인 선물로만 이해한다고 Kraus는 주장한다. 칼빈의 저작들을 인용하면서 Kraus는 지적하기를, 비록 칼빈이 새 생명, 중생, 의지의 회심 등을 이야기하지만, 그는 새로워진 인간의 의지와 성품에 어떠한 신뢰도 허락지 않았다고 한다.[83]

특히 칼빈은 예수의 영원한 왕권의 성격을 영적인 것으로 간주하여, 이 세상이 아니라 장차 임할 세상에 속한 것으로만 이해하고 있다고 본다. 결과적으로 그리스도의 주권은 개인 생활의 영역에서 개인적인 동기와 목적에만 국한되어 이해되기가 쉽다고 설명한다. 그러므로 Kraus는 '신분의 회복'이란 용어를, 믿는 자들 안에서 일어난 하나님의 구원의 실제적 효과에 관한 칼빈의 이해에 대한 적당한 표현으로 지적한다.[84]

Kraus는 웨슬리도 형상의 회복에 관한 이해가 신분의 회복과 더불어 하나님의 사랑과 율법을 지킬 수 있는 새로운 성품의 의미를

---

82) Ibid.

83) Ibid., pp. 191, 193.

84) John Calvin, *Institutions of the Christian Religion,* ed. John T. McNeill & trans. Ford Lewis Battles (Philadelphia : The Westminster Press, 1960), Bk. III, chap. XV, section 3 참조.

내포하는 것으로 본다고 주장한다. 그러나 웨슬리는 그리스도의 선지자적 역할을 상당히 강조한 이외에는 전통적 개신교 신학의 입장을 따라 제사장, 선지자, 왕으로서 그리스도를 이해한다. 다시 말해 웨슬리는 비록 그리스도를 그리스도인들에게 모범과 권위가 되신 분으로 이해하지만, 그리스도의 구속의 역할은 인류의 죄책을 위한 희생으로 제한하는 것처럼 보인다. Kraus는 그의 관심의 초점을 재침례파의 전통에 두고, 하나님의 구원을 재창조와 재생, 그리고 하나님의 형상의 회복으로 이해한다. 그는 재생과 재창조의 비유를 통해 사람들 안에 이루신 하나님의 선물과 사역으로서 하나님의 구원을 가장 잘 설명할 수 있다고 주장한다. 이런 관점에서 무엇보다 중요한 이해는 예수 그리스도의 왕권에 관한 것으로, 이는 그를 따르는 사람들의 삶 속에서 현존하는 주권을 의미한다. 따라서 Kraus는 악의 세력을 "그 세력을 추종하는 사람들이 자신의 연약함과 자기기만을 인정하고 이를 관념화시키는 것"[85]이라 규정한다. 그리스도인들은 하나님의 자녀로서 보다 적극적으로 자신만을 위한 섬김의 노력들을 피하고, 오히려 언약의 범주 안에서 매사에 하나님을 신뢰해야만 할 것이다. 인간의 실패와 죄악됨이 하나님의 형상에 의한 윤리석 책임에 대한 최종적인 내답이 아닌 것을 확정하면서, Kraus는 하나님 나라를 하나님의 형상을 회복케 하는 근본적 가능성으로 본다.

5. 종말적 구원

하나님의 임재이신 예수 그리스도는 하나님의 구원을 하나님의 때를 통하여 하나님 나라로 드러내셨다. 그러므로 하나님 나라와 관련해서 성경의 가르침에 나타난 종말적 완성은 이미 인간 실존에 새

---

85) Kraus, *God Our Savior,* p. 129.

로운 의미를 제시한 역사적인 하나님의 성육에서 시작되고 있다. Kraus는 "선지자적 소망의 위대한 이상은 종말을, 하나님께서 모든 사람들의 눈을 열어주시는 그 때로 묘사하며, 믿음의 실상을 볼 것인데 그것은 다름 아니라 역사의 객관적 실체"[86]라고 주장하면서, 메시아 예수의 사역의 내용과 목표인 하나님의 통치 즉 하나님 나라를 역사적 실체와 관련하여 해석한다. 그러나 예수 그리스도의 십자가와 부활이 종말의 모든 실체를 당면한 역사의 실체 안에 완전히 이루지 않으셨음은 주지의 사실이다. 그러면 "하나님 나라의 역사적 실체로서의 모습은 과연 무엇인가?"를 질문하지 않을 수 없다. 어떻게, 어디에서 하나님의 통치의 실체를 볼 수 있는가? Kraus는 예수의 비유를 통해 위의 질문에 답할 수 있는 몇 가지 단서들을 발견한다. "첫째로 하나님 나라는 세상의 나라들과 민족들이 관련되어 있는 지상적, 역사적 현상이다(마 13 : 24-30, 36-43). 단순히 개인의 마음 안에 있는 영적 권세만이 아니다. 둘째로 하나님 나라는 오직 이스라엘만을 위한 민족적인 것이 아니다. 전제적 종교·정치 기구가 아니라, 포괄적 교제인 것이다(눅 13 : 18-19, 29). 셋째로 비록 하나님 나라는 역사적·사회적 실체이지만, 이것은 관찰될 수 있는 운동이거나 조직이 아니다(막 4 : 26-29 ; 눅 17 : 20). 넷째로 하나님 나라는 하나님의 역사이지, 인간의 종교가 아니다. 이 나라는 역사 안에서 혁명을 통한 점진적인 운동으로 세워지는 것이 아니라, 하나님의 개입의 결과로 세워진다(마 6 : 10). 그리고 믿음으로 받아들여지고 들어가게 된다."[87]

Kraus에게 하나님 나라는 예수께서 드러내신 구원의 능력이며,

---

86) Ibid., p. 130.
87) Kraus, *Our Lord,* p. 200.

그 안에서 예수는 구원받은 이스라엘을 대표한다. 예수가 하나님의 구속사적 사역을 하나님 나라를 증거함으로써 완수하셨다고 본다. 따라서 Kraus는 "하나님 나라의 열쇠는 예수를 그리스도와 하나님의 아들로 인식한 공동체(그리스도인 교회)에 주어졌다(마 16 : 15-20 ; 18 : 18)"88)고 주장한다. 보다 중요한 이해는 모든 능력과 권세가 하나님께 속했으나, 하나님 나라의 능력과 권위가 폭력의 힘을 능가하는 사랑에 의존한다는 점이다. 이러한 점에서 하나님 나라는 예수 그리스도 안에서 실현된 아가페(사랑)에 의한 통치를 의미하며(고후 5 : 19), 예수께서는 그의 제자들에게 하나님의 통치를 구체적인 경험이 되게 하셨다(요일 2 : 7-8).

종말적 완성의 선취적 내용인 하나님 나라는 인류와의 언약관계를 통해 이루려는 하나님의 원래 의도를 회복하기 위하여 타락한 인간 본성을 구원으로 이끄시는 하나님의 윤리적 결단의 실현이다. 그렇기 때문에 하나님 나라는 자동적으로 역사 현실 안에 들어오는 것이 아니라, 사람들의 자발적 순종을 통해 이루어지게 되는 것이라고 Kraus는 주장한다. 자발적인 순종이라는 독특한 모습을 통해 십자가와 부활은 구원하시는 하나님의 최고의 표적인 예수 그리스도의 삶의 설정을 이룬다. 그러나 현실 안에서 하나님 나라는 믿음으로 체험되기 전에는 세상으로부터 가려져 있다. 예수의 가르침 안에서 경험된 하나님의 왕국은 청중들에게 결코 환영받은 것만은 아니라고 성경은 증거한다.89) 씨뿌리는 비유로부터, 그 비유를 듣는 사람들의 반응에 이야기의 초점이 맞춰져 있음을 보게 된다. 씨뿌림의 결과는

---

88) Kraus, *God Our Savior,* p. 172.

89) 예를 들면, 마태는 하나님 나라의 비유들(마 13 : 1-52)을 전하면서, 그 나라의 비밀을 다루는데, 예수님의 말씀을 듣는 사람들이 두 무리로 나뉘었다고 증거한다.

기본적으로 토양의 성질에 달려 있음과 같이, 말씀을 듣는 사람의 형편과 상태가 말씀 속의 하나님 나라의 결실을 결정짓는 요소가 되는 것이다. 그러므로 하나님을 사랑하지 않는 사람들에게 선포된 하나님의 말씀은 아무런 결실도 맺을 수가 없음은 자명한 노릇이며, 오직 하나님을 사랑하는 하나님의 자녀된 성도들에게만 그 결실이 가능한 것이다. 말씀으로 하나님 나라가 예수에 의해 씨로서 뿌려졌을 때, 오직 좋은 땅과 같은 믿음의 소유자만이 결실을 이룰 것이다.

한 가지 주의할 사실은 인간의 반응에 의한 결과와 하나님 나라는 일치하는 것이 아니라는 점이다. 오히려 하나님 나라는 영적인 실체로서 사랑의 능력으로 규정되며, 그리스도의 영에 의한 사역으로 나타나게 된다.[90] 하나님의 권위인 하나님 나라는 "[이] 우주를 다스리시는 절대적인 능력이다"고 Kraus는 주장한다.[91] 예수를 통해 나타난 하나님 나라는 '역사의 목적'이 되었으며, 하나님의 지속적인 구원사역에 참여할 수 있는 길은 오직 예수 그리스도의 사역을 통해서만 가능하다고 Kraus는 주장한다. 그럼에도 하나님 나라는 예수를 따르는 사람들로 하여금 일상적인 삶과 더불어 개인적 의무와 사회적 책임과의 관련 안에서 그들의 이상을 형성케 하고 또 계속적으로 형성해 나가도록 한다. 즉 하나님 나라란 죄와 죽음으로부터의 자유케 되는 것, 그리고 하나님·이웃·세상과 화목케 되는 것과 밀접하게 관련되어 있다. 따라서 "성경은 하나님의 구원, 혹은 통치가 이루어질 것을 확신케 한다. 문제는 '과연 우리가 그와 같은 사실을 인식하고 그 나라에 들어갈 것인가?' 하는 데 있다. 역사 안에 참 빛과 권세로서 그리스도의 나타나심은 그분의 오심을 바라던 사람들에게

---

90) Kraus, *God Our Savior,* pp. 199-201.
91) Ibid., p. 201.

조차도 놀라움이었다.[92] 오늘날 예수가 역사의 주인이심을 깨닫지 못하는 사람들에게 또한 놀라움으로 임하게 될 것이다. 그러나 예수께서 이미 그를 따르는 사람들에게 말씀하셨듯이 때를 알리는 표적들을 보게 될 것이다. 그 표적들을 통해 나타난 성령 혹은 예수의 영에 의해 하나님의 통치와 그리스도의 통치가 동일하다는 사실을 알게 될 것이다."[93]

하나님 나라와 십자가

예수의 선포와 가르침의 핵심인 하나님 나라는 하나님께서 사랑으로 통치하심을 궁극적으로 드러낸 것이며, 인류를 위한 하나님의 사랑의 구현인 십자가는 하나님 나라에 관한 이해의 절정을 이루고 있다. 십자가는 역사 안에서 계속되는 하나님의 창조적 사역의 한 부분으로 하나님의 성품을 드러내 주고 있다. 인류의 운명과 역사의 목적은 하나님의 지속적인 창조사역 안에서 찾아질 수 있는데, 십자가는 "타락한 모습으로 하나님의 사랑을 거부하고 그 뜻을 의심하는 인류에 대해 왜 하나님은 관심을 갖는가?"라는 질문에 대한 대답인 것이다. 하나님의 관심은 결국 창조로부터 종말에 이르기까지 사랑의 교제를 성취하시기 위한 내용이며, 십자가는 바로 그 사랑의 절정을 역사 안에 극적으로 드러내심으로 인류의 역사를 바꾸시려는 하나님의 의지의 실천인 것이다.

---

92) 사람의 탄생을 비유로 하여, Kraus는 하나님의 개입에 의해 새롭게 제시된, 하나님 안에서의 새 삶은 "오직 고난을 통해서 인간의 삶 속으로 들어왔다"고 설명한다 [Kraus, *God Our Savior*, p. 204 참조].

93) Ibid., p. 205.

1. 하나님의 사랑

십자가로 드러난 하나님의 권위와 사랑에 관한 구체적 이해를 바탕으로 Kraus는 삼위일체의 사역과 연합의 내용을 그리스도 안에서 단순히 하나님의 자기계시라고 표현하는 것은 지나치게 분석적이고 추상적일 수도 있다고 지적한다.[94] 창조와 구속을 성취하시는 하나님의 사역을 삼위일체의 교리를 통하여 설명하면서 하나님의 신성이

---

94) Kraus는 하나님의 사랑이 갖는 능력과 권위를 다음과 같이 설명한다. "첫째, 하나님의 사랑과 진노는 비유를 표현하는 언어로서 이해된다. 인간의 사랑을 분석하는 것과 같은 방법으로 하나님의 사랑을 이해할 수는 없다. 다만 인간적인 관계들을 비유로 혹은 표상으로 하나님과의 관계를 그려볼 수 있다. 이와 같은 방법으로 하나님의 사랑의 특징적인 면들을 어느 정도 살펴 볼 수 있는 것이다. 둘째, 하나님의 사랑은 자발적으로 하나님의 성품과 존재 자체로부터 나온다. 어떤 외적인 물체에 의한 자극이나 필요에 의해서가 아니라, 하나님이 그 사랑의 근원이며 본질이 되신다. 하나님의 사랑에 의해 피조물의 모든 가치가 결정되는 것이지, 피조물의 어떤 가치가 하나님의 사랑을 생기게 하는 것이 아니다. 셋째, 하나님은 우주적 하나님이시기 때문에 — 모든 육체의 하나님이라(렘 32 : 27) — 그의 사랑은 편견이 없다.……넷째, 하나님의 사랑은 신권적 사랑이다. 이 사랑은 율법에 매이지 않는다. 자연의 법, 정의의 법, 이성의 법 등 어떤 법이라도 하나님의 사랑은 제한할 수 없다.……마지막으로, 죄로 물들고 윤리에 반하는 세상에서, 하나님의 사랑은 은혜로 인식된다. 하나님의 사랑은 새로운 관계를 창조하고 회복시키는 데 그 주도적인 역할을 감당한다. 은혜로서 하나님의 사랑은 조건과 자격에 제한이 없다. 따라서 요구와 반응에 관계없이 주어지는 사랑이다. 자신을 주는 사랑이다. 하나님의 선물인 구원은 그 자신을 사랑과 창조적 관계 안에서 선물로 주는 것이다" [Kraus, *God Our Savior,* pp. 86-87 참조].

인성에 비해 지나치게 강조되고 있기 때문에, 교회를 통하여 역사하시는 성령에 관한 내용이 때로는 모호하거나, 심지어는 모순되는 것처럼 보이기도 한다는 것이다. 그러므로 실천적이며 윤리적·사회적인 신앙의 행위에 의한 결과들을 충분히 올바르게 분별하는 것이 어렵게 된다고 지적한다. 교회의 전승 안에서 하나님의 주권적 통치를 이해하는 데는 여전히 현실에서 하나님의 부재와 함께 지배적인 악의 세력의 문제들에 직면하게 된다. 물론 Kraus도 삼위일체 하나님을 사람들과의 관계 안에서 하나의 인격적 존재로 규정하는 역설을 직시한다. 그래도 하나님은 형이상학적인 개체가 아니라 자기계시라는 배경으로부터 이해되어야만 할 것이다. 그러나 하나님의 계시가 예수 그리스도 안에서 자기계시로 나타날 때, 십자가는 하나님께서 사랑의 관계를 완성하는 모습을 드러내며, 교회가 현실 안에서 신앙의 실천을 위한 지속적이고 규범적인 안내를 제공하게 된다. Kraus는 재세례파의 전통적 접근 방법처럼 하나님의 사랑을 이해하기 위해서는 창조주와 율법의 수여자로서 하나님의 윤리적 의를 기억하는 것이 가장 중요한 것이라 여기며, 주장하기를 하나님의 사랑을 궁극적으로 드러낸 십자가는 "율법 자체를 부정하지 않으면서 그것을 초월한다"고 한다.[95] 예수 그리스도의 선포와 가르침에 나타난 하나님 나라는 하나님의 사랑에 의한 구원을 이 땅 위에 이루시는 극적인 모습으로, 그 사랑의 진정한 모습은 예수의 구체적인 실천을 통하여 확증되는 것이다.

2. 창조의 회복

예수 그리스도의 십자가는 창조에 드러난 하나님의 공의이다.

---

95) Kraus, *Our Lord,* p. 148.

Kraus는 하나님의 의를 유대교와 기독교로 나뉘는 서로 다른 두 가지 관점을 비교하면서 다루고 있다. 여기서 유대교는 기독교의 역사적, 문화적 모체로 간주된다. 따라서 첫째, 모세의 율법에 관한 랍비들의 가르침을 통해, 모세의 율법은 단순히 제사의 순서를 설명한 법이 아니라, 창조에 대한 설명으로서 "창조 안에서 하나님의 의를 규정한다"[96]고 본다. Kraus는 모세의 율법과 창조의 말씀을 동일시하면서, 이 말씀이 하나님의 의를 정의하며, 인간의 행위를 규제하기 위해 합법적으로 창조에 앞서 역사한다고 주장한다. 따라서 모세의 율법은 유대인들의 삶에서 가장 높은 규범과 권위로 남아 있게 된다. 또한 하나님의 능력과 권위가 사회의 안정과 번영을 이루는 것으로 정의되듯이 율법을 지키는 의로운 사람에게 하나님의 사랑이 나타나는 것이다. 그럼에도 불구하고 모세의 율법이 창조의 동기보다도 우월한 것으로 보는 유대인들의 지배적인 이해는 그들의 삶에 절대적인 영향력을 끼치게 된다. 그러나 이와 같이 모세의 전승을 전적으로 법적 공의로 보는 견해는 결코 율법의 원래적 의도에 부합되는 것이 아니다.

둘째로 예수를 따르는 사람들은 점차로 일반 유대인들과는 확연히 다른 예수의 태도와 삶의 자세를 예수의 죽음과 부활의 관점에서 이해하려 한다. Kraus가 비판하는 것처럼 당시 유대인들의 지배적인 정서는 하나님의 원래 뜻을 왜곡한 것이었다. 예수께서는 모세의 율법이 하나님과 사람들의 관계를 규정짓는 최종적 권위라는 바리새적 해석을 거부하시고, 오히려 하나님의 공의를 자신을 통해 드러내셨다. 즉 하나님께서는 인류의 죄책을 스스로 감당하시기 위해 자신이 죄된 인간들과 하나가 되셨으며, 사람들로 하여금 하나님 나라

---

96) Ibid., p. 150.

안에서 참된 모습을 발견하기를 원하시는 사랑으로 하나님의 의를 성취하셨다. 이로써 새로운 창조를 통해 하나님의 의도를 회복하신다.97) 따라서 하나님 나라는 창조의 회복을 목적으로 하는 새로운 하나님의 질서를 제시하게 된다.

3. 십자가와 하나님 나라

십자가는 모세의 율법을 잘못 이해하고 적용하던 유대교가 하나님의 의를 이루기 위한 수단으로 선택한 형벌이었다면, 기독교는 그

---

97) 십자가는 하나님께서 사람들과 하나가 되심을 의미한다. Kraus는 성육신이신 예수로부터 거룩함의 진정한 모습을 보다 더 잘 이해하게 된다고 한다. 사실 그리스도가 십자가에서 죽으심은 사람들에 의한 저주와 처형이었지만 예수의 전 생애의 정점에 이른 모습이었다. 즉 하나님이 의롭다 하심은 성육신으로 비롯된 것인데, 십자가에서 성육신의 절정을 볼 수 있는 것이지, 법적인 화해가 십자가 상에서 이루어진 것이 아니라고 주장한다 [*Our Lord*, pp. 156-57 참조]. 바울의 서신서들을 해석하면서, Kraus는 하나님께서 사람들과 하나됨을 "죄된 상황에 처한 인간들과 하나되시는 하나님의 성품"으로 확인한다(롬 8 : 3 ; 갈 4 : 4-5 ; 고후 5 : 21). 인간의 죄사함은 하나님의 거룩한 사랑에 근거한 것이지, 예수의 죽음을 통해 동등한 죄값을 지불한 것에 근거한 것이 아니라는 주장이다. 여기서 우리는 Kraus가 법적 비유에 기초한 구원에 관한 이해에 만족하지 않으면서 구원의 교리를 이끌어 가기 위해 노력하고 있는 모습을 볼 수 있다. 그는 휘사이드(P. T. Forsyth)와 데니(James Denny)의 의견들을 인용하면서, 예수의 죽음을, 진노하시는 하나님 아버지의 공의로 인한 형벌을 충족시키기 위한 희생으로 이해하는 것에 의문을 표시한다. Kraus는 십자가는 하나님의 거룩하심과 인간에 대한 변함없는 관심을 표시하는 하나님의 윤리적 사랑을 동시에 드러낸다고 보는 그들의 견해가 옳다고 주장한다 [*Our Lord*, p. 225 참조].

십자가로 나타난 하나님의 의를 믿음으로 받아들이게 된 것이다. 십
자가의 신학적 동기를 이해하는 데 있어 Kraus는, 십자가로 인해
"어떻게 사람이 죄로부터 구원받았는가?"라는 질문을 기독론적 관
점을 통해 만족의 이론으로 해결하려 했던 안셈(Anselm)을 대표적
인물로 그린다.[98] 실제로 정통적 개신교 신학자들은 안셈의 방법을
따라, 하나님의 도덕성을 법적인 의로 이해하여, 하나님의 사랑과 공
의 사이의 긴장관계를 공식화하였다. 하나님은 사랑이시며 동시에
공의로우시기 때문에, 자신의 성품에 의한 윤리적 요구를 만족시켜
야만 하는 것이며, 십자가는 바로 이 윤리적 요구를 만족시킬 수 있
는 유일한 방법으로 이해된다. 그러나 Kraus는 이러한 윤리적 만족
의 이론으로는 하나님의 창조의 선함을 설명하는 데 실패했다고 주
장한다.[99]

---

98) Kraus는 전통적인 개신교 신앙이 십자가의 의미를 율법의 의를 보상
하는 하나님의 사랑으로 이해하기 때문에, 하나님의 은혜로운 무조건
적 사랑을 율법으로 인한 의와 일치시키려는 경향이 있다고 주장한다.
하나님의 사랑과 율법의 의는 자체로는 비록 서로 대조적이라고 말할
수 없지만, 하나님의 사랑이 대속의 논리적 근거를 설명하는 데 있어
서 최우선인 사실을 명심해야만 한다. 다시 말해 기독론에 기초한 구
원론 이해에 있어서 하나님의 거룩함과 율법의 의는 서로 같은 범주
에 속하지 않는다. 즉 모세의 율법이 하나님의 거룩함을 정의하는 것
이 아니라, 하나님의 거룩이 모세의 율법의 의미를 결정하는 것이다.
따라서 하나님의 거룩함은 결코 율법적 범주들로 축소될 수 없다.
Kraus는 하나님의 사랑이 나타내는 거룩함은 율법의 의를 초월하는
것이라 주장한다 [Kraus, *Our Lord,* p. 156 참조].
99) Kraus는 구원의 이해에 있어, 이 만족의 이론에 강한 의문을 던진다.
왜냐하면 모세에게 전하여 주신 하나님의 율법은 하나님 자신의 의의
기준이었으며, 그 결과로 하나님의 의는 그의 율법을 범하는 사람에게

구속을 계속적인 창조사역으로 이해하면서, 십자가는 법적이 아닌 윤리적인 이해의 근거를 제시하고 있다고 보는 Kraus는, "십자가 자체가 부활의 관점에서 신학적 해석의 원리가 되어야만 한다"고 주장하며,100) 수치와 소외라는 주제를 새로운 관점으로 제시한다. 그러므로 인간관계의 개인적 혹은 공적인 영역들은 율법에 의하지 않고 그리스도로 말미암아 이해되고, 십자가에 의해 요구되는 회개는 다음과 같은 내용을 포함한다고 설명한다 : "1) 과거의 잘못으로 인한 죄책에 의해 발생한 후회와 수치(*metamellomai*), 2) 참 하나님의 형상이신 예수로 인한 완전한 마음의 변화(*metanoia*), 3) 예수와 함께 살아가려는 결단(*epistrepho*)."101) 물론 회개의 의미가 과거의 죄에 대한 대가를 지불하는 것이 아니며, 하나님의 용서는 전적으로 은혜로 인한 하나님의 행위에 속한다.102) 즉 예수의 십자가를 통해

정당한 벌을 허용하는 형벌적 의로 간주되었다. 하나님의 의는 이런 점에서 사랑이시며 동시에 의로운 재판관인 하나님에 의해 결정된다. 그런데 하나님께서 십자가로 말미암아 죄인들의 형벌을 단번에 그리고 영원히 없애셨기 때문에, 그리스도인들의 윤리적 삶을 통제하는 유일한 요소로 단지 최후의 심판만이 남게 된 것이다. 형벌을 대신 당하신 이론에 의하면, 십자가는 율법의 형법적 요구를 하나님의 사랑으로 대신 갚으신 것으로 보인다. 나아가 하나님의 의의 의미는 구약의 율법 위에 기초하고 있으며, 하나님의 사랑의 거룩하심과 같은 것으로 간주된다. 그러나 Kraus는 이와 같이 하나님의 완전하고 절대적인 대속 이해가 구원을 얻은 사람들에게 정당하게 요구되는 책임조차도 앗아갈 수 있다는 주장이다 [*Our Lord*, pp. 223-8 참조].

100) Ibid.

101) Ibid.

102) Kraus의 주된 신학적 공헌을 살펴본다면 죄로 인한 인간의 경험 중 수치와 죄책에 관한 그의 이해를 들 수 있다. 그는 수치와 죄책을 인

서 하나님께서는 사람들이 죄의 결과에 대한 책임이 있음을 보여줌과 동시에 죄로 인해 파괴된 관계의 구체적인 회복을 원하심을 보여주신다. 그러므로 Kraus는 사도 바울이 성육신에 관련해 증거한 빌립보서 2장 5-11절에 기록된 "자기를 비어"라는 표현은 "전적인 헌신과 사람들을 위한 참여를 나타내는 언어"로 해석한다.103)

십자가는 하나님께서 자신을 주시는 최상의 행위로서 인간의 죄를 대신 감당하시는 모습이다. 하나님의 권위로서 예수께서는 아버지와 함께하는 온전한 관계 안에서 비록 인간의 죄과로 인해 죽음의 고통을 겪으셔야 했지만 언약의 책임을 감당하셨다. 반면에 인간의 자기중심적인 의가 드러낸 모순은, 하나님의 의를 회복하고 세상의 평화와 번영을 지키기 위해, 예수를 범죄자로 처형하기로 한 결정에

간 존재와 관계(성)의 진정한 성격을 규정하는 궁극적 권위로 설명한다. 그러므로 하나님과의 관계에서 인간 실존의 진정한 의미를 알 수 있듯이, 죄의 결과들은 공동체 안에서 불명예와 배제, 더불어 주관적인 느낌으로 실패감과 무가치함을 초래한다. 그러나 불명예와 배제는 서구적 문화에서는 더 이상 일상적 경험이 아니기 때문에 사람들은 죄의 실체와 그에 따르는 경험을 이해하는 데 있어서 중요한 요소를 상실케 된 것이다. 다시 말해 오늘날 인간에 대한 이해는 개체적 자율성을 근거로 이루어지기 때문에 수치와 죄책을 극복할 수 없는 결과를 낳게 된 것이다. 실제로 현대인들은 죄의 사회적, 윤리적 책임을 다른 사람들을 비난하는 것으로 대신하려는 경향이 있다. 자신을 비난하는 사람들을 향해 자신의 죄책을 계속적으로 전가하는 행위야말로 자신의 잘못을 정당화하려는 시도에 불과한 것이다. 구체적인 예로 사람들은 현실의 정치적·경제적 체제의 모순에 의한 폭력의 악순환에 대한 책임을 가난하고 억압받는 사람들의 탓으로 돌리는 경향이 농후하다 [Kraus, *Our Lord,* p. 227 참조].
103) Ibid., p. 226.

서 명백히 드러난다. 하나님의 사랑을 결정적으로 드러낸 예수의 십자가는 하나님과 인간 사이의 최종적 관계를 의미하지 않는다. 오히려 예수 그리스도의 십자가는 이 세상에서의 삶과 함께 영생을 위한 새로운 가능성을 드러냈으며, 또한 성령의 역사를 통해 계속적으로 제시하고 있다. 성령은 아버지와 아들 사이의 사랑의 실체이며, 온 세상을 위한 사랑의 실체이기도 한 것이다. 그러므로 죄된 사람들을 하나님의 거룩한 교제 안으로 초대하는 성령을 말하지 않고는 그리스도 안에서 하나님을 말할 수 없다. 동일한 관점에서 예수 그리스도의 고난을 통한 독특한 사랑이 없는 성령을 이야기할 수 없는 것이다.

너희는 나를 누구라 하느냐?

역사 안에서 우리와 함께하신 하나님의 자기계시이신 예수는 하나님의 구원과 인간의 정체성을 함께 드러내 주었다. 하나님의 자기계시란 말 그대로 하나님 스스로 자신을 인간에게 표현하신 것이다. 이와 같은 이유에서 예수를 아는 것이 곧 하나님 아버지를 아는 것이다. 그런데 이 계시는 근본적으로 그의 행위인 관계성, 의사소통, 베풂(giving)을 통해 이해된다. Kraus는 하나님의 계시를 바르게 이해하는 데 있어서, 하나님의 계시는 살아있는 음성(*viva vox*)이지 기록된 단어들이 아니라고 한 루터의 신학적 통찰을 인용한다.104) 결과적으로 역사 안에서 인류를 구속하기 위한 하나님의 역동적 행위로서 하나님의 계시이며, 성육하신 하나님의 말씀인 예수 그리스

---

104) Kraus, *God Our Savior,* p. 58.

도는 계시적 경험 안에서 회개와 제자도의 실천을 통해서 이해될 수 있다.

그리스도 안에서 구원이란 기독교인들의 경험과 구원받은 삶을 의미한다. 신앙은 단순히 지적인 행위만이 아니다. 왜냐하면 지적인 실천으로 기독교 신앙의 역사적이고 세계적인 성격을 충분히 소화시킬 수 없기 때문이다. 역사적 경험 속에서 인간 실존에 관한 문제점에 대한 해답인 하나님에 대한 믿음은 헌신을 통해 그 진실함이 입증되어야 한다. 따라서 Kraus는 "어떻게 용서의 체험을 통해 그리스도의 구원의 사역에 동참할 수 있는가?"라는 질문에 다음과 같이 대답한다. "용서는 하나님과 다른 이들에게 거리낌없이 사랑으로 반응하는 것을 방해하는, 실패의 경험들의 짐인 죄책과 수치에서 자유로운 것이다. 그러므로 그리스도의 용서에 참여하는 것은 그리스도를 통해 용서를 받는 것뿐만 아니라 동시에 '그리스도께서 너희를 용서하신 것과 같이 서로 용서하는 것이다'(엡 4 : 32 ; 골 3 : 13)."105) 다시 말해 기독교 신앙은 역사적 경험들에 의해 형성되고 새롭게 해석되어야만 할 것이다. 따라서 이 과정은 변증적인 과정이 된다. 구원은 새로운 질서와 새 창조 안에서 그리스도와의 연합을 통해 하나님께서 그의 본래 의도를 회복하는 것이며, 나아가 하나님의 은혜를 입은 사람들의 윤리적 반응을 재천명하는 것이다.

Kraus의 견해를 따르면 예수를 주와 그리스도로 믿는 신앙의 구체적인 반응으로 그리스도와 하나되는 삶을 이루는 방법들, 즉 기독교의 구원을 이해하는 주요한 4가지 방법은 지적인 이해, 신비적 이해, 도덕적 이해, 그리고 인격적 이해라고 한다.106) 첫째로, 지적인

---

105) Ibid., p. 238.
106) Kraus, *Our Lord,* pp. 230-45 참조.

이해란 예수의 대리적 대속적 구원에 주된 관심을 두는 것으로, Kraus는 로마 가톨릭 교회의 구원관이 이 범주에 속한다고 본다. 이 견해에 따르면 믿음은 교회의 권위에 순종하는 것으로, 혹은 성례를 신뢰하는 것으로 이해된다. 그러나 종교개혁으로 인해 교회에 대한 신뢰는 상실되고 오직 그리스도의 대속에 대한 믿음만이 죄사함을 입은 죄인과 죄값을 대신 지불한 십자가를 연결하는 고리로 남게 되었다는 것이다.[107) Kraus의 주장은 그리스도의 구속 사역에 대한 지적인 이해인 믿음이 은혜로 인한 구원의 경험과 동일시되어야 한다는 것이다.

둘째로, 신비적 이해는 예수 그리스도와의 신비적 연합을 통해 그리스도의 능력을 함께 나누는 것이다.[108) 여기서 하나님께서 인류를 구원하시기 위해 행하신 예수 그리스도의 신비한 성육신을 인간과의 하나되심으로 본다. 그렇기에 사람들도 그리스도와의 연합을 통해 마치 하나님과 같아지는 기회를 갖게 되는 것으로 여겨진다. 4세기의 교회 교부인 그리이스사람 이레네우스와 로마 가톨릭교회의 성례적 신학이 그리스도와의 연합으로 표현되는 신비적 이해의 대표적 예들이라고 Kraus는 주장한다.

셋째로, 도덕적 혹은 주관적 동기에 의한 신학 사상으로 그리스도와 인간과의 관계를 이해함으로 그리스도를 도덕적 모범으로 보는 견해이다.[109) 예수 그리스도는 말씀이 육신이 되심으로 하나님의 참된 형상이 되셨다. Kraus는 그리스도의 구속과 관련된 알렉산드리아의 클레멘트의 생각이 '도덕적 접근법'이었으며, 그의 사상에서 그

---

107) Ibid., p. 230.
108) Ibid., pp. 231-33.
109) Ibid., pp. 233-35.

리이스적 관념에서 발견되는 이성적 선행과 그리스도의 모범의 결합을 통해 당시의 문화를 향해 구속의 중요성을 설명하려는 시도를 볼 수 있는 것으로 이해한다. 이와 같은 도덕적 이해는, 그리스도인들은 회개와 그리스도의 거룩한 법을 따르기 위한 자기연단을 통해 하나님의 구원을 받는다고 보는 것이다. 피터 아벨라드의 작품들을 살펴본 후에 Kraus는 그가 십자가를 대속의 희생으로 생각지 않고 죄사함과 함께하나님의 영원하신 사랑의 극적인 표현으로 여긴다고 보았다. 그러므로 예수 그리스도의 십자가는 그리스도인들이 그의 모범과 가르침을 구원의 길로 실천하는 것을 가능케 한다. 또한 Kraus는 루돌프 불트만이 십자가를 인간의 소유욕과 성취에 대한 심판으로 보고, 실존적·도덕적 결단으로서 순종을 강조하는 것도 도덕적 이해의 한가지 예로 간주한다. 도덕적 이해는 도덕적 모범으로서 예수를 본받는 것(*Imitatio Christi*)을 강조한다. 결론적으로 "예수께서는 개인적 결단을 통해 인간의 삶의 진정한 의미를 성취한 최상의 모범이 되신다.……그리스도의 삶과 죽음은 하나님과 사람들을 위한 위대한 결단이며, 그의 계시는 우리를 구원하기 위한 그의 대속적 삶을 통해 이해된다."110)

이상의 서로 다른 세 가지 접근 방법이 만족할 만한 설명을 하지 못하고 있다고 보는 Kraus는 소위 인격적 이해를 제시하려 한다.111) 그래서 그는 자신이 속한 전통적 이해에서, 믿음이란 중생의 결과로서 그리스도의 주권 아래서 그의 고난에 동참하여 자신의 십자가를 지는 제자도 혹은 "예수를 따름"(*Nachfolge Christi*)이라고 설명한다. 특히 빌립보서 3장에 기록된 그리스도 안에서의 교제에

---

110) Ibid., p. 235.
111) Ibid., pp. 235-45.

대한 바울의 이해를 근거로, 구원의 경험은 신자들을 그리스도의 고난에 동참하게 하며, 십자가의 죽음과 같은 고난뿐만 아니라 나아가 부활에도 동참하게 한다고 하였다. 제자도의 관점에서 예수는 인간의 구원을 위해, 인간의 역사적 경험 안에 임하신 하나님의 교제, 참여, 혹은 형상화라고 정의되기도 한다. 결국 Kraus의 이같은 시도는, 그리스도 안에 있는 구원에 대한 참된 믿음은 단순한 지적인 노력에서 찾아질 수 있는 것이 아니며, 따라서 눈에 보이는 믿음의 실천에서 발견하려는 노력이다.

Kraus는 믿음의 지식과 행위의 균형을 찾기 위해 믿음의 공동체 안에서 예수를 따를 것을 강조하지만, 그는 자기가 속한 전통에 제한되지 않고 폭 넓은 지식과 전통을 함께 조명해 본다. 이러한 과정을 통해 Kraus는 예수에 관한 공통된 이해를 도출하는데, 그 이해는 하나님과의 신실한 언약관계를 통해 그리스도를 주로 모시는 삶으로 나타난다. 다시 말해 그리스도인들은 예수의 삶과 죽음, 그리고 부활의 증거인 말씀과 그 말씀들이 실천되는 메시아적 공동체를 통해 자기들의 정체성의 뿌리를 찾을 수 있는 것이다.[112] Kraus는 예수 그리스도가 성취한 하나님의 선교로 "하나님의 주권 아래 새로운 사회적·영적 인간관계의 질서가 시작되었다"[113]고 선언한다.

이러한 사회적·영적인 질서는, 단지 사람들만의 모임이 아니라 하나님의 주권적 사역을 지속하시는 성령에 의한 모임 안에서 실천된다. 성령에 관해 Kraus는 예수 그리스도의 성취에 대한 보증으로서 역사 안에 계속적인 하나님의 계시적 참여를 의미하는 것으로 이해한다. 다시 말해 성령을 통해 사람들은 살아계신 하나님을 만나게

---

112) Ibid., pp. 244-45.
113) Ibid., p. 241.

되며, 그리스도 안에서 새로운 삶을 살게 된다. 이러한 성령의 구원 사역적 임재를 "하나님의 보증"114)이라고 Kraus는 설명한다.

Kraus에게 있어 하나님 나라는 하나님의 구원으로 이해되며, 그 나라는 하나님의 주권에 의해 이루어지나, 구원받은 자의 책임이 따른다고 생각한다. 이 하나님 나라에 대한 종말론적 이해는 결국 기독교 신앙에 있어 기독론적 질문을 역동적인 긴장관계와 열려진 접근방법으로 풀어가는 구원론의 내용이 된다. 따라서 신앙은 현존하는 법과 질서를 초월할 수 있는, 하나님의 구원을 경험한 전적으로 새로운 관점에서 정치·사회·경제·법적인 관념들에 대한 깨달음을 구체적으로 실천하게 된다.

Kraus는 하나님의 구원의 은혜를 세상에 구현하신 예수 그리스도의 초대에 대한 올바른 응답으로 회개와 제자도를 주장한다. 물론 회개란 "삶의 자세의 분명한 변화로 예수의 삶의 자세와 연관되어 이해된다."115) Kraus는 바울의 서신서들을 통해 여러 가지 예를 제시하며(롬 6 : 3 이하 ; 8 : 9 ; 12 : 1-2 ; 갈 2 : 19-20 ; 3 : 2-3) 예수와 제자들의 관계에서 변화된 삶의 자세를 통해 회개의 의미를 찾아본다. 또한 하나님 나라가 내포한 다른 면인 제자도는 제자의 삶과 직접적인 관련이 있는 것으로 새로운 사회적·영적 관계의 정립을 통해 하나님의 뜻을 실천하는 것을 의미한다. 결국 하나님 나라와 예수 그리스도의 관련성을 근거로 한 신학적 도식을 통해, Kraus는 하나님의 구원의 사회적 영역을 부정하는 근시안적 이해와 지배적인 시대 정신에 쉽게 부합하려는 19세기의 자유주의의 신학적 경향을 극복하려 한다. "너희는 나를 누구라고 하느냐?"에 대한 대답

---

114) Ibid., p. 158.
115) Ibid., pp. 239-40.

은, 개인의 신앙고백 안에서 사회적·영적 관계로 새롭게 정립된 하나님과 이웃들의 관계를 믿음의 실천을 통해 실현해 나가는 제자도 안에서만 발견될 수 있다.

결론

기독교 신앙은 선교적 사명을 심각하게 받아들여야만 한다. 그러나 성경의 증거에 나타난 예수 그리스도가 신앙의 원천임을 기억할 수 있을 때에 올바른 증인으로서의 사명을 감당할 수 있다. 신약신학의 작업을 통해 역사적 질문들은 아직도 널리 행해지고 있다. 사실 역사는 모든 실체의 바탕을 이루는 기본이 되고 있다. 기독교 신앙도 다름 아닌 역사적 사건인 예수 그리스도의 삶과 죽음, 그리고 부활에 근거하고 있음은 두말할 나위도 없다.[116] 신앙을 통해 하나

---

116) 기독교 신앙이 특정한 시간과 장소를 살았던 예수 그리스도로 비롯되었다고 하면, 신학의 과정에서 신앙의 성격과 목적에 관한 역사적 질문들은 피할 수 없다. 그러나 기독교 신앙을 형성하는 유일한 근거는 인간의 이성이 아니라 하나님의 계시라는 사실을 기억하는 것이 무엇보다 중요하다. 만약 하나님께서 계시적 증거를 통해 드러난 하나님이시라면, 하나님이 역사에 의해 제한받으시는 것이 아니라, 계시를 통해 진리를 드러내는 것이다. 하나님의 임재는 역사적·문화적 조건들을 초월하실 수 있다. 그러나 하나님의 초월성에 대한 이해가 하나님께서 역사를 통해 일하신다는 사실을 부인하는 것은 아니다. 예수 그리스도가 단순히 한 인간에 지나지 않는다고 하면, 예수는 결코 인간 존재의 근본적인 문제들에 대한 해답을 제시할 수 없었을 것이다. 초대교회의 신앙고백은 예수의 신성과 인성을 동시에 고백하고 있다. 오늘날 기독교인들은 이러한 신앙의 이해를 설명하고 선포해야만 하는

님은 역사 안에서 사람들과 관계하신다. 그러므로 하나님의 구원의 역사적인 영역은 그리스도를 따르는 삶을 통해 하나님의 선교에 동참하는 신실한 순종으로 설명되어질 수 있다. 따라서 Kraus는 이러한 증인의 삶을 "죽임당하신 구세주의 주권을 인식하지 못하는 세상의 질서를 향해 반응하는 것"[117]이라 말한다. 예수께서는, 믿음의 모범으로, 개인뿐만 아니라 교회의 온전한 증거를 요구하신다. 실제로 기독론의 진위성은, 그 기독론에 드러난 예수 그리스도의 모습이 신약성경에 기록된 예수가 그리스도라는 증거와 신실하게 일치하는 점과 더불어 오늘날 다양한 삶의 정황 속에서 예수 그리스도를 바르게 전할 수 있다는 선교적 효용성으로 구별될 수 있다고 본다.[118] 그러므로 십자가와 부활을 통하여 이루신 예수 그리스도의 구원에 동참하는 삶의 자세야말로 진정한 신앙의 자세라 할 것이다.

Kraus는 신약성경의 '그리스도 사건'을 그의 기독론적 질의의 출발점인 동시에 지표로 삼는다. 그는 신약성경의 다양한 증거로 나타난 기독교 신앙 안에서 예수의 중요성을 이해하기 위해서는 우선 다양한 신학적 언어들을 이해해야만 한다고 생각한다. 더욱이 '그리스도 사건' 자체가 유일하고 전혀 기대할 수조차도 없었던 것이기 때문에, 이 사건의 증거인 신약성경은 "실체를 경험한 단어들이어야만 한다"[119]고 주장한다.

Kraus는 극단적 교리주의가 내포하고 있는 '가현설적' 사고의 위험에 대항해 예수의 인성의 중요성을 심각하게 다루고 있다. 여기서 Kraus는 복음에 증거된 예수는 "참된 인간의 원형"[120]이라고 설파

필요성에 직면하고 있는 것이다.

117) Ibid., p. 243.
118) Ibid., p. 36.
119) Ibid., esp., chapter 2 참조.

한다. 왜냐하면 인간 예수는 하나님의 계시가 역사적인 한 인간인 나사렛 예수로 나타난 것이기 때문이다. 역사를 통해 인간을 구원하시는 하나님의 은혜의 증거를 찾는 과정에서 예수의 인성은 바로 하나님의 거룩하심의 온전한 계시인 것이다. 따라서 Kraus는 교리적 선언 대신에 성경에 드러난 구체적인 역사적 인물인 예수 그리스도로부터 그의 기독론적 이해를 추구한다.

Kraus의 기독론적 접근에 의한 신학적 질문들은 신앙의 행위와 무관하지 않은 대답들을 이끌어내고 있으며, 나아가 역사 안에서 이루어지는 하나님의 선교에 공헌할 수 있는 부분이 된다고 보여진다. 예수 그리스도와 하나님의 친근하고 온전한 연합관계를 그리스도인들의 교제의 근거로 강조하는 Kraus는 인본주의의 물결을 거스르고, 진정한 인간성을 역사의 한 가운데서 일하시는 하나님의 자기계시이신 예수 그리스도를 통해 조명해 보고 있다. 예수 그리스도는 단지 그를 따르는 무리들을 구원하실 뿐만 아니라, 믿는 자들의 삶의 내용과 의미도 규정해 주신다. 다시 말해 그리스도인들은 하나님과 지속적인 선교와 교제 — 하나님 나라 — 로 초대되고 있는 것이다.

---

120) Ibid., p. 65.

제3장
민중신학의 예수와 하나님 나라

이 장에서는 다수의 그리스도인들로 하여금 기독교 신앙의 정체성과 시의성 이해에 있어서 위기를 초래하게 하는 민중신학이 제시하는 예수와 하나님 나라에 대한 이해를 소개한다.

서론

민중신학은 소위 제3세계의 해방신학들 가운데 하나로서, 특정한 사회적·문화적 내용을 수용하기 위한 필요에 부응하고, 민중을 해방시키기 위해 전통적인 신학의 방법에 대하여 도전한다.[1] 따라서

---

1) 민중신학자들의 이러한 시도는 구속사적 관점에서 복음이해를 제시하는 보수적인 교회들이 하나님의 구원을 단지 개인 영혼이 죄에서 구원을 받는 것으로만 이해한 것에 대한 반성으로 나타난다. 실제로 보

보수적 교회들이 따르는 예수 그리스도를 중심으로 하는 구속사적 신학의 전형을 거부하고, "사람들의 문화적, 종교적 역사들을 수용하는 보다 포괄적인 하나님의 선교를 이해하고자 한다"는 전제 위에서 신학적 작업을 행한다.2)

모든 신학의 내용이 그러하듯이 민중신학은 신학적 공동(空洞)의 상태에서 나타난 것이 아니다. 민중신학은 대부분의 한국교회들이 기독교 신앙의 내용을 지나치게 개인의 영적 구원에만 제한함으로써, 현실의 삶 속에서 사회적·윤리적 실천은 외면한 채로, 내세의 구원만을 강조하는 왜곡된 신앙이해에 대한 보다 적극적인 도전으로 나타났다.3) 민중신학은 신앙의 자세로 현실의 삶 안에서 소극적인

수적 교회의 전통적 복음이해가 주어진 상황과는 전혀 관계없이도 소위 '보편적 진리'로서 구원에 관한 질문에 대한 충분한 답을 주고 있다는 주장을 내세움으로, 신자들은 구원의 현실적 의미에 관해서는 스스로 질문하고 답할 수 밖에 없게 된다. 사실 민중신학이 현실적 상황을 타개하기 위해 시도된 기능적 신학의 실천이라면, 보수적 교회들은 복음을 오직 영혼 구원이란 부분적 이해에 제한함으로써 그리스도인들로 하여금 하나님의 주권이 현실적 삶의 모든 영역과 관련된 신앙의 실천을 지배한다는 성경의 가르침을 왜곡시킬 위험이 있다.

2) D. Perman Niles, "Introduction," *Minjung Theology : People as the Subject of History,* ed. the Commission on Theological Concerns of the Christian Conference of Asia (Maryknoll : Orbis Books ; London : Zed Press ; Singapore : Christian Conference of Asia, 1983), p. 4.

3) 비록 보수적인 교회들의 신학적 실천이 사회-정치적인 영향력을 전부 상실한 것으로 간주될 수는 없으나, 내적로는 자본주의적 경쟁과 축재의 관념을 무비판적으로 수용하면서도, 겉으로는 경제와 정치같은 물질적 영역과는 무관한 태도를 취했다. 그러나 신학의 과제는 신약성경

조화와 순응을 권고하기보다는 오히려 현실적 실체와 갈등의 근거들을 이해할 수 있는 관점을 제시하려는 노력으로, 하나님과 역사의 관계, 구원의 의미, 예수의 정체와 사역, 하나님의 종말론적 위임자로서 교회의 사역 등에 관한 일련의 신학적 질문들을 제기하고 있다.

민중신학의 가장 주된 관심은 선택된 지배집단이 아닌 민중을 역사의 주체로 만드는 데 있다.[4] 그러므로 민중신학자들은 억압당하는 민중을 문화와 역사의 주체로 만드는 것이 민중신학의 목적이라고 주장한다. 그들은 민중 스스로의 결정과 실천의 과정을 통해서 역사를 창조적으로 이루어 갈 것을 기대한다. 왜냐하면 민중에게 진정한 구원은 '지금, 여기서(here & now)' 그들을 억압하는 기존의 체제로부터의 해방을 의미하기 때문이다.

민중신학은 그리스도인들 스스로가 역사를 변화시켜야 하며 그 변화의 궁극적 목표는 현실에 관련된 정치적 개혁을 포함하고 있다고 본다. 다시 말해 신학 작업의 배경이 되는 정치·사회적 정의에

의 증거들이 오늘날 사회가 안고 있는 문제 해결을 위해 제공하고 있는 진리가 무엇인가를 질문해야만 한다.

4) Young-Jin Lee, ed., *An Emerging Theology in World Perspective : Commentary on Korean Minjung Theology* (Mystic, CT : Twenty-Third Publications, 1988) ; Cyris H. S. Moon, *A Korean Minjung Theology : An Old Testament Perspective* (Maryknoll : Orbis Books ; Hong Kong : Plough Publications, 1985) ; David Kwang-Sun Suh, *Theology, Ideology, Culture* (Hong Kong : World Student Christian Federation Asia/Pacific Region, 1983) ; 서남동, 『민중신학의 탐구』 (한길사, 1983) ; 한국신학연구소 편, 『1980년대 한국민중신학의 전개』 (한국신학연구소, 1990) ; 김창락, 『새로운 성서 해석과 해방의 실천』 (한국신학연구소, 1990) 참조.

대한 관심은, 기독교 신앙의 예언자적 정신과 아시아의 토착적 종교들과 문화들에 의해 각성(覺省)된 진정한 인본주의를 바탕으로 민중을 위한 이상국가의 실현을 위한 동기로 이해된다.5)

신학적으로 민중신학자들은 그들의 신학적 전거인 민중의 해방운동을 통해 성경을 재해석한다. 서남동 교수는 기독론적인 전제를 다음과 같이 재해석한다 : "민중신학에서는 민중이 예수를 이해하는 수단이기보다는 예수가 민중을 바르게 이해하기 위한 수단이 된다."6) 이런 점에서 민중신학은 서창원의 설명과 같이 한국 민중의 전통과 성경에 나타난 민중의 전통을 상호 조명하기 위한 노력이다.7) 따라서 민중신학자들은 하나님의 약속 안에서 개인의 구원과 세상의 모든 사회적 실체의 변화를 수용할 수 있는 신학의 전거를 물색한다. Herwig Wagner에 의하면, 민중신학은 "성경적 의미의 하나님 나라를 역사와 한국인들의 사회적 현실과 관련해서 이해, 발전시키고 있다"고 한다.8) 따라서 민중신학은 하나님 나라를 거의 전적으로 내세의 천국으로 이해하는 전통적 신학을 거부하며, 역사적 예수와 민

---

5) M. M. Thomas, "Christian Action in Asian Struggle," *What Asian Christians Are Thinking,* ed. Douglas J. Elwood (Quezon City, Philippins : New Day Publishers, 1976) 참조. 민중신학이 영성과 실천의 일치를 강조하고 있는 이유를 찾아볼 수 있다.

6) Nam-Dong Suh, "Historical References for a Theology of Minjung," *Minjung Theology,* pp. 155-82 ; cited from p. 160.

7) Chang-Won Suh, "A Formulation of Minjung Theology : Toward a Socio-Historical Theology of Asia" (Ph.D. dissertation, Union Theological Seminary in New York, 1986), p. 123.

8) Herwig Wagner, "A Letter to the Minjung Theologians of Korea," *An Emerging Theology,* pp. 183-95 ; cited from pp. 184-85.

중의 관점에서 역사적 현실 위에 이루어지는 하나님 나라에 대한 새로운 이해를 제시함으로써, 고난받는 민중을 능동적인 역사의 주체로 변화시키려고 노력한다.

복음의 정치적 해석을 통해, 민중신학은 그리스도인들로 하여금 자신들의 현실적 경험이 내포하고 있는 의미를 다시 살펴볼 수 있는 기회를 주는데 기여한다. 그러나 민중신학은 새로운 신학적인 문제들을 제기한다. 왜냐하면 민중신학이 성경과 교회의 전통이 아닌 사회·역사적 정황과 종교·문화적 영성을 신학의 기본적 근거로 삼기 때문이다. 따라서 민중신학이 어떻게 기독교 신앙의 핵심적 내용인 예수와 하나님 나라를 이해하고 있는가를 살펴보기로 한다.

예수와 민중

기독교 신학을 표방하는 민중신학은 역사적 예수에 대한 이해를 중요한 것으로 생각한다. 그럼에도 불구하고 민중신학은 민중해방이란 관점에서 역사적 예수와 하나님의 구원의 내용에 관해서 교회의 전통적 이해와는 전혀 다른 해석을 제시한다. 서남동은 민중신학의 신학적 개념설정을 하는 데 있어서 교회의 전통적 이해의 근거가 되는 구속사적 관점의 사용을 전적으로 거부하고, 다만 역사적 관점에서 예수로 인한 운동의 결과에만 관심을 갖는다. 나아가 믿음을, 구체적인 현실 이해에 있어서 가장 중요한 면으로 고려되는 정치에 참여하는 부름으로 본다. 예수-사건의 중요성은 예수와 민중 사건들을 재구성하려는 목적을 이루기 위해 성경 이야기들을 사회학적 분석방법을 통해 해석함으로 찾아질 수 있다고 주장한다. 이런 점에서 민중신학자들은 인류를 향한 하나님의 관심을 해석하기 위해 성경과 현상황을 연결시키는 매개체로 민중을 제시한다. 그들은 민중이 처한 상황에 대한 사회학적 분석을 시도함에 있어서 민중운동의 통시적인 의미와 함께 공시적 의미를 재구성하기 위해 성경의 상황과 현실상황을 일치시키는 시도를 행한다.9) 이런 관점에서 예수는 민중이 처한 상황에서 민중의 편에선 또 하나의 민중이 된다.

1. 성경전승에 나타난 민중

a) 구약에 나타난 민중 : 구약에 나타난 민중에 관해 문희석 교수는 그들이 하나님의 은혜를 받는 대상일 뿐만 아니라 창조에 드러난 하나님의 원래 의도를 수행하는 주체라고 이해한다.10) 첫째로, 민중의 정체성을 포로기간 중에 기록된 것으로 간주되는 창세기의 창조 내용에 근거하여 설명하면서, 민중은 하나님의 피조물로서 축복의 대상이라고 말한다. 그는 교회의 보편적 이해와 마찬가지로 하나님의 형상을 따라 창조되었다는 사실로 인간의 가치를 설명한다. 다시 말해 모든 인간의 존엄성은 하나님께서 창조한 축복의 대상이란 사실을 근거로 설명하며, 모든 사람들 안에서 발견할 수 있는 것으로 본다.11)

둘째로, 문희석은 구약의 출애굽 이야기를 사회적으로 소외되고,

---

9) 강원돈, 「민중현실의 발견과 우리 것에 대한 추구」, 『1980년대 한국 민중신학의 전개』, 한국신학연구소편 (한국신학연구소, 1990), pp. 91-94 참조.

10) Hee-Suk Moon, "An Old Testament Understanding of Minjung," *Minjung Theology,* pp. 123-37 ; idem., *A Korean Minjung Theology : An Old Testament Perspective* (Maryknoll : Orbis Books; HongKong : Plough Publications, 1985).

11) Ibid., p. 128.

정치적으로 노예화된, 그리고 종교적으로 억압받는 민중이 하나님의 백성이 되는 과정, 즉 역사적 주체로서 창조를 통해 주어진 하나님의 목적을 완수하는 사명을 부여받아, 자유를 찾기 위해 나서는 운동의 성경적 근거로 해석한다. 문 교수의 주장은 다음과 같은 그의 글에서 확인할 수 있다 : "출애굽 이야기는 중요한 사실을 지적하고 있다 : 야웨는 자유를 위한 운동에서 혼자만의 주체일 수 없다. 오히려 인류는 하나님의 동역자로 행동하도록 초대되고 있다. 사람들은 침해되어진 자신들의 권리 회복에 조력하는 데, 이와 같은 개념은 하나님의 주권에 의해서만 인간의 모든 역사가 이루어진다는 생각과는 다르다."12) 명백한 점은 문 교수가 성경에 계시된 하나님은 모든 사람을 위한 하나님이 아니라, 억압받고 학대받는 사람들의 하나님이라고 간주하는 것이다.

마지막으로, 미가서에 나오는 '나의 백성'(미 3 : 3)을 스스로 자신들의 운명을 개척하는 주체로서, 민중과 상응하는 개념으로 인식한다. 문 교수는 "민중의 의미는 하나님과의 관계에서 찾을 수 있으며, 그들의 행복은 하나님의 관심거리가 된다"13)고 주장한다. 그는 미가서 2장 8절에서 지배 계급과 고난받는 민중들 사이의 갈등의 분명한 예를 찾아낸다. 여기서 '나의 백성'은 소유가 없는 사람들과 동일시되는, 사회적 불의에 의한 희생자들로, 관리들과 군인들, 그리고 종교적 지도자들에게 억압되고 학대받는 사람들이다. 문교수는 미가와 아모스의 예언들을, 억압받는 사람들을 보호하시는 하나님을 강조하는 민중신학의 관점에서 해석한다. 그는 하나님의 선지자들은 억압

---

12) 문희석, *A Korean Minjung Theology,* p. 5.

13) 문희석, "An Old Testament Understanding of Minjung," *Minjung Theology,* p. 124.

받는 사람들인 민중과 자신들을 동일시함으로써 자유케 하시는 하나님의 관심과 행동에 참여한다고 본다. 요약하면, 구약의 창조와 출애굽의 이야기들에서 인간은 하나님의 형상을 따라 만들어졌으며, 자유케 하는 운동에 동역자로 활약하도록 초청되었다는 내용을 이끌어낸다. 부연하면 하나님 백성의 자유는 하나님의 은혜로운 행위의 결과이며, 하나님은 억압받고 학대받는 사람들과 함께하신다는 것을 분명하게 드러낸 것이다. 또한 구원의 의도가 제시하는 모든 것이 사람들의 구체적인 역사적 현실과 관련되어 이해된다.

b) 신약에 나타난 민중 : 신약에 나타난 민중에 관한 이해는 주로 안병무 교수에 의해 제시된다. 안 교수는 성경에 나타난 민중의 실체를 발견하기 위해서 암하레츠(*am ha'arez*)와 오클로스(*ochlos*)의 사회적 성격을 탐색한다.[14) 그는 예수의 정체와 사역의 성격을 규명하기 위해 필요하다고 생각되는, 예수와 그의 가르침을 듣는 청중들과의 관계를 연구하면서, 형식비평가들과 편집비평가들은 청중들의 사회적·역사적 중요성에 거의 관심을 두지 않고 있다고 지적한다. 또한 마가복음서 저자가 예수를 따르는 무리들을 *ochlos*라는 단어로 표현한 것은 명백한 의도가 있었다고 주장한다. 마가복음서와는 대조적으로 *ochlos*라는 단어를 사용하지 않는 바울의 서신서들을 비교하면서 안 교수는 마가복음의 내용이 사도들의 설교에 나타난 부활의 예수보다는 역사적 예수를 표현하려는 노력이라고 이해한다.[15)

---

14) Byung-Mu Ahn, "Jesus and the Minjung in the Gospel of Mark," *Minjung Theology,* pp. 138-52 ;『해방자 예수』(서울 : 현대사상사, 1979) ;『예수와 민중』(서울 : 한국신학연구소, 1985) ;『갈릴래아의 예수』(서울 : 한국신학연구소, 1990) 참조.

15) 안병무, "Jesus and the Minjung in the Gospel of Mark," *Minjung Theology,* p. 140. 안 교수는 불트만 교수가 마가복음을 연

안 교수의 의견에 따르면, 마가복음은 로마에 대항하는 유대전쟁기간 중 망명과정에서 기록된 것으로, 예수와 하나님의 구원에 관한 추상적 혹은 이상적 이론에 초점을 맞춘 것이 아니라, 예수-사건의 역사적 내용에 관한 생생한 기억에 초점을 맞춘 것이라고 한다. 이런 배경에서 *ochlos*라는 단어는 예수의 사역과 관련된 이스라엘의 실체를 반영한 것으로 이해된다.16)

안 교수는 마가복음에서 무리 혹은 군중들을 표현하는 두 단어인 *ochlos*와 *laos*는 서로 다른 의미를 갖고 있다고 본다.17) 그의 설명에 따르면, *laos*는 히브리어의 *'am*과 연관된 것으로 비이스라엘 사람들과 대조되는 70인경에서 사용되는 민족적 모임을 나타낸다고 주장한다. 그럼에도 *laos*와 *ochlos*가 '무리'라는 의미를 표현하는 데 있어서 양자가 교체적으로 사용되고 있음을 시인한다. 그러나 *laos*와는 달리 *ochlos*는 평범한 사람들을 지칭하는 데 있어, 그 배경에 따라 차이가 있다는 것이다. 다시 말해 마가복음에서 *ochlos*는 결코 지배계급과 연관되어서 사용된 적이 없다는 것이다. 오히려 *ochlos*

장된 설교(Kerygma)로 이해하는 것은 잘못된 것이라고 지적한다. 그렇기 때문에 역사적 예수에 초점을 맞춘 마가복음의 내용은 '변증적'이기보다는 '서술적'이라고 생각한다. 안 교수는 역사적 예수를 이해하기 위한 기본적 자료로서 마가복음을 전적으로 어떤 교리적 영향도 받지 않은 것으로 간주한다.

16) 안병무, 『갈릴래아의 예수』, p. 60을 참고하시오.

17) 안병무 교수의 의도적 시도로서 '*ochlos*'와 '*laos*'의 의미를 차별화하는 것은 적절치 못하다고 비판받는다. 왜냐하면 '*laos*'도 안 교수가 '*ochlos*'에 적용하려는 특정한 의미와 유사한 의미를 표현하고 있기 때문이다. [참고 : 나용화, "A Theological Assessment of Minjung Theology : Systematically and Biblically," (Th.D. Thesis ; Concordia Theological Seminary, 1988), pp. 80-90.]

는 부도덕한 행동들과 쉽사리 율법의 요구를 범할 수 있는 수치스런 직업들로 비난받는 죄인들과 밀접히 관련되어져 있다고 주장한다 (막 2 : 13-17).

안 교수의 주장을 좀더 살펴보면 *ochlos*는 *am ha'arez*와 밀접하게 연관돼 있다고 본다. 그러나 그는 *am ha'arez*의 의미를 구약 전반에 걸쳐서 확인하지 않고 기원 1세기의 초기를 중심으로 규명한다. 먼저 *am ha'arez*의 의미가 바빌론 포로기 혹은 그 이후에 원래 지주와 귀족들을 지칭하던 것에서 버려진 땅, 팔레스틴에 남겨진 일반사람들을 지칭하게 되었으며, 결국은 랍비적 유대주의에서는 천대받고 소외당하는 가난하고 힘이 없는 계급을 지칭하는 데 사용하게 되었다고 본다. 그러므로 예수님 당시에 *ochlos*란 예루살렘 성전과 관련된 지배계급과 상반되는 천대받고 소외받는 계급을 의미하는 것으로 간주된다. 특히 마가복음을 이해하는 데 있어서, 안 교수는 *ochlos*를, 예수께서 오고 있는 하나님 나라를 선포한 대상인, 죄인들, 세리들, 병든 사람들, 가난한 사람들과 창녀들을 포함하여, 예루살렘의 권력층에 대항하는, 특정한 사회계급으로 인식한다(막 2 : 13-17).

요약하면 민중신학자들은 성경 안에서 민중을 발견하려는 작업들을 통하여 대체로 *am ha'arez, anawim, ptochoi, penes, ochlos* 등의 단어들이 비슷한 의미를 드러낸다고 본다. 특히 '가난한 사람들'이 민중과 가장 근접한 의미를 갖는 것으로 생각한다.[18] 결론적으로 성경은 민중을, 구세주에 의해 구원을 이루게 되는, 이스라엘의

---

18) 서남동 교수는 '*anawim*'과 '*ptochoi*' ('*ptochos*'의 복수형)가 민중과 가장 가까운 의미를 갖고 있다고 본다 [『민중신학의 탐구』, pp. 109, 309 참조].

남은 자들로, 겸손하고 낮아진 사람들로 설명한다는 것이다. 그들은 스스로 겸손에 처하며, 의분을 느끼고, 하나님의 의가 이루어질 것을 소망하고 있는 사람들이다. 나아가 가난과 억압, 착취와 차별을 경험하는 가난한 사람들인, 성경에 나타난 민중은 예수께서 무조건 그리고 완전히 자신과 동일시했던 사회적·경제적 계급 혹은 집단이라고 본다.[19] 실제로 민중신학자들은 성경 안에서 민중의 실체를 가난한 사람들과 관련된 성경적 용어들을 분석함으로 찾으려 하고, 또한 지배계급과 피지배계급의 역동적 관계인 갈등으로서 역사를 규명하는 과학적 방법으로 여겨지는 사회학적 접근방법으로 한국적 민중과 연결시키는 시도를 행한다.[20] 이런 관점에서 민중신학자들은 성경본문과 자신(민중)이 처한 현실을 비교하며 예수의 이야기를 통해 새로운 이해를 도출하기 위한 작업을 전개한다.

2. 민중신학의 민중에 대한 이해

민중신학자들은 민중은 살아있는 실체이기 때문에 분석과 이해의

---

19) Byung-Mu Ahn, "Jesus and the Minjung in the Gospel of Mark," *Minjung Theology,* p. 151.

20) 참고, 「심포지움 : 한국신학으로서의 민중신학의 과제」, 『신학사상』 24 (1979), pp.110-133 ; 서남동, 『민중신학의 탐구』, pp.49-55 ; 안병무 편, 『사회학적 성서해석』 (한국신학연구소, 1983), pp.205-237. 민중신학자들은 민중해방운동의 예를 비교하며 성경의 민중과 한국의 민중을 연결시키려 한다. 특히 N. Gottwald의 사회학적 접근방법이 한국민중전승의 신학적 이해에 있어 결정적 단서를 제공한 것으로 평가하며, Tagawa에 의해 예루살렘과 갈릴리 사이의 계급(계층) 갈등으로 이해된 예수의 운동은 현재(1970년대)의 한국적 상황에서 민중의 사회적·정치적 투쟁을 설명할 수 있는 귀중한 단서가 된다고 본다.

단순한 대상이 될 수 없다고 주장한다.[21] 단지 이론적 규명의 필요성에 의해 민중은 사회적으로 멸시받고, 경제적으로 착취당하며, 정치적으로 억압받는, 그리고 종교적·문화적으로 소외된 계층의 사람들이라고 말한다. 그렇기 때문에 서남동은 "민중은 개인이 아니라 사회적·경제적 연합체인 집단적 영혼으로 이해되어야만 한다"[22]고 주장한다. 나아가 민중신학자들은 함석헌 씨가 제시한 사회적·정치적 이상을 위한 사람들의 모임인 씨알에 관한 이해가, 민중의 개념을 발전시키는 데 중요한 근거를 제공했음을 시인한다.[23] 서 교수는 씨알이 존재론적이고 세계적인 차원을 표현한 것이라면, 민중은 사회적·역사적 차원에서 동일한 실체를 표현한 것으로 보아, 민중과 무산계급(proletariat), 백성(people), 대중(mass), 그리고 시민(citizen)을 구별한다.[24]

민중신학자들이 지배계급과 피지배계급의 갈등과 투쟁을 민중신학의 배경으로 삼고 있는 것은 분명한 사실이다. 민중은 이와 같은 배경에서 역사의 주체로서 자신들의 정체성을 찾기 위한 과정을 통해 스스로가 자유와 구원을 이루어가는 성격을 드러내는 것으로 이

---

21) 현영학, 「민중, 고난의 종, 희망」,『1980년대의 한국 민중신학의 전개』(한국신학연구소, 1990), pp. 11-23 ; Yong-Bock Kim, "Minjung and Messiah : Discerning Messianic Politics over against Political Messianism," *Minjung Theology,* p. 184. '민중'의 의미는 민중신학자들 사이에서도 확정되지 못하고 있다. 인용된 글들에서 '민중'은 살아있는 역동적이고 변화하는 복합적인 실체로 관념화될 수 없다는 주장을 볼 수 있다.

22) 「심포지움 : 한국신학으로서의 민중신학의 과제」, op. cit., p. 128.

23) 함석헌, 「씨알의 참된 의미」,『민중과 한국적 신학』(서울 : 한국신학연구소, 1982), pp. 9-11.

24) 서남동,『민중신학의 탐구』, pp. 181-83.

해된다.[25] 안병무는 민중이 지배계급의 이념에 의해 고통받고 착취되고 있다는 것을 인정한다. 그렇지만 민중을 설명하기 위해 "버림을 받았다"는 표현을 사용하길 거부한다. 왜냐하면 "버림을 받았다"는 표현은 지배계급의 우월성을 궁극적으로 지지해 주기 때문이다. 민중신학은 인간론적인 관점 위에서 민중이 역사의 주체라는 전제 위에 모든 내용을 전개한다. 즉 신학작업의 모든 내용은 민중의 자기해방에 초점을 맞추게 되는 것이다. 따라서 역사적 실체로서 결코 완전히 굴복하지 않고 저항해가는 민중이 갖는 해방자로서의 중요성을 지지하기 위해 자신들의 실패와 성공을 통해 어떠한 종류의 억압에도 저항하는 역사적 존재로 만들어간다.[26]

민중신학에서 포괄적 의미로 민중은 구조악에 의해서 사회적·경제적·정치적·문화적으로 억압되고 착취당하는 계층의 사람들을 의미한다. 역사적인 면에서 민중은 한국역사에 나타난 해방운동과 관련되어 이해된다. 그러나 성경에 나타난 민중에 관한 이해는 한국 민중의 자기이해를 돕기 위한 수단에 불과한 것으로 보인다. 기독교 신앙도 이런 관점에서 해방(구원)에 관한 종교적 기초의 한 부분에 지나지 않는 것으로 이해된다.[27] 민중신학자들이 성경적으로 민중의 정체성을 부분적으로 선택된 성경 본문을 중심으로 *am ha'arez, anawim, habiru, ochlos* 심지어는 예수와 관련해서 발견하려고 노력한다. 여기서 성경적 민중이해는 역사적 예수와 관련되어 민중신

---

25) Yong-Bock Kim, "Minjung and Messiah," *Minjung Theology*, pp. 183-93 참조.

26) 현영학은 민중을 처음부터 하나님의 언약의 동반자로 본다[「민중, 고난의 종, 희망」, 『1980년대 한국 민중신학의 전개』, pp. 11-23].

27) Yong-Bock Kim, "Messiah and Minjung," *Minjung Theology*, p. 189.

학의 중요한 주제로 등장하게 된다.

역사적 예수

민중기독론은 역사적 예수를 시발점으로 하는 것에서 그 특성을 찾아 볼 수 있다. 민중들의 역사 안에서 자유를 얻기 위한 투쟁에 동참하는 것을 이해하는 데 있어서 역사적 예수는 매우 중요한 역할을 하게 된다.[28] 실제로 예수 그리스도의 삶, 죽음, 그리고 부활은 억압받고 가난한 사람들의 상황과 전적으로 일치하고 있다고 주장한다.[29] 민중의 경험에서, 예수가 십자가에 죽은 이유는 가난한 자와 소외된 자들의 문제에 동참했기 때문이며, 그가 부활함으로 그를 추종하는 사람들로 하여금 현실의 상황을 새로운 창조로 변화시키도록 영감을 주었다고 이해한다.[30] 민중의 사회적·역사적 경험인 자유와 정의를 성취하기 위한 투쟁이 민중신학이 기독론을 형성하는 배경이 되기 때문에 기독론의 존재론적 이해는 그것의 기능적 적용들에 비해서 덜 중요한 것으로 간주된다. 따라서 민중기독론은 전통적 기독론의 특징이라 볼 수 있는 역사적 예수와 신앙의 그리스도 사이

---

28) Chang-Won Suh, "A Formulation of Minjung Theology : Toward a Socio-Historical Theology of Asia." (Ph.D. dissertation, Union Theological Seminary in New York, 1986), p. 180.

29) Byung-Mu Ahn, "Jesus and the Minjung in the Gospel of Mark," *Minjung Theology,* pp. 139-52.

30) 민중신학에 있어서 성경, 교회사, 한국 민중이야기들이 그 구체적인 인용이 되지만, 당연히 우선순위 내지는 비중은 현실의 민중이야기에 있다. 따라서 성경 이야기도 민중의 관점에서 새롭게 해석되어야만 한다는 주장이다.

의 연속성을 충분히 설명해내지 못하고 있다. 다시 말해 신학의 기능적 측면을 지나치게 강조한 결과로, 민중신학은 기독론의 재구성의 과정에서 신앙의 그리스도에 관한 성경적 기록들을 무시하는 경향이 있다.[31] 민중운동에 근거한 성경이해를 제시하면서, 안 교수는 예수의 이야기는 원래 민중들에 의해 소문(유언비어)으로 보존되고 전달되었는데, 초대교회의 편집자들에 의해 그 내용이 제거되었다고 주장한다.[32]

따라서 복음서에 나타난 설교란 초대교회의 공적인 신학을 대변하는 것이며, 오히려 이야기 형태의 표현이 더 분명히 역사적 예수를 나타낸다고 한다. 민중신학은 민중의 현실상황과 직접 결부된 관점에서 복음서에 기록된 예수의 이야기들을 들으려 하기 때문에, 역사적 예수와 관련된 성경의 이야기들은 오직 민중의 이야기를 규정하는 역할을 감당할 뿐이며, 가난하고 억압된 민중들의 희망과 대망을 표현하기 위한 수단으로 이해된다. 민중해방을 중심으로 한 성경이해는 결과적으로 영감설과 무오설의 관점에서 성경이해와는 전혀 상관이 없을 뿐만 아니라, 역사적 예수와 신앙의 그리스도를 분리시

---

31) 이런 점에서 민중신학자들은 종교사학파들의 주장을 수용하고 있는 것으로 보인다 [R. Bultmann, *Theology of the New Testament,* vol. 2, trans. Kendrick Grobel (New York : Charles Scribner's Sons, 1955), pp. 237-51 참조].

32) Byung-Mu Ahn, "Who Do You Say That I Am?", *CTC Bulletin,* 5, no. 3 (1984), 26-39. 안 교수는 사회학적인 관점에서, 초대교회의 삶의 길잡이가 되는 성경에 기록된 내용 중 설교형식을 빌은 예수 이야기는 본래의 사실적 이야기가 아닌 부차적인 것으로 간주한다. 이런 안 교수의 전제는 성경이해에 대한 민중신학자들의 견해를 자세히 살펴볼 것을 요구한다.

키는 내용을 취하고 있다.

1. 민중을 위한 예수

민중신학에서 예수는 민중을 위한 인자(人子)로 이해된다. 민중신학은, 보수적 신학이 구속사에 관한 이해의 결정적인 중요성을 예수의 정체성과 그의 삶에서 찾는 것에 반해, 오히려 역사적 예수의 삶과 특히 민중과 함께한 십자가의 죽음과 부활의 의미에 그 초점을 맞춘다. 서창원은 다음과 같이 주장한다 : "민중의 경험에 의한 역사적 예수이해까 없는, 역사적 반성이란 단지 이질적이고 교리화된 관념에 지나지 않게 된다."[33] 이런 관점에서 역사적 배경에 관한 설명을 통해서, 예수는 1세기 팔레스틴 상황의 민중과 동일시된다.

민중의 경험으로 역사적 예수를 해석하기 위해, 안 교수는 본회퍼의 '세속적 예수'이해를 옹호한다.[34] 안 교수는 명백히 교회의 전통적 기독론 이해인, '한 사람 안에 신성과 인성이 공존'한다는 교리는 물론 예수 그리스도의 십자가의 고난을 통한 대속적 구원을 부정한다. 단지 억압의 상황에서 예수께서 유대인의 선생으로 가난한 사람들과 억압받는 사람들의 고난과 아픔에 동참함으로, 하나님 나라의 이상인 새로운 시대의 희망과 심판을 증거하기 위해 민중현실에 동참한 것으로 본다. 민중신학은 예수의 생애가 주는 의미를 아는 것

---

33) Chang-Won Suh, "A Formulation of Minjung Theology," p. 182.

34) D. Bonhoeffer, *The Cost of Discipleship,* trans. R. H. Fuller (London : SCM Press, 1959) & *Letters & Papers from Prison,* new greatly enlarged ed., ed. Eberhard Bethge (New York : MacMillan Publishing Co., Inc., 1975) 참조. 민중신학에서 예수 그리스도는 세속화의 과정을 거쳐, 단지 민중의 경험을 해석하기 위한 수단으로 고려된다.

이 하나님 나라를 아는 것과 같다고 한다. 그러므로 민중신학자들은 예수의 묵시적 가르침이 주는 현실적 관련성에 주목한다. 민중신학은 역사적 이해에 있어서, 예수께서 사람들에게 끼친 상당한 영향을 인정한다. 그러나 그 영향은 비역사적인 철학적 사유나 하나님과의 신비적 연합에서 비롯된 것은 아니라고 본다. 오히려 역사적 실체 안에서, 예수의 역사적 삶, 죽음, 그리고 부활로 드러난 내용인 해방을 믿음의 적극적 실천의 근거로 제시한다.

그리스도 안에서 믿음이란, 예수의 삶을 본받는 것으로, 그의 역사적 생애에 관한 지식에 기초하게 된다.[35] 이런 면에서 민중신학은 지속적으로 하나님 나라의 이상을 드러내는 나사렛 사람, 예수에 초점을 맞추는, 소위 '아래로부터'의 기독론과 유사한 접근방법을 사용한다. Bruno Bauer와 Wilhelm Wrede에 의해 주창된 성경의 권위에 대한 회의주의적 입장을 따르는 민중신학자들은 신약성경의 역사적 진정성에 회의를 던지면서, 복음서의 기록들이 교리적으로 혹은 저자들이 속한 공동체의 필요에 의해 선택적으로 배열되었다고 본다. 민중신학은 나름대로의 관점에 근거해서 찾아낸 역사적 예수에게서 민중을 위한 기독론적 이해의 단서를 찾는 작업을 수행한다.

요세푸스의 저술인 유대전쟁사와 고대사에 많이 의존하여 예수시대의 배경을 이해하고 있는 안 교수는 예수를 민중을 위한 존재로 간주한다. 세례요한과의 관계로부터, 예수가 지배자들의 불의를 비판함으로써 억압받는 자들의 편에 서 있는 선지자로서 이해된다. 그러나 예수는 민중운동에 적극적으로 참여하는 점에서 요한, 그리고 에쎈파와는 다르다고 주장한다.[36] 세례요한의 체포와 예수의 고난

---

35) 서남동, 『민중신학의 탐구』, p. 170.
36) 안병무, 『갈릴래아의 예수』, pp. 18-33 참조.

예고를 표현하는 데 쓰여진 *paradidomi*(넘겨주다 ; 내어주다)의 사용에서 요한과 예수가 자신들의 운명에 관해 공통된 태도를 취하고 있는 것으로 생각한다. 단지 임박한 심판을 선포하는 것에서 세례요한은 옛 시대를 대표하지만, 예수는 임박한 하나님 나라에 참여하기 위한 회개를 촉구함으로 하나님의 축복을 강조하는 새로운 시대를 대변한다고 구별한다.[37] 요약하면 예수를 지배계급의 무자비한 억압에서 사람들을 해방시키려고 노력하는 사람으로 이해한다. 그러므로 예수는 인간 실존의 본래적 의도인 인간성을 구현하는 민중의 길잡이가 된다고 주장한다.[38] 예수의 인성이해를 통한 민중해방에만 관심을 갖는 민중신학은, 예수의 메시아로서의 자기이해를, 후대의 제도화된 교회의 영향에서 비롯된 내용으로 분석하며, 기독론적 이해에서 제외한다.

서남동은 예수가 하나님의 아들이라고 불릴 수 있는 이유는, 전 생애를 통해, 누구보다도 진정한 인간 본연의 모습을 다른 사람들보다 더 깊이있게 실현했기 때문이라고 주장한다.[39] 서 교수의 이와 같은 주장은 기독교 신앙이 전하는 역사적 예수에 관한 지식과 다르지 않은 것으로 고려할 수 있다. 그는 그리스도를 믿는 것은 현재의 주어진 상황을 통해 예수의 삶의 모습을 그대로 따르는 것을 의미한다고 본다. 예수를 이웃을 위한 삶을 살아간 사람으로 재구성하는 과정에서, 민중신학자들은 역사적 예수에 관한 지식이 예수의 메시아적 운동을 이해할 수 있는 가장 중요한 요인이라고 이해한다. 그런데 역사적 예수에 관한 지식은 기록된 성경에서만 찾을 수 있는

---

37) Ibid.

38) 송기득, 『인간 』 (서울 : 한국신학연구소, 1984), pp. 439-42.

39) 서남동, 『민중신학의 탐구』, pp. 188-91.

것이 아니라, 선포된 그리스도, 즉 설교를 통해서도 발견할 수 있다고 한다.40) 나아가 예수의 역할은 그의 권위로써 민중들로 하여금 자신들의 삶을 위해 책임있게 행동할 결단을 촉구하는 것이라 주장한다. 아무런 조건없이 저주받고 소외된 계급인 죄인들을 받아주고 지지해준 사실에서, 민중은 하나님이 약속한 미래를 허락받은 하나님의 선택된 사람들이라고 본다.41) 이와 같은 역사적 예수에 관한 지식을 통해 민중은 참된 기독교 신앙을 판단하는 유일한 기준이 된다고 한다.

2. 메시아적 인물

민중신학에서 예수는 메시아적 존재로 이해된다. 역사적 예수의 역할은 민중신학자들로 하여금 예수께서 당시의 모진 사회적 어려움들을 외면하셨다고 생각할 수 없게 한다. 그들은 예수의 역할이 가난하고 억압받는 사람들을 위한 것임을 강조하며, 그 결과로 지배세력들과의 충돌은 불가피했던 것으로 본다. 나아가 예수의 비유들은 가난하고 억눌린 자들의 구원에 대한 실질적 기대를 이루려는 예수의 구체적 소원을 반영하고 있다고 한다. 그러므로 예수의 역동적 행위들은 민중의 현상태를 변화시키려는 책임있는 행동으로의 초대로 보게 된다. 예수는 기득권을 가진 계급에 대항하는 한 인간으로42), 그의 행동은 갈등과 충돌을 낳게 된다고 생각한다. 당연히 예수는 가난한 사람들의 편에 서서, 그들을 위해 행동한다고 주장한다.

---

40) 서남동,『전환기의 신학』(서울 : 한국신학연구소, 1976), p. 67.

41) Byung-Mu Ahn, "Jesus and Minjung in the Gospel of Mark," *Minjung Theology,* p. 142 ; *History and Interpretation*(Seoul : Christian Literature Society, 1984), pp. 231-52.

42) 안병무,『해방자 예수』, p. 103.

위와 같은 이해를 바탕으로 예수의 자세와 같은 자세를 선택하지 않는 그리스도인들은 믿음에 대해 이야기조차 할 수 없다고 본다.[43] 따라서 예수는 민중과 함께 그들을 위해서 저항할 뿐만 아니라, 그들의 인도자가 되는 것이다.[44]

민중신학은 신조들과 신앙고백을 포함한 교회의 전승을 있는 그대로 수용하는 것을 거부한다. 왜냐하면 그와 같은 교회의 전승들은 현상을 유지하기 위한 이념적 도구들로 전락했기 때문이라는 것이다. 그러므로 현실을 변화시키는 일에 참여하는 것에 초점을 맞춤으로, 민중신학은 역사적 예수와 신앙의 그리스도의 연속성을 민중의 경험으로 다루게 된다. 여기서 민중의 경험은 미래에 관한 소망의 조명 아래서 현재의 역설적인 상황을 인식하게 된다. 예수는 민중의 고난과 아픔의 한 가운데, 즉 역사의 밑바닥에 서 있는 모습으로 그려진다. 더불어 그가 겪는 고통이 실질적인 하나님의 선교의 동기가 된다는 것이다. 다시 말해 예수는 민중경험에 새로운 동기와 의미를 부여하는 촉매제 역할과 기능을 부여하는 역사적 민중으로 이해되며, 예수의 이야기는 민중들로 하여금 현실에서 이상적인 사회를 창출하기 위한 믿음을 강조할 수 있는 사고의 틀을 제공한다고 본다. 이와 같은 이해를 통해 예수는 민중들을 위한 메시아적 존재로 인식된다.

예수의 이야기는 민중의 역사적 해방을 성취하기 위해, 그들의 의식을 자극해야만 한다. 따라서 예수는 지배 계급과는 전적으로 반대되는 자리에 위치하게 된다. 민중신학은 지배계급과의 투쟁을 배경으로 예수께서 갈릴리에서 행하신 공적인 사역을 통해, 인간성의 완

---

43) 서남동, 『민중신학의 탐구』, pp. 243-44.

44) Ibid., p. 53.

성을 방해하고 소외시키는 권위주의적인 질서와 규범을 거부하는 운동을 시작한 정치적인 메시아가 되신다고 설명한다. 그의 운동은 하늘에서 주어지는 영적이고 초월적인 구원을 강조한 것이 아니라, 지금 현실에서 이루어지는 사회적, 경제적, 정치적 해방을 강조한다는 것이다. 이런 의미에서 예수는 메시아적 존재이며, 예수에 관한 역사적 지식은 역사 안에서 하나님 나라를 이룩하려는 투쟁의 내용으로 이해된다. 또한 하나님의 구원 역사를 이루는 주체로서 민중을 복음에 관한 역사적 증인으로 간주한다.

3. 예수의 죽음

민중신학은 예수의 성육신의 의미를 존재론적이 아닌 기능적인 관점에서 설명한다. 마찬가지로 예수의 죽음과 부활은 민중의 자유와 정의를 위한 투쟁의 조망에서 그 의미를 이해하게 된다. 예수의 대속적 죽음에 관한 전통적 이해는 하나님에 관한 편협한 이해로 거부된다.[45] 송기득은 대속적 의미로 예수의 죽음을 이해한 것은 하나님의 계시보다는 인간이해를 근거로한 반성의 부산물로 보인다고 주장한다.[46] 또한 예수의 죽음은 인류 역사 안에서 독특한 사건으로 볼 필요가 없다고 본다. 그 이유는 예수의 죽음은 전적으로 로마의 체제에 대항하는 죄인을 처형한 정치적 살인인 것이다. 이렇게 해서 예수의 죽음은 민중운동을 통한 사회적·정치적 참여로 인해 발생한 사건으로 설명된다.

메시아적 존재인 예수의 죽음을 갈등과 투쟁으로 비춰지는 예수의 역사적 배경을 통해 이해한다. 민중신학은 인간의 경험을 위한

---

45) 안병무, 『해방자 예수』, p. 50.

46) 송기득, 『인간 』, pp. 434-36 ; 참고, 안병무, 『해방자 예수』, pp. 13, 94.

예수의 죽음의 중요성을 규명함으로 구원에 관한 전통적 이론들을
대신할 수 있는 의미있는 이론을 제공하려 한다. 그러므로 민중신학
은 예수의 죽음과 부활의 바른 의미를 이해하기 위해 그의 죽음과
관련된 배경들의 구조들과 제자들의 삶 안에서 이러나는 변화의 내
적 역동성에 초점을 맞춘다. 불트만이 예수가 선포를 통해서 부활한
다고 주장한 것처럼,[47] 민중신학에서 예수는 민중의 사회적, 정치적
대망 안에서 부활한다. 하나님께서 역사에 개입하신 모습으로서 역
사적 예수는 민중의 *Sitz im Leben*과 무조건적으로 연결된 궁극적
실체이다. 이런 점에서 예수가 십자가로 향하신 모습은 민중이 자신
들의 운명의 주체, 혹은 주인이 되기 위한 과정에서 피할 수 없는 전
형적인 예가 된다. 민중신학자들은, 궁극적인 역사의 실체인 민중의
편에 서지 않고서는 예수의 죽음은 바르게 해석될 수 없다고 강하게
주장한다.

예수께서 억압받는 민중들의 자유와 정의를 찾기 위한 투쟁에 동
참함으로, 그의 행위가 지배계급에게 직접적인 위협이 되었기 때문
에, 그는 범죄자로서 죽임을 당한다. 따라서 그의 죽음은 지배자들에
의해 처형당한 민중의 죽음이라고 민중신학자들은 설명한다. 이런
관점에서 십자가는 역사 현실에서 하나님의 구원사역에 참여하는 구
체적인 판단기준을 제시한다고 본다. 안병무는, 비록 이와 같은 역사
적 인식과 함께 자기의 십자가를 지는 것이 미래의 승리를 보장하는
것은 아니지만, 장차 임할 하나님 나라를 위한 노력으로 이해되어야
만 한다고 주장한다.[48] 서남동은 예수의 십자가 이해에 있어서 진정

---

47) R. Bultmann, *Theology of the New Testament,* vol. 1, trans.
   Kendrick Grobel (New York : Charles Scribner's Sons, 1951),
   pp. 42-53 참조.
48) 안병무, 『해방자 예수』, pp. 9-18 참조.

한 관심사는 죽음 자체에 있는 것이 아니라, 처형의 원인에 있다고 말한다.[49] 민중신학은 예수의 죽음을, 현상을 유지하려는 지지자들에 의해 자행되는 불의와 억압의 극적인 모습을 상징적으로 드러낸 극적인 사건으로 이해한다.

4. 예수의 부활

예수의 전생애를 사회적·정치적인 관점에서 이해하려는 시도를 통해, 민중신학은 그의 부활을 민중의 의식을 일깨운 사건으로 본다.[50] 민중신학자들은 역사적이고 정치적인 예수의 죽음을 통해서 부활의 참된 의미가 발견될 수 있다고 주장한다.[51] 즉 소외된 사람들의 희생 위에 자신들의 현상을 유지하려는 기득권을 가진 세력들에 의해서 예수는 죽임을 당한 것이며, 예수의 죽음은 새로운 운동의 실패로 비춰질 수 있었으나, 그의 부활은 추종자들로 하여금 새로운 역사인식을 갖게 하고, 새로운 공동체 인식을 통해 그의 운동에 참여케 하는 중요한 전기를 마련한 것으로 평가한다.[52]

서남동은 부활을 의로운 죽음을 약속하는 묵시적 작품들의 조명 아래서 이해하여, 의로운 사람들에게 주어지는 새로운 생명의 시작

---

49) 서남동, 『민중신학의 탐구』, p. 247.
50) 서남동, 『민중신학의 탐구』, p. 194 ; 안병무, 『갈릴래아의 예수』, pp. 283-6 ; 『해방자 예수』, pp. 80-81.
51) 서남동, 『민중신학의 탐구』, p. 318
52) 서남동은 그의 책, 『민중신학의 탐구』에서 다음과 같이 기록하고 있다 : "부활은 살해된 예수의 부활이다. 부활은 살해된 자의 항변이며, 한풀이며, 침해된 신의 공의의 회복이다.……죽임의 부정이며, 은폐된 사실의 나타남, 진리와 생명의 승리-이것이 부활이다. 부활은 한풀이다(pp. 318-19).

을 의미한다고 본다. 이 부활의 중요성은 이제 예수를 따르던 사람들뿐만 아니라, 예수 사건에 동참하는 모든 사람들에게 구현된다는 것이다. 다시 말해 십자가에 죽으신 그리스도의 새로운 생명과 관련되어 부활은 강조된다. 예수의 부활은 구세주의 왕국의 시작이며, 그 의미는 "피안적인 것이 아니고, 이 역사선상에 도래하는 새 시대, 새 사회, 새 정치를 말하는 것이다."[53] 그러므로 부활을 비정치적으로 해석하는 것은 부활의 원래적 의도를 왜곡하는 것으로 본다.

서남동은, 부활에 해당되는 헬라어인 *anstasis(anistemi), egeiro* 등의 단어는 사람들이 질병과 억압, 그리고 죽음에서까지 다시 일어나는 것을 상징적으로 드러냈다고 한다.[54] 그리스도의 부활의 몸이라고 이해되는 교회의 의미를 부정하지 않으면서, 민중신학은 민중이 자신들을 역사의 주체로 인식하는 것에서 부활의 핵심이 드러난다고 강조한다.[55] 오직 이런 관점에서만 십자가에 죽은 예수와 관련해서 진정한 부활의 중요성을 찾을 수 있다는 것이다. 한가지 알아두어야 할 사실은 민중신학의 관점에서 예수의 죽음은 유일하고 독특한 사건이 아니라 단지 하나의 비극적 사건에 지나지 않는다고 본다는 점이다. 예수는 사악한 억압과 착취의 사슬을 끊고, 불의와 죽음에 항거하며 오히려 희망을 제시하고 있다고 이해한다. 민중신학은 부활의 그리스도에 대한 믿음은 초대교회 그리스도인들의 의식이 실제로 부활의 내용을 드러내는 운동으로 발전하고 있는 점에 근거를 두고 있다고 주장한다.

---

53) Ibid., p. 320.
54) Ibid., pp. 320-21.
55) Ibid., pp. 250-54.

역사적 예수

　민중신학자들은 예수를 인자라고 부를 때, 그 의미는 십자가의 죽음과 부활로 세상을 구원하시고, 거룩한 심판주가 되신 예수 그리스도를 의미하지 않고, 다만 평범한 인간을 의미하는 것임을 강조한다.56) 민중신학에서 예수는 비록 독특한 영적인 인물로 간주되기도 하지만 단순히 사람으로 불린다. 유대인들이 바라던 구세주의 모습과는 다르지만, 그를 따르는 사람들은 예수의 죽음과 부활을 새로운 운동을 창출하는 결정적인 전환점으로 경험하였다. 민중신학은 단순한 사건이 아닌 경험된 사건으로서 부활을 통해 예수의 생애의 의미를 발견하려고 노력한다. 왜냐하면 오직 추종자들의 경험 안에서만 예수는 천국운동의 실행자가 되기 때문이다.57)

　안병무는 예수의 생애와 태도를 사람들로 하여금 실망과 패배를 극복하도록 자극하는 새로운 이상과 연결시킨다. 그는 예수께서 자기를 따르는 사람들에게 요구한 내용을 다음과 같이 정리한다.58) 첫째로, 예수를 따르고자 하는 사람은 "인륜적 의무도, 그리고 삶의 보장으로 여겨지던 것들도 모두 버려야만 한다"(눅14 : 26 ; 9 : 59, 60 ; 마 10 : 39 ; 막 10 : 17). 둘째로, 예수께서는 "자신과의 연대관계를 확인하는 것이 장차 올 심판의 기준이 될 것이라고 선언한다"(비

---

56) 안병무,『갈릴래아의 예수』, pp. 32-33. 안 교수는 다니엘서 7장 13, 14절에 기록된 오는 메시아와 관련된 인자의 내용은 예수와는 무관한 것이라고 주장한다. 나아가 마가복음 14장 61, 62절은 초대교회의 신앙고백으로, 역사적 예수와는 관련이 없는 것으로 간주한다.

57) 물론 천국운동이란 내세적 구원과는 상관이 없는 현실에서 민중의 이상을 이루기 위한 투쟁을 의미한다.

58) 안병무,『갈릴래아의 예수』, pp. 36-40.

교 : 눅 12 : 28-29). "나아가 예수 자신이 하는 말을 행위로 옮기는 문제는 그의 존재의 바탕을 구축하는 것이라는 신념을 토로한다"(마 7장 24절 이하). 셋째로, 예수는 모세의 율법을 포함한 옛 전승을 자신의 말을 통해 일부분은 성취시키고, 나머지는 폐기하면서 변화시킨다. 이런 점에서 예수의 자의식은 존재론적인 관점이 아니라, 유대의 전승에 대항하는 역사 인식이란 관점에서 이해된다. 또한 이 역사 인식은 옛 시대와 새 시대를 구별하는 성취의 때를 깨닫는 자기의식으로 간주된다. 넷째로, 예수는 아무런 조건도 없이 소외되고 제외된 사람들을 대변한다. 다섯째, 예수는 자신을 마귀와의 전투에서 야전 사령관으로 본다. 귀신을 쫓는 것은 마귀에 의해 지배되는 옛 시대를 마감하는 전투를 예시한다. 여섯째, 예수는 그의 말씀이 오는 심판의 기준이 될 것으로 인식한다. 덧붙여서 그는 기존체제에 대항하는 심판자로서 자신을 나타낸다.

예수는 분명히 유대인들이 기다리는 구세주의 모습과 다르다. 안 교수는 예수는 기존체제를 파괴할 수 있는 사람으로 그려질 수 있기 때문에, 역사의 장, 특히 제도적 교회에서 제거되었다고 주장한다. 그러나 역사적 예수의 참 의미는 현상을 유지하기 위한 이론으로는 설명할 수 없지만, 역사적 실천 안에서 발견된다고 한다. 자기의식을 가진 역사적 예수는 이론에서 실천으로 반복해서 이행되는 운동을 통해서만 이해될 수 있다는 것이다. 민중의 믿음과 정체성을 자신들의 말로 표현하는 기독론의 토착화를 위해서, 민중신학은 대중적 문화와 역사적 경험 안에서 민중의 해방을 위한 역사적 실천을 발견한다. 여기서 로마 가톨릭교회의 신학자들인 칼 라너와 한스 큉 등이 민중신학에 끼친 영향을 볼 수 있다.59)

---

59) Karl Rahner, *Foundations of Christian Faith : An Introduction*

　　서남동은 라너의 견해를 수용하여 하나님께서 성육하심으로 우리의 이웃이 되셨다고 한다.[60] 결과적으로 이웃이 되신 예수는 민중이라는 것이다. 나아가 라너가 제시한 '익명의 기독교인'이란 개념은 기독교의 복음과 신앙을 결코 들어본 적이 없는 한국민중의 정체성 이해에 새로운 기준을 부여하고 있다. 라너처럼 가톨릭 신학자인 한스 큉은 인본주의와 기독교는 그리스도의 이름 안에서, 즉 인간의 진정한 인간화가 하나님을 위한 섬김의 전제조건일 때, 서로 적대적이지 않다고 생각한다.[61] 큉의 주장을 근거로 민중신학은 기독교 신앙이 절대적인 진리를 가졌다고 생각해서는 안 된다고 주장하고, 기독교 진리이해의 상대화를 촉구하며 다른 종교들과의 대화를 통해서 진리를 탐구해야만 한다고 선언한다.[62] 역사적 예수의 역할을 가난한 사람들과 억압받는 사람들의 인간화에 있다고 하면서,[63] 예수의 가장 중요한 역할을 가난한 사람들과 함께하는 것에서 찾는다. 또한 예수께서 자신이 가난하고 착취당하는 사람들과 함께 했기 때문에, 세상의 가난한 사람들의 문제가 예수의 제자들의 문제가 된다고 인식한다. 예수는 하나님의 선교를 행하는 사람이기 때문에 가난한 사

---

to the Idea of Christianity (New York : Heder & Heder ; London : Darton, Longman, and Todd, 1978) ; "One Mediator and Many Mediations," *Theological Investigations,* vol. 6(London : Darton, Longman, and Todd, 1972), pp. 169-86 ; Hans Kung, *On Being a Christian,* trans. Edward Quinn (New York : Doubleday & Co., 1976) 참조.

60) 서남동, 『전환기의 신학』, p. 76.

61) Hans Kung, *On Being a Christian,* p. 31.

62) 서남동, 「두 이야기의 합류」,『민중신학의 탐구』, pp. 45-82.

63) 현영학, 「신의 역사창조 행위」,『한국역사와 기독교』, 기독교사상 편집부 편, 대한기독교출판사, 1983. pp. 328-33 참조.

람들과 억압받는 사람들의 이웃이 되었다. 따라서 민중은 예수의 발자취를 따름으로, 즉 가난한 사람들과 억압받는 사람들의 이웃으로 그들과 함께하는 것에서 하나님의 선교를 수행하는 일군이 된다.

종말적 예언자

민중신학자들은, 예수의 사역에 대한 전통적 이해가 단지 종교적인 영역에만 전적으로 집중되고, 1세기 당시의 팔레스틴 지역의 사회적 · 정치적 배경을 무시하려는 경향과는 달리, 예수에 관한 역사적 지식은 당시의 사람들의 구체적인 삶과 밀접하게 연관되어 있음에 주목한다.64) 즉 과거의 계시를 직접 현재의 상황에 적용하지 않고 예수의 공적 사역의 역사적 배경을 신학의 작업에서 강조한다.

---

64) 민중신학자들은 A. Deissmann의 의견과 같이 초대교회 그리스도인들은 농부들, 노예들, 그리고 기능공들로 비교적 낮은 계급에 속한다고 생각한다. 그러나 E. A. Judge, A. J. Malherbe, W. A. Meeks, G. Theissen 등은 Deissmann의 의견보다 나은 사회적 신분계층에 속한 것으로 본다 [참고 : Robbin Scroggs, "The Sociological Interpretation of the New Testament : The Present State of Research," *New Testament Study,* 26 (1980), p. 169 ; A. J. Malherbe, *Social Aspects of Early Christianity* (Philadelphia : Fortress Press, 1983), pp. 86–89 ; Wayne E. Meeks, "The Social Context of Pauline Theology," *Interpretation,* 36 (1982), p. 270 ; Gerd Theissen, *Sociology of Early Palestinian Christianity,* trans. John Bowden (Philadelphia : Fortress Press, 1977) ; *The Social Settings of Pauline Christianity,* ed. and trans. John H. Schuz (Philadelphia : Fortress Press, 1982), pp. 27–29].

안병무는 에쎈파와 관련이 있는 것으로 보이는 세례요한과 예수의 선교 사이에 밀접한 관계가 있음을 살펴본다.[65] 이런 점에서 세례요한은 예수사건의 선구자로 나타난다.[66] 나아가 세례요한과 예수는 동일한 관심사(임하는 천국을 맞이하기 위한 회개운동)를 위한 투쟁에 참여했기 때문에 결국은 같은 운명을 맞게 되었다고 본다. 요한과 예수는 모두 정치적 범죄자로서 체포되고 사형에 처해졌다는 것이다.[67]

안 교수는 여기서 구속사적 관점에서 세례요한을 단순히 예수의 선구자로 보는 것을 비판한다. 예수는 요한의 회개운동을 전적으로 지지했으며, 그같은 사실은 예수께서 요한에게 세례를 받으시고 그가 체포된 후에 갈릴리에서 공적인 사역을 시작한 점에서 찾아 볼

---

65) 안병무 교수는 마가복음의 내용을 타이센과 타가와의 사회학적 견해를 수용하며 해석하면서, 지배계급과 대조적인 위치에 있는 민중이, 신학의 작업에 주체가 되어야 한다는 주장을 뒷받침하는 근거로 예수와 세례요한의 관계를 설정하기 위해 세례요한에 관한 이해들을 대강 아래와 같이 설명한다 : 에쎈파와 밀접한 관계가 있는 것으로 보이며, 제사장 계보에 속했으나(막 1 : 5 ; 9 : 39), 지배층에 속한 것은 아니라고 본다. 엘리야와 이사야 등과 관련해 특별한 의미를 갖게 되며, 마카비 반란 이후 기존체제에 항거하는 상징이 된, 광야에서 요한은 은둔의 생활을 했으며(막 1 : 4-6), 제자들을 가르쳤다(막 2 : 18 ; 눅 7 : 18). 무엇보다도 세례요한은 회개의 세례를 선포하고 실행했다. 그러나 그의 세례는 율법이 정한 정결법과는 달랐다(비교 : 민 19 : 7). 결국에는 지배자였던 유대인의 왕 헤롯 안티파스에 의해 처형된다.

66) 요한에 대한 복음서들의 이해는 미묘한 차이가 있는 것처럼 보인다. 예를 들면, 마태는 요한과 예수의 메시지를 동일한 것으로 보나(마 3 : 2 ; 11 : 12), 누가는 둘 사이의 경계를 분명히 하며(눅 16 : 16), 요한은 세례요한을 단순히 목격자에 지나지 않는 것으로 생각한다.

67) 안병무, 『갈릴래아의 예수』, p. 76.

수 있다. 또한 예수의 회개에 대한 촉구가 당시의 정치적 상황과 깊은 관련이 있다고 본다. 그러나 예수와 세례요한 사이의 차이점은 요한이 광야에서 임박한 종말적 심판을 선포하지만(마 3 : 10, 12), 예수는 주로 구원에 초점을 맞춘 종말적 선포(막 2 : 19)를 통해 옛 시대의 종언을 상징적으로 드러내는 것에 있다고 본다. 또한 예수의 태도와 삶의 모습은 세례요한의 그것들과 다르다고 본다. 예수는 결코 임박한 종말적 심판으로 그의 가르침을 듣는 사람들을 비난하지 않고 오히려 하나님의 구원이 임한 사실을 기뻐하는 것에 사역의 초점을 맞춘다고 한다. 종말적 예언자로서 예수는 현재 고난을 받고 있는 가난하고 억눌린 자를 해방시키는 해방자로 역사한다. 누가복음 7장 20절에 나타난 예수에 대한 세례요한의 질문도 사람들의 구세주 대망과 관련해 이해한다. 예수께서 장차 임할 천국의 실체를 지금 경험하고 계신 사실을 증거한다는 것이다. 즉 종말적 예언자로서 예수가 광야에서 겪은 시험들은 옛 시대의 종언과 함께 새 시대를 연결하는 역할을 하고 있는 것으로 해석하며, 예수께서 요한의 체포와 죽음을 옛 시대의 종말로, 그리고 역사적 실체 안에서 하나님의 통치를 실현하는 그의 사역의 시작으로 이해했다는 것이다.

고난의 종

나사렛 사람 예수는 모든 고난들과 투쟁들의 가장 깊은 면들을 통해 죄된 인류와 하나가 되시는, 상상조차할 수 없는 하나님의 모습을 드러냈다.[68] 예수 안에서 믿음을 갖는다는 사실은 이 하나님을

---

68) 서남동, 『민중신학의 탐구』, pp. 79 이하.

아는 지식 안에서 간절한 소망과 함께 그 실체를 소유하는 것이다. 이런 면에서, 민중신학은 교회들이 지나치게 오랫동안 세상의 악과 비극에 대해 적절하게 대처할 수 없었기 때문에 발생한 현실적 실망과 위기에 대한 새로운 이상을 제시하려는 노력으로 보인다. 그리스도 안에서 신앙을 진정한 증거로 만들기 위해서, 민중신학은 인류와 함께 당하시는 하나님의 고난을 하나님의 인류를 위한 사랑을 나타냄과 동시에 메시아적 선교에 동참하는 민중의 자기이해의 근거로 제시한다.

그러나 "과연 예수의 고난과 죽음이 어떻게 하나님과 역사를 관련짓게 하는가?", "어떻게 민중에게서 구원이 온다고 할 수 있는가?", "민중도 역시 구원을 필요로 하지 않는가?"라는 질문들에 답해야만 할 것이다. 이러한 질문들에 대답하는 과정에서 우리는 민중신학이 교회의 전통적 신학들과 결정적으로 다른 점들을 지적할 수 있게 된다. 민중신학은 명백히 성경과 교회의 전통을 판단하는 기준과 관점이 기존의 정통신학들과 다르다. 더구나 민중신학은 현재의 민중이 받는 고난을 근거로 역사적 현실 안에서 구원의 소망과 실체를 발견하려는 시도이다.69) 따라서 메시아적 사역인 예수의 고난도 민중의 해방과 관련되어 이해된다. 예수의 고난은 자발적인 것이 아니라 차라리 그가 자유와 정의를 위한 투쟁에 참여한 결과로 지배세력들에 의해 강요된 것으로 이해된다.

민중신학은 전통적인 신학적 사고들이 개인의 존재와 자기완성의 의미들을 찾으면서, 고난의 종인 예수는 전적으로 자발적인 순종을 통해 하나님이 허락하신 운명을 수용하는 것으로 본다고 분석한다. 즉 예수를 모든 죄인들로 하여금, 가난하고 특권이 없는 사람들뿐만

---

69) Ibid., p. 181.

아니라, 부자와 권력자들도 포함하여, 그들의 현실적 가치들을 판단하고, 그것들에 종교적인 의미를 부여할 수 있게 해 주신 분으로 보며, 예수의 고난은 이미 예정된 계획에 따른, 그래서 심지어 예수의 지상사역과는 전혀 무관하게 해석해도 무방한 것으로 간주한다는 것이다. 다시 말해 전통적 신학 이해는 단지 하나님 아버지와의 관계와 성령을 보내신다는 사실 외에는, 성육신에서 승천에 이르기까지 그를 따르는 사람들과는 중요한 관계조차 없는 삶을 사신 것처럼 보아도 무방한 결과를 초래했다는 것이다.

그러나 민중신학은 예수의 고난이 인류의 구원이해에 있어 독특하고 중요한 점을 내포하고 있다고 본다. 왜냐하면, 민중신학의 구원론적 강조는 어떻게 예수가 가난하고 억눌린 사람들을 위해 선포한 구원을 위해 구체적으로 투쟁했는가에 있기 때문이다. 예수의 고난은 민중의 고난으로 간주되며, 특이한 점은 고난의 이유를 이해하면서, 예수는 단순히 개인이 아니라 집합적 개체로 이해된다는 것이다. 그 이유는 고난의 종으로 예수의 고난은 '민중의 사회적 자서전'을 옹호하는 것에서 그 기능의 전부가 있으며[70], 민중과 관련이 없는 예수이해는 불가능한 것으로 보기 때문이다. 결과적으로 예수의 고난과 죽음이 민중을 위한 희생과 모범이 되며, 하나님과 역사를 연결시키는 고리가 되는 것으로 이해한다.

예수께서 고난을 통해 이룬 구원의 내용에 대한 민중신학의 이해는 그 구원의 보편성에 관심을 두는 것이 아니라, 다만 고난의 종으로 살아간 역사적 예수의 독특성, 즉 구원의 참된 의미를 드러내고,

---

70) 김용복, 「민중의 사회전기와 신학」, 『신학사상』 24, pp. 58-77 ; Byung-Mu Ahn, "Subjects of History in Mark's Gospel," Ibid., p. 177 참조.

구원의 과정을 규명한 것으로 보이는 그의 운명에만 관심을 갖는다.
예수는 고난의 종으로 가난한 사람들과 억압을 받는 사람들을 위해
살아갔기 때문에, 또한 비극적인 죽음에 이르기까지 하나님 아버지
의 구원의 뜻에 순종하였기 때문에, 그의 역할은 믿을 수 있고 참되
다는 것이다. 안 교수는 고린도전서 15장에 기록된 예수의 부활에
관한 주제는 예수께서 왜 죽었으며, 누가 그를 죽였는지에 관해서는
침묵하는데, 그와 같은 사실은 바울을 포함한 초대교회 지도자들의
관심이 오직 교회의 생존에만 있었기 때문인 것으로 본다.[71] 그러나
민중신학에서 예수는 민중과 함께했을 뿐만 아니라, 예수 자신이 민
중이라고 본다.[72] 안 교수는 예수께서 민중의 고난과 함께하는 것으
로 본다. 따라서 예수의 고난은 신적인 고난이 아니라 민중의 현실
적 고난에 의해서만 올바른 의미를 이해할 수 있다고 주장한다. 왜
냐하면 민중이 필요로 하는 구원은 죄사함이나 영생과 같은 내용이
아니라, 민중을 억압하고 지배하는 현실의 구조악을 타파하고 개혁
하는 것을 의미하기 때문이다.

　민중신학은 예수의 죽음을 통해 성취된 구속의 신비가 현상을 유
지하기 위한 이념의 도구로 이용될 가능성이 있는 것으로 보며, 구
세주의 왕국은 민중이 그들의 고난과 슬픔의 진정한 의미를 알게 될
새로운 세계를 바라는 소망 안에서 예수의 고난에 관한 이해를 실천
함으로 실현된다고 본다.

---

71) 안병무, 『민중사건속의 그리스도』 (서울 : 한국신학연구소, 1989), p.
157.

72) Nam-Dong Suh, "Historical References for a Theology of Min-
jung," *Minjung Theology,* p. 159.

하나님 나라의 선포

민중신학에서 하나님 나라는 종말적 순간, 다시 말해 역사적 실재 안에 찾아 오신 초월적 하나님과 관련되어 있다.[73] 즉 천국의 상징 안에서, 예수 그리스도의 역사가 인간의 역사와 만나게 된다고 말한 다. 예수사건이 주는 사회적·정치적 역할에 그 초점을 맞춘 민중신 학은 하나님 나라의 의미를 예수와의 만남의 의미를 깨달은 민중들 이 부활의 그리스도처럼 살아가는 것으로 설명한다. 즉 고난받는 민 중의 사회적·정치적 기능과 경험에 초점을 맞춰서, 천국은 민중이 천국의 백성이 되게 하는 지상천국의 관점으로 이해된다. 천국은 민 중신학에 의해 개인의 구원뿐만 아니라 하나님께서 약속하신 모든 사회적 실체의 변혁도 함께 수용할 수 있는 전형으로 명백하게 이해 된다.[74]

민중신학의 관점에서, 사회적·역사적 성경해석이 교회로 하여금 전적으로 종말론적 상황에서 선교를 행하게 하는 것은 결코 놀라운 일이 아니라고 한다. 예를 들어, 안 교수는 예수의 선포의 핵심인 마 가복음 1장 15절을 "옛 시대의 종말로서 새시대의 창조를 알리는 종 말론적 선포였다"라고 해석한다.[75] 천국의 약속은 역사가 씨줄과 날

---

73) 안병무,『갈릴래아의 예수』, p. 105 참조. 천국은 하나님의 통치로서 전제적 지배의 폐지를 외치는 야웨이즘에서 구체적인 의미를 찾을 수 있다고 한다 ; 서남동,『민중신학의 탐구』, pp. 241-43. 서교수는 천국 을 정치적 의미가 내포된 하나님의 신정통치로 이해한다.

74) Chang-Won Suh, "A Formulation of Minjung Theology," pp. 121-22 참조.

75) Byung-Mu Ahn, "Jesus and the Minjung in the Gospel of Mark," *Minjung Theology,* p. 151.

줄이 만나는 것과 같이 끝없이 반복되는 순환의 움직임이 아닌 완성을 향하여 가고 있음을 의미한다고 말한다. 그러나 천국은 하나님의 구원의 전제이지 그 내용이 아니라고 한다. 안 교수는 "궁극적인 구원을 향해 가고 있는 노정에 있기 때문에, 하나님의 구원의 실체는 오직 현재 안에서만 발견할 수 있다"[76]라고 제시한다. 공관복음를 근거로 한, 구원의 실체를 논의하면서 안 교수는 하나님의 구원이 가난한 사람들과 억압받는 사람들의 해방에 그 초점이 있다고 한다 (막 1 : 14-15 ; 눅 4 : 18-19 ; 마 25 : 31이하).

안 교수가 이해하고 있는 하나님의 구원의 범주는 우주적인 구원으로 윤리적이고 종교적인 가치들을 성취하는 것을 목적으로 하는 것이 아니라, 계급투쟁을 배경으로 한 현실적이고 특수한 구원이다. 구원은 투쟁을 통해 현재의 사회구조를 개혁한 결과로 나타나는 해방으로 이해한다. 그럼에도 불구하고, 하나님 나라가 결코 어떤 특별한 사회개혁이나 조치와 동일시 되지 않으며, 민중의 실존적 권리를 인정하는 인간성의 회복을 의미한다고 주장한다.[77] 예수께서는 묵시를 사용해, 예를 들면 묵시에 나타난 이상들과 언어를 현존의 체제에 대한 심판과 새로운 세계를 구축하는 대안으로 수용하여, 기존의 사회적·역사적 체제를 전복하려 했다고 본다.

안 교수는 하나님 나라의 내용을, 가치있는 것을 발견한 기쁨으로, 그리고 비록 가난과 결부된 문제와 관련되어 있기는 하지만, 모든 사람을 부르는 잔치로의 초대라고 설명한다.[78] 민중신학은 하나님 나라가 의로운 사람과 권세있는 사람, 그리고 부자들, 다시 말해 가

---

76) 안병무, 『해방자 예수』, p. 102.
77) Ibid., p. 108.
78) 안병무, 『갈릴래아의 예수』, p. 116-20.

난하고 약한 사람들을 지배하고, 죄인들이 천국에 들어가는 것을 용납하지 않는 사람들을 위한 것이라고 하는 주장을 인정하지 않는다. 이런 점에서 민중신학은 하나님 나라를, 현상을 유지하려는 정치적 메시아론을 극복할 수 있는 방법으로 간주한다.[79] 하나님 나라는 민중의 해방을 위한 종말적 운동으로 지배세력에 대항하여 메시아 통치를 구현하는 것으로, 예수님의 가르침뿐만 아니라, 그의 삶과 죽음 그리고 부활 자체가 장차 임할 하나님 나라를 위한 진정한 투쟁이 되는 것이다. 따라서 모든 예수님의 말씀과 행위는 하나님 나라와 관련되며, 하나님 나라의 경험이야말로 그를 따르는 사람들에게 결정적인 전환점이 되는 것으로 주장한다. 결과적으로 민중신학에 따르면, 하나님 나라는 하나님의 통치로, 단순한 추상적인 개념이 아니고, 역사현실과 관련되어 민중이 역사의 주체가 되는 새로운 역사 질서를 창출하는 운동이 된다.

메시아적 통치

한국교회가 성경에 기록된 출애굽과 예수 그리스도의 이야기를 이해하면서 종말론적 소망을 갖게 된 것은 의심할 여지가 없는 사실이다. 김용복은 메시아적 통치의 근원을 일제의 강압적인 지배 아래서 투쟁하던 그리스도인들의 경험에서 찾으려 한다. 그는 "성경의 언어, 특히 출애굽기와 요한계시록, 그리고 복음서들 — 예수의 이야기들 — 은 한국 기독교인들의 교제를 위한 역사적 언어가 되었다.

---

79) Yong-Bock Kim, "Messiah and Minjung : Discerning Messianic Politics over against Political Messianism," *Minjung Theology,* pp. 183-93.

그것은 이념과 다르며, 혁명을 위한 정치적 과제도 아니었다. 그러나 역사를 해석하고, 역사적 고난을 수용하고, 나아가 메시아적 왕국을 향해 역사를 변화시키기 위한, 비유, 은유, 혹은 상징구조이다"라고 설명한다.[80] 덧붙여, 그는 "성령은 신자와 성도의 교제를 통해 역사하는 능력이시며, 구세주이신 예수의 메시아적 사역을 완성한다"[81] 라고 주장한다.

김용복은 "성령의 언어가 중생과 회개의 의미들을 연관시킨다"[82] 고 보며, 한국의 기독교 역사를 근거로, 한국 기독교인들은 부활과 구원을 역사적 범주에 속한 것으로 이해한다고 한다. 또한 묵시적 종말론과 메시아적 왕국과 관련된 언어들이 사회적·역사적 상상을 가능케 하는 수단이 된다는 것이다. 물론 이와 같은 상상이 이념적이고 지식적인 언어들로 해석되어 행동에 옮겨질 가능성은 항상 있지만, 다음과 같은 내용이 한국 기독교인들이 역사 안에서 나타낸 신앙적 표현을 가장 분명히 보여주고 있다는 것이다 : "예수의 십자가는 한국의 기독교인들뿐만 아니라 한국 사람들에게 역사적 실재였다.……예수의 이야기는 고난받는 한국교회에게는 상징적 실재 이상의 그 무엇이었으며, 이와 같은 역사적 이해가 없었다면, 메사아로서 예수와 그의 왕국은 그와 같은 강력한 역사적 지침이 될 수 없었을 것이다. 한국 기독교인들에게 십자가의 예수가 구세주의 왕국과 함께 오신 바로 그 구세주인 예수인 것이다."[83]

이런 관점에서 하나님 나라는 역사적 현실 안에서 죄와 사망의 권

---

80) Yong-Bock Kim, "Korean Christianity as a Messianic Movement of the People," *Minjung Theology,* p. 113.

81) Ibid., p. 114.

82) Ibid., p. 115.

83) Ibid., p. 116.

세의 지배에 항거하는 세력이라 한다. 그러므로 하나님 나라는 기아, 질병, 무지, 억압과 같은 모든 악의 모습에 도전한다. 신앙의 종말적 이해를 제공하는, 하나님 나라에 관한 성경적 이해를 통해 고난과 투쟁의 한 가운데서 진정한 소망을 갖을 수 있는데, 바로 그것이 메시아적 통치이다. 해방신학의 한 종류로서 민중신학에서 이 메시아적 통치는 가장 중요한 의미를 갖는다. 김 교수는 메시아적 왕국의 내용을 이렇게 본다 : "정의, 교제, 그리고 샬롬(평화, 혹은 온전케 됨)."84) 그는 민중의 구원사상을 "예수 구원사상 혹은 메시아적 섬김"이라 부르며 '지배자의 구원사상'과 '권력-구원사상' 혹은 '정치적 구원사상'과 대조되는 것이며 "모든 형태의 정치적, 왕권적, 그리고 권력적 구원사상에 근본적인 도전"을 그 특성으로 본다.85)

예수는 민중의 종이기 때문에 종노릇을 통한 구원사상은 다른 사람들을 위한 섬김 안에서 민중의 주관적 실체라 할 수 있는 제자도와 관련된다고 본다. 그러나 김용복은 한국적 민중의 구원사상은 민중의 사회적, 종교적, 그리고 문화적 전통 안에서 나타난다고 생각한다. 나아가 대승불교의 구원사상에 나타난 박애적 윤리, 허균의 홍길동전, 동학의 구원운동, 그리고 억압의 세력들에 반대하는 기독교 운동의 영향에서 비롯된 것으로 설명한다.86) 구원사상은 "민중이 구세주와 함께하는 정치적 과정 혹은 역사 안에서 자신들의 구원자적 역할을 깨닫는 것"87)으로 본다. 민중의 구원사상은, 결국 자신들의 구원사상을 강요하면서 사람들에게 적대적인 여하한 형태의 정치적 구

---

84) Yong-Bock Kim, "Messiah and Minjung," *Minjung Theology,* p. 187.
85) Ibid.
86) Ibid., pp. 187-89.
87) Ibid., p. 191.

원사상도 배격하게 된다고 한다. 위와 같은 민중신학의 구원사상 안에서 민중과 구세주의 관계는, 민중이 그 주체이고 메시아는 그들의 기능을 형성한다고 본다. 물론 고난의 종인 예수가 성경에서 가장 적절하고, 가장 믿을 만한 구세주적 인물이라고 말한다. 나아가 메시아적 정치는 역사적 실재를 배경으로 고난의 종인 예수의 정체성과 관련되어서 형성되고 또 재형성되어야만 한다고 주장한다. 실제로 이런 과정만이 민중신학 자체가 이념적 지배의 도구로 사용될 수 있는 유혹을 극복할 수 있는 길이라고 한다.[88]

1. 예수의 메시아적 통치

민중신학의 주장에 따르면 예수께서는 하나님 나라를, 사람들을 소외시키는 모든 것을 물리치고 극복하는 것으로 보고 있다. 따라서 민중신학자들이 인권회복을 선포하는 것에서 하나님 나라의 가치를 구현하고자 하는 것은 우연이 아닐 수 있다. 그런데 예수께서 자신이 고난의 종이 되어 하나님 나라를 구체적으로 이루신 것처럼, 하나님 나라는 연약함을 통해 그 능력을 행사한다고 이해한다. 그러므로 예수께서 하나님 나라를 선포하시다 죽음에 이르신 것처럼, 사회의 억압적 권세들에 대항하는 것이 교회의 정당한 사명이라고 한다. 이런 점에서 유일하고 참된 정의란 두려움과 죽음이라 할 수 있는 소외와 불의의 근원을 드러내는 것이어야만 한다고 주장한다.

그리스도인이 되는 것은 예수께서 선포하신 하나님 나라의 복음에 자신을 일치시키는 것을 의미한다. 즉 하나님 나라를 이해할 때, 역사와 종말 사이의 긴장관계를 발견하게 되며, 세상에서 구원과 변화를 이루는 삶을 살 수 있는 능력을 주는 예언적 소망을 소유하게

---

88) Ibid., pp. 192-93.

된다. 그러므로 민중신학에 있어서 예수의 메시아적 통치로 표현된 하나님 나라에 관한 이해의 중요성은 약속과 성취사이의 긴장관계에 관한 이해와 같은 것으로 보인다. 예수의 메시아적 통치에 관한 이해는 믿음의 긴박한 필요를 드러내는 것으로서, 전승에 바로 서는 것이며, 하나님 나라의 현재적 임재 안에서 가난한 사람들과 억압받는 사람들이 특별히 환영받고 함께 서로 사랑으로 하나가 되는 비판적 자기이해를 성취하는 것이다.

2. 민중과 메시아적 통치

민중신학자들은 민중을 가난하고 억눌린 사람들과 함께하며, 그들을 위해서 살아간 예수와 동일시한다. 그러므로 하나님 나라의 구체적 실현을 위해 정치적 실천을 포함하는 것으로 이해하는 것은 당연한 일이다. 김용복은 예수 자신의 지배 집단과 그 지도자들과의 투쟁 안에서 하나님 나라의 해방을 위한 실천을 발견한다고 주장한다. 이런 면에서 구원자적 통치의 중심적인 문제는 불가분 권력에 관한 질문일 수밖에 없다. 실제로 민중신학자들은 자신들의 신학이, 역사의 장에서 민중 자신의 미래를 스스로 창출하는, 토착적 민중의 구원 운동의 한 부분으로 규정받기를 원한다. 따라서 메시아적 통치의 궁극적 과제는 사실상 지배세력의 이념으로 작용하는 정치적 메시아니즘과 자신을 구별하는 것이라고 한다.[89] 이념의 힘은 어떠한 상황에서도 중립적일 수 없기 때문에, 신학의 작업에서도 해방과 예속을 구별하는 것이 절대적으로 요청된다고 본다.

서남동은 현실에 있어 지배적인 신학적 실천에 내포된 성속(聖俗)의 이중적 차이를 극복하기 위해서 하나님 나라의 모습보다는 천년

---

89) Ibid., p. 192.

왕국의 모습이 더 바람직하다고 제시한다. 서 교수는 "하나님 나라가 천국적이고 절대적인 상징인 반면에 천년왕국은 역사적이고 세상적이며 약간-절대적인 상징이다. 그렇기 때문에 하나님 나라는 신자가 죽어서 들어가는 곳으로 여겨지지만, 천년왕국은 역사와 사회가 새로워지는 시점으로 간주된다. 따라서 하나님 나라에서는 개인의 구원이 이뤄지지만, 천년왕국에서는 인류의 모든 사회적 실체의 구원이 이뤄진다. 결과적으로 하나님 나라가 지배자의 이념으로 이용된다면, 천년왕국은 민중의 대망의 상징이다"라고 기록한다.[90] 그는 원래의 성경적 내용인 천년왕국인 천국은, 기독교가 로마제국의 공적인 종교로 인정된 이래로 잊혀지고 제거되었다고 본다.

두말할 것도 없이, 전형적 신학의 사유는 예수 그리스도의 사역에 기초를 두고 있다. 일반적인 신학의 작업에서, 예수의 선포에서 드러난 하나님 나라는 사회정의에 관한 관심과 그리스도인들의 참여를 위한 신학적 근거를 제공하게 된다. 여기서 하나님 나라는 이 세상에서 하나님의 의가 나타나는 영역을 지적하고 있는 것으로 이해된다. 그러나 장차 임할 왕국을 예비해야 하지만, 하나님 나라는 어떤 특정한 그리고 순수한 인간적인 노력과 동일시되어서는 안 된다. 그리스노인들은 하나님의 전체직인 구원의 계획이 완성될 때까지 쉴 수도, 만족할 수도 없는 것이다. 그럼에도 민중신학이 후기 계몽주의의 주요한 철학적이고 개념적인 사고 안에서 그 신학적 사고를 행하고 있음은 주지의 사실이다. 실제로 민중신학의 시초에는 구원과 관련된 성경적 주제들에 의거한 신학적 작업들이 이루어졌지만, 결국은 자체의 목적인 민중이 역사의 주인의 자리를 차지할 수 있도록

---

90) Nam-Dong Suh, "Historical References for a Theology of Minjung," *Minjung Theology,* pp. 162-63.

하기 위해서는 결국은 성경적 틀을 떠날 수밖에 없게 된다.

다시 말해 민중의 삶 안에서 하나님의 구원을 구체화시키기 위해서, 민중신학은 신학적 사유의 전형적 방법을 역행한다. 성경의 가르침을 바탕으로 한 신학적 사유가 아니라, 민중의 삶의 정황이란 렌즈를 통해서 교회의 전통과 성경의 이야기들이 조명되는 것이다. 실천에 옮기기 어려운 완성된 형태의 교리들은, 민중의 삶 속에서 이미 확인된 구원의 의미를 제시하기 위해 의식적으로 대체된다. 그러므로 민중이 필요로 하는 구원의 관점에서 제자도로 이해되는 메시아적 통치는, 역사 안에 계신 하나님의 임재를 드러내는 올바른 실천을 통해, 비판적 반성을 바탕으로 한 민중을 위한 구원 지식을 표현하는 노력이며, 주어진 상황에서 지배적인 이념들과 필연적으로 충돌하게 되는 것이다.

올바른 실천을 통한 비판적 반성을 이루어가는 신학적 방법론 안에서 민중의 사회적 전기를 통합하려는 노력이 병행된다. 나아가 이와 같은 작업은 현재의 상태를 어떤 질문도 필요없는 하나님의 계획 안에서 이미 예정된 모습이라는 사실을 강조하는, 교회의 신학적 이해에 대한 결정적인 도전이 된다. 사실 전통적 신학의 명백한 선포의 내용 중 하나는, 사회질서가 하나님의 계획 아래 이루어졌다는 것이다. 정작 문제가 되는 점은 이 사회질서를 변개하려는 노력 자체가 죄가 된다는 생각이다. 나아가 인간의 피조성에 대한 잘못된 이해가 현재의 체제에 대해서 단순히 수동적 종이나 혹은 노예의 수준으로 축소되어 이해되어진다고 지적한다. 결과적으로 민중의 전기를 신학의 내용으로 삼으려는 시도는 이와 같은 오해를 불식시키기 위한 작업으로 본다.91) 예수는 민중을 섬기는 종으로, 메시아적 하나

---

91) 민중신학의 전제에서 비롯된 문제점들은 나중에 다루게 되겠지만, 한

님 나라는 역사와 종말의 긴장관계 안에서 전적으로 민중의 영성과 관련되어 이해된다. 따라서 하나님 나라는 예수의 메시아적 통치로서 민중이 역사의 주체가 되는 현실을 상징하는 것이다.

결론

만약 신학이 역사적 현실 안에서 하나님의 부르심에 대한 헌신인 신앙에 대한 비판적이고 이론적인 반성이라면, 민중신학은 민중들의 삶가운데서, "오늘 우리를 위한 예수 그리스도는 누구인가?"라는 질문에 대해 대답하려는 시도로 이해될 수도 있다.[92] 실제로 민중신학

가지 지적해야할 점은, 민중을 예수 그리스도의 자리에 놓고, 역으로 예수 그리스도를 민중의 눈을 통해 재구성하는 작업이나, 혹은 예수를 민중과 동일시하려는 태도는 인간이해에 대한 지나친 낙관론을 드러내며, 비록 구조악의 문제가 그 입장을 변호할 수 있는 근거라고 말하지만, 그러나 인간실존의 의미는 단순히 세상적 의미들과 관련지어서 결정될 수 없다. 만약 인간화 혹은 물질적 관계를 기본으로 인간실존의 의미를 이해한다면, 이념적 성향이 즉각적으로 그와 같은 관계를 지배하게 될 것이다. 그러므로 인간의 피조성은 초월성과의 만남에서 그 진정한 의미를 찾게 된다. 다시 말해 하나님의 원래적 의도 안에서, 인간성은 계시된 사랑에 의해서만 이해될 수 있는 내용이다. 그렇지 않을 경우에 일반적으로 나타나는 현상은 타락한 인간은 본능적으로 하나님의 자리를 남을 지배하고 통제하기 위한 힘으로 대체시키려 할 것이다.

92) 하나님에 대한 이해를 오직 역사 안에서, 그리고 인간과의 관계를 중심으로 이해하려는 민중신학은 다양한 신학적 방법론들에서 취사선택한 여러 가지 관점들을 적용하는 것으로 보인다. 라틴아메리카의 해방신학이 제시한 구조악을 배경으로 한 '사회적-경제적-정치적 해석학'

은 보수적 교회들의 하나님의 계시에 대한 이해를 재평가할 것을 요구한다. 그러나 민중신학에 있어 신학의 내용과 규범은 단순히 초자연적인 영역과 관련된 순수한 원리들이 아니라 물질적인 이 세상과 인간들에 대한 근본적인 관심과 관련되어야만 한다고 주장한다.[93] 그럼에도 불구하고 이러한 신학적 관심을 발전시키는 데 있어서, 예수-사건의 역사성은 그리 큰 문제가 되지 않는 것처럼 보인다. 다만 민중신학은 마가복음에 기록된 예수의 생애와 죽음에 관한 증거를 기독론적 논술을 위한 결정적 요소로 받아들여, 역사적 예수가 기독론적 추상적 이론으로 해체되는 것을 방지한다.[94]

성경에 나타난 예수의 모습을 재구성하는 과정에서 민중신학은 본훼퍼의 주장을 따라 세속화의 입장을 유지한다. 따라서 예수의 인간적 혹은 인간중심의 삶이 민중신학에게는 주요한 관심이 된다. 다

과 복음서의 배경에 나타난 '민중이해'와 함께 지배자와 피지배자의 사회적 관계를 근거로 한 '사회적-정치적 갈등이해', 실존주의적 신학과 과정신학이 시도하는 '인간중심적 초월성이해', 로마 가톨릭 신학자들에 의한 신앙의 '익명성'과 함께, 특히 성경의 규범성을 상대화시키는 세속신학의 전개방법을 적극적으로 수용하고, 더불어 이야기신학의 방법론에 기인한 새로운 신학의 규범을 도출하려는 시도로 평가할 수 있다.

93) 민중신학은 하나님의 초월성을 무시하거나 거부하는 태도를 취하고 있다. 민중을 위한 신학이란 다름 아니라 민중들로 하여금 스스로의 해방운동에 주체가 되도록하는 것이 그 전부라는 주장이다. 따라서 예수 그리스도의 역사적 사건에 대한 이해는 현실 속에서 민중의 특수한 상황과 관련되어 상대적인 규범으로 해석된다. 하나님과 인간 사이의 구원을 중심으로 한 관계에 대한 이해에 있어서 민중신학은 전통적 질서를 철저히 역행하는 과정을 취하게 된다.

94) 안병무,『민중사건속의 그리스도』, p. 158.

시 말해 본훼퍼의 제안인 '비종교적 기독교'와 '남을 위한 제자도'가 민중신학의 작업을 통해 공통된 기초를 이루게 된다. 민중신학을 포함한 대부분의 현대신학들은 그리스도 안에서 믿음과 그의 대속적 구원보다는 행위를 통한 칭의에 더 많은 관심을 갖는 것처럼 보인다. 민중신학에 있어서도 신앙이란 특정한 사람들을 위하여 행동하는 것을 의미한다. 이런 관점에서 예수의 생애도 예루살렘의 지배집단에 대한 그의 투쟁으로 보게 된다.

민중신학의 핵심인 사회학적 해석을 통해 복음의 세속화는 철저하게 진행된다. 당연한 결과로 예수의 죽음은 모든 신학적 지식을 판단하는 기준으로 제시된다. 그럼에도 민중신학은 예수의 생애와 죽음에 대한 가장 역사적인 자료인 마가복음은 예수께서 죽음에서 부활했다는 사실에 관한 어떤 경험적 증명도 제시하지 않기 때문에, 예수의 부활에 관한 진정성의 질문에 대한 대답은 전적으로 신앙의 문제로 본다. 그러므로 십자가와 부활로 인해 생긴 하나님과 역사에 관한 질문들에 대한 대답은 예수에 관한 증거인 복음을 읽는 독자들의 믿음에 의해 결정될 것이다.

김용복은 교회가 "메시아의 십자가와 부활의 역사적 증거이며, 메시아적 운동 안의 역사적 촉매이다"[95]고 주장한다. 그러므로 예수의 삶, 죽음, 그리고 부활은 성경에 나타난 민중들과 한국민중들에게 빛을 비춤으로 그들로 하여금 역사의 주체가 되게 한다고 주장한다. 서창원도 아시아적 상황 아래서 민중신학을 다음과 같이 설명한다 :

---

95) 김용복, 「민중의 사회전기와 신학」, 『신학사상』 24 (1979), p. 76. 그는 교회란 단순히 종교적 모임으로 이해될 수 없으며, 오히려 민중의 사회적 전기와 밀접한 관계 안에서 존재한다고 본다. 그 이유는 교회가 기독교 신학과 민중의 사회적 전기 사이에 이론적 관계를 만드는 것에서 선교의 실천적 과제를 발견하기 때문이라고 한다.

"민중신학의 가장 큰 사명과 목표는, 특히 기독론에 있어서 아시아인들의 사회적·정치적 경험의 실체들을 기독교 신앙의 체제와 상징들, 그리고 언어로 해석하는 일이다. 예수를 아시아의 민중들과 일체화하는 것이 신학적 준비이자, 아시아인들의 세력의 결합과 향상을 위한 지지이며, 종교를 포함한 모든 체제들을 사용하는 지배자들의 이념적 조종에 대항하는 것이다."96)

위의 내용을 근거로 볼 때, 어떤 사람이 갖고 있는 사회적 배경과 이념적 헌신들이 예수 그리스도의 형상을 결정하는 결정적 요소들로 작용하는 것으로 생각된다. 민중신학은 역사에 임하는 하나님 나라에 관한 예수의 이해가 단순히 개인의 요구를 채워주는 도구로 전락하는 것을 원하지 않는다. 오히려 사회적·정치적 비평을 하나님 나라를 의미있게 이야기하기 위한 방법으로 수용한다. 그래서 예수는 갈릴리의 예언자로 묵시적 언어들을, 그의 가르침을 듣는 사람들의 사회체제를 붕괴시키고 로마와 유대의 지배세력의 지배 자체를 위협하는, 변혁적 이상으로 활용한 것으로 이해한다.

예수에 관한 민중신학의 이해가 전통적인 기독론과 일치하지 않는 것은 당연한 일이다.97) 더구나 민중신학의 전제는 신학의 작업을 바르게 혹은 균형있게 수행할 수 없는 것으로 보인다. 민중신학의

---

96) Chang-Won Suh, "A Formulation of Minjung Theology," pp. 235-36.

97) 이런 점에서, 신학에 관한 가장 중요하고 어려운 작업은 자체의 이념적 차원에 대한 지속적인 반성의 요구에 순응하며, 동시에 역사적 필요성에서 제기되는 새로운 이해를 배경으로 한 적대적 공격에 맞서서 결정적인 진리들을 지키는 행위일 것이다. 부분적으로 민중신학은 기존의 그리스도인들로 하여금 성경과 교회의 전통을 비판적-역사적 연구를 통해 새롭게 볼 수 있게 한 시도로 이해되기도 한다.

전제에 내포된 민중을 역사의 주체로 만들려는 시도는 예수 그리스도의 역사적 사건 안에서 드러난 하나님의 구원의 진정한 의미를 축소하고, 나아가 자체의 이념적 편견에 의해 전승에 관련된 모든 것을 일괄적으로 부정하는 편협한 자세 때문에 구원의 보편성을 포기하는 데까지 나아가게 된다. 하나님의 계시인, 예수 그리스도의 십자가의 죽음과 부활로 인해 성취된 구원과 그 약속의 초월적 성격은 전적으로 지배층의 이념적 도구이기 때문에 포기되어야만 한다는 주장은 민중신학 스스로가 하나님의 계시에 의한 새로운 가능성들을 모호하게, 혹은 제한하는 새로운 지적 예속에 처하는 것으로 보인다.

실제로 하나님의 구원의 약속이야말로 진정한 의미에서 인간적 이념을 고양시키고 덧붙여 그 자체가 갖고 있는 편견들을 극복할 수 있도록 초월적 규범을 제시하고 있는 사실을 부인할 수 있는가를 먼저 질문해야만 할 것이다. 신학으로서 민중신학의 결정적인 문제점은, 이미 하나님과 인간에 관한 진리의 모든 것을 알고 있는 것으로 전제하기 때문에, 그 자체가 또 다른 이념이 되는 필연적 과정을 극복하기보다는 오히려 그 결과를 미리 수용한다는 점이다. 단지 민중을 역사의 주체가 되도록 하기 위해서 민중신학은 예수 그리스도의 역사적 삶을 통해 드러난 하나님의 계시의 보편성을 쉽게 포기하고 있다. 하나님 나라로 표현되는 현재와 장차 있을 구원은 단순히 민중의 의식을 고양시키는 역할에 제한될 뿐, 사상적 편견을 극복할 수 있는 신학적 비판 기준이 되지 못한다. 민중신학은 실질적으로 역사 안에서의 예수 그리스도의 사건과 그의 존재론적 신비가 드러내는 역설의 신학적 중요성을 회피하고 있다. 결과적으로 하나님의 계시와 구원의 초월적 영역은 전적으로 배제되고, 나아가 하나님의 섭리는 교리라는 명목하에 무시되고 만다. 한마디로 예수는 민중의 의식을 일깨우는 상징에 지나지 않게 된다. 결론적으로 예수는 단지 인간 경험의 의식을 일깨우는 하나의 상징으로 전락하고 말게 된다.

비록 신앙을 갖는 것이 역사의 실체 안에서 구체적 행위를 통해 예수를 따르는 것이라 해도, 신앙의 행위는 역설적인 긴장을 나타내야만 할 것이다. 민중은 구원의 주체이기 이전에 구원의 대상이 되며, 구원의 과정에 합류했다고 해서 완전한 자유를 누릴 수 있는 것도 아니라는 사실은, 오히려 계시를 통한 경험이전에 보편적 경험을 통해 인정할 수 있는 내용은 아닌가? 마치 예수께서 인류를 죄에서 자유케 하시려고 죽으시고, 새로운 생명으로 부활하신 역사적 사실을 통해 드러난 하나님의 구원의 궁극적인 성취가 현실 안에서 아직 다 이루어진 것은 아닌 것처럼, 신앙은 역사의 요구에 부응하는 것만이 아니라, 오히려 하나님의 부름에 응답하는 것이 우선일 것이다.

제4장
민중신학에 대한 비판적 평가

Kraus에 의한 예수 그리스도와 하나님 나라에 대한 이해를 근거로, 복음의 상황화를 주장하는 민중신학의 예수와 하나님 나라에 대한 이해를 비판적으로 평가한다.

서론

교회의 전통적 이해를 거부하며 새로운 신학적 전거들 안에서 예수에 관한 이해를 추구하는 민중신학과는 다르게, Kraus는 교회의 신앙적 전승과 살아계신 하나님의 자기계시에 근거해서 참 하나님이시며 동시에 참 인간이신 예수 그리스도를 주로 고백하는 신학의 작업을 내세운다.[1]

---

1) Kraus, *God Our Savior : Theology in a Christological Mode*

즉 민중신학은 신학의 상황화라는 과제에 대한 인식을 새롭게 하는 계기를 제공하고 있다고 주장한다.[2] 실제로 민중신학은 자신의 상황화를 "회의의 해석학," "다종교간의 대화," 혹은 "사회·경제적 역사와 문학의 사회학"이라는 방법들로 규정하지만, 하나님의 구원과 관련된 예수의 정체성과 사역에 관해 교회의 전승이 제시해 온 일반적 이해와는 지나친 차이를 보여주는 민중신학의 주장은 대부분의 그리스도인들에게 혼돈과 실망을 가져왔다.[3] 따라서 민중신학의 예수와 하나님 나라에 대한 신학적 이해를 선교적 관점에서 상황화를 주장하는 Kraus가 제시하는 성경이해를 근거로 비판적으로 평가해 본다. 특히 Kraus와 민중신학이 제시하는 예수와 하나님 나라의 이해를 둘 사이의 대화 형식의 비판적 평가를 통해 보다 나은 이해를 찾으려 한다.

(Scottdale, PA ; Waterloo, Ontario : Herald Press, 1991) 참조. 세계의 종교를 배경으로 한 이해에서, Kraus는 예수만이 하나님의 아들로서 전적으로 유일하게 규범적인 하나님의 계시라고 주장한다.

2) 대부분의 그리스도인들에게 예수 그리스도의 복음의 상황화는 별다른 의미나 긴급성을 요하는 것으로 여겨지지 않고 있다. 근본주의, 복음주의적 경건, 그리고 정통교리주의에 익숙한 사람들에게는 이러한 신학적 재구성 혹은 경건의 재발견 등으로 표현될 수 있는 상황화는, 단순히 참된 신앙의 적으로 혹은 회의적 신앙으로 간주되기도 한다. Kraus는 비유의 상황화가 문화의 전이를 따라서 이루어져야 하는 필요성을 논하지만, 성경의 비유에 내포된 의미를 바로 알기 위해 그것들의 역사적, 문자적 배경을 상황화의 작업 이전에 파악함으로 단순히 다른 문화적 규범안으로 수용하는 어리석음을 피해야 한다고 주장한다 (Kraus, *God Our Savior,* p. 96 참조).

3) 김지철, 「민중신학의 성서읽기에 대한 비판적 고찰」, 『신학사상』 69, 1990, 439-65 참조.

구원과 예수 그리스도의 역할

'예수가 누구이신가?'라는 질문은 그를 따르는 추종자들의 삶에서 그 대답을 찾을 수 있다. 역사적 예수와 신앙의 그리스도 사이의 관계에 관한 현대 학자들간의 논쟁들4)과는 대조적으로, 민중신학과 Kraus는 이 문제를 무시하고 신학의 작업이 역사적 예수를 시발점으로 하는 것을 당연시 하고 있다. 물론 Kraus와 민중신학은 역사에 관한 질문들이 신학에 드러내는 어려움에 대해서 잘 인식하고 있다.5) 존 보우덴의 다음과 같은 지적은 Kraus와 민중신학이 공통적

---

4) Heikki Raisanen, *Beyond New Testament Theology : A Story and a Program* (London : SCM Press ; Philadelphia : Trinity Press International, 1990), pp. 74-79 ; K. Stendahl, *Meanings : The Bible as Document and as Guide* (Philadelphia : Fortress Press, 1984), pp. 12-22 ; idem, *Interpreter's Dictionary of the Bible,* 1 (1962), 418-32 참조. Raisanen은 신학적 작업과 역사적 작업의 분리를, Stendahl은 해석학에서 역사적 작업과 신학적 과제들 사이의 관계를 설정하는 원리를 분명히 밝혀야 할 필요성을 지적하고 있다.

5) 이 문제와 관련된 이해를 돕기 위해 다음의 책들을 참고 하시오. Martin Kahler, *The So-called Historical Jesus and the Historic, Biblical Christ* (Philadelphia : Fortress Press, 1964) ; Rudolf Bultmann, *Jesus Christ and Mythology* (New York : Charles Scribner's Sons, 1960) ; H. W. Bartsch, ed., *Kerygma and Myth* (London : SPCK, 1953) ; Schubert M. Ogden, ed., *New Testament and Mythology and Other Writings* (Philadelphia : Fortress Press, 1985).

으로 이해하고 있는 전제가 될 수 있다고 본다 : "(오늘날) 예수는 나사렛인 예수에 의한 실제적 영향이라기보다는 오히려 왜곡된, 혹은 비이성적인 요인으로 변하였다.……실제로 (예수는) 지배와 조작에 의해 이용당하는 상징이 된다. 이와 같은 조작은 권세를 지지하는 상징의 양상('주이신 그리스도')을 통해서, 혹은 연약함을 나타내는 상징의 양상('십자가에 죽으신 그리스도' : 혹자는 요한이 두 세계 사이의 전쟁의 예로 사용한 '친구를 위하여 자기의 목숨을 내어놓는다'는 본문을 예로 든다 : 말라기 마틴은 이 같은 내용에서 '피흘리는 주'의 모습을 기억하게 된다고 한다)을 통해서 이루어진다."6) 다시 말해 기독교 신앙 안에서 역사적 예수에 대한 엇갈리는 평가가 공존하고 있는 사실을 근거로 역사적 예수를 재조명해야 하는 현실적 필요성을 볼 수 있다.

그러나 민중신학이 문화적 상대주의의 입장에서 역사적 예수를 단지 민중의 수난7)을 인식하려는 여러 상징들 중에 하나로 혹은 민중의 한 사람으로 간주했다면,8) Kraus는 신앙고백을 근거로 신학

---

6) John Bowden, *Jesus : The Unanswered Questions* (Nashville : Abingdon Press, 1989), pp. 182-83.

7) Young-Hak Hyun, "Minjung Theology and the Religion of Han," *East Asia Journal of Theology,* 3, no. 2 (1985), 354-59 참조. 현영학은 "고 서남동 교수가 '한의 신학'이라는 용어를 사용하기 시작했으며, '한의 신학'을 통해서 복음의 내용을 재해석할 수 있게 되었다"고 전한다.

8) Nam-Dong Suh, "Historical Reference for a Theology of Minjung," *Minjung Theology,* pp. 152-82 참조. 예수를 민중의 '의인화', 혹은 '상징'으로 보며(p. 159), 예수께서 민중의 주체성을 드러내 주심으로 민중들로 하여금 역사와 운명의 주체가 되도록 한다고 주장한다(p. 157).

의 진정성을 역사적 예수가 그리스도로서 참 하나님의 형상이시며 참 사람의 형상인 사실을 증거하는 데서 찾으려 한다. 따라서 Kraus 는 하나님의 자기계시(self-revelation)와 의사소통으로서 예수 그리스도를 그의 신학의 규범적 기준으로 간주한다.[9] 실제로 과거의 전승을 보다 덜 중요하게 취급하려는 현대신학의 경향[10]과 일치하는 민중신학의 전제가 내포하고 있는 사실은 신학의 작업에서 성경적 증거들을 무시하거나 취사선택할 수 있다는 입장에 서 있다.

역사적 예수에 대한 질문이 기독교 신앙의 진정성을 가늠하는 내용과 관련되고 있음은 부인할 수 없을 것이다.[11] 따라서 신학의 작

---

9) *Our Lord,* pp. 37-38 참조. 민중신학자들과 Kraus, 양자는 모두 자신들의 신앙이 정당한 해석학적 사고의 근거가 되는 것을 드러내고, 동시에 신학의 작업을 통해 사고의 행위와 삶의 행위의 차이를 강조하는 관심들을 기술하는 면에 있어서는 유사성을 갖지만, 그들이 표방하는 전제 안에서 커다란 차이를 쉽게 발견할 수 있다.

10) John Macquarrie, *Jesus Christ in Modern Thought* (London : SCM Press ; Philadelphia : Trinity Press International, 1990), pp. 6-7 참조. 기독론에 관한 역사적 이해의 어려움을 설명하면서, 맥콰리 교수는 오늘날 신학의 경향이 전승을 통해 전해진 과거의 증거들에 대한 중요성보다는 신자들 혹은 그들이 속한 공동체의 현재적 구원 경험에 더 비중을 두려 한다고 지적한다. 그러나 그는 과거의 증거들과 현재의 경험을 상호보완적인 축으로 삼을 것을 제안한다.

11) 기독론에 대한 이해에 있어서, 예수 그리스도의 신성을 강조하는 'from above'의 관점과 그의 인성을 강조하는 'from below'의 관점은 서로 불가분리의 관계에 놓여 있다. 실제로 예수 그리스도의 신성에 관한 이해는 그의 인성에 관한 이해를 바탕으로 이루어져야만 할 것이다. 그러나 중요한 점은 인성을 강조하는 관점을 기초로 한 기독론은 그 전제에 있어서 예수 그리스도의 존재론적 기초를 분명히 해야만 할 것이다. 만약 그렇지 않은 경우에는 그리스도에 관한 이해는

업에서 항상 기억해야 할 사실은 신학이란 단순히 기독교 신앙이해의 기능적 차원을 넘어서 예수 그리스도 안에서 신앙의 초월적 영역을 찾고자 하는 점이다.[12] 실제로 보편적 인간경험이란 존재의 현상태와 당위적인 상태(ought to be) 사이의 변증적 관계 아래서 그 의미를 찾는다고 생각된다. 그러나 복음의 관점에서, 이 변증적 추구를 통해 찾으려 하는 인간 실존의 진정한 의미는, 하나님의 관심인 구원을 이루는 능력에 따른 내적인 영역과 초월적 영역의 변증적 관계를 통해서 비로소 가능케 될 것이다. 즉 신앙에서 경험의 진정한 의미는 상대적인 경험가능의 세계가 아니라 오히려 경험의 초월적 영역인 구원을 이루는 하나님의 능력 안에서 그 진정한 의미를 발견할 수 있는 것이다.[13] 일시적이고 변화가 가능한 것과 초월적이고 영원한 것의 변증적 관계의 틀을 거부하면서, 민중신학은 민중의 집합적인 고난, 즉 인간경험을 근거로 한 관점에서 예수의 역할을 찾으려고 노력한다.[14] 민중의 현실적 구원에만 집착하는 민중신학이 철저하게 사람들의 초월적 영역에 대한 관심을 외면한 신학적 사고를 전개하는 점을 주목할 수 있다.

민중의 자기발견과 완성을 민중자신들의 전승에서 이끌어내려는

‘가현설적’, 혹은 ‘영지주의적’인 결론에 이르거나, 혹은 신성이란 단순히 하나님의 임재를 이해하는 보조장치로 이해될 뿐이다.

12) I. H. Marshall, "Incarnational Christology in the New Testament," *Christ the Lord,* ed. Harold H. Rowden (Downers, IL : Intervarsity, 1982), pp. 1-16 참조.

13) John Bowden, *Schillebeeckx : In Search of the Kingdom of God* (New York : Crossroad, 1983), pp. 90-103 참조.

14) 안병무, 「민중신학을 위한 해석학적 방법」, 『신학사상』 57 (여름 1987), p. 414 이하 참조.

민중신학과는 대조적으로, Kraus는 참 하나님이시며 참 인간이신 하나님의 형상인 예수 그리스도 안에서 인간 실존의 모든 질문의 초점과 해답을 발견할 수 있다고 본다.15) 따라서 Kraus와 민중신학은 신학작업의 근본적 구조에서 서로의 의견을 달리 한다. Kraus가 신약성경에 기록된 '그리스도의 사건'을 바탕으로 신학적 작업을 진행시키는 데 반해서, 민중신학은 예수 그리스도의 사건을 단순히 민중의 고난을 이해하는 수단으로 본다.16) 일견 관계가 없는 것처럼 보이는 민중신학과 Kraus의 신학적 내용을 비판적 대화를 통해 표현하기 위해 필자는, 먼저 민중신학의 기능적 위치를 인정하고, 예수에 대한 소망, 믿음 그리고 예배의 올바른 표현이 신앙의 실천에 있다는 Kraus와 민중신학의 주장을 일단 수용한다.17) 따라서 비판적 대화는 먼저 다음과 같은 질문에 그 초점을 맞추려 한다 : "민중을 위한 신학에서 예수는 누구신가?", "민중신학의 토착화 과정을 통해 이해되어진 예수는 구세주인가?"

1. 예수 그리스도의 유일성

기독교 신앙의 핵심적 근거와 내용은 '때'가 차매 이 세상에 오셨

---

15) Kraus, *Our Lord,* pp. 17, 52 참조.

16) 민중신학이 전통적인 신학의 기본적 구조인 구속사적 방법론을 반대하는 입장에 서는 것은 근본적으로 계급투쟁적 현실이해를 바탕으로 하지만, 일면 '신의 부재(the absence of God)'의 관점을 수용하고 있기 때문으로 보여진다. 또한 Lessing이 갈파했던 역사적 예수와 신앙의 그리스도 사이에 있는 'ugly ditch'를 무시하거나 혹은 적극적으로 수용하는 입장에서, 역사적 예수의 인간적 측면만을 인정한다.

17) 경직화된 전통적·교리적 신학에 대한 비판적 접근방법으로 민중신학과 Kraus는 신학의 다양한 실천적인 면들을 제시하려는 시도로 보여진다.

던 예수가 주와 그리스도가 되셨다는 신앙고백에 있다.[18] 맥쾌리는 다음과 같이 예수의 오심에 대한 이해를 제시한다 : "분명히 기독교의 발생과 그것이 예수 그리스도에게 부여한 특별한 지위는, 전통적인 하나님 이해를 전적으로 다시 하도록 했으며, 그때까지 이루어지지 않았던 여러가지 새로운 구별들을 낳았다."[19] 사실 그리스도인들은 예수 그리스도의 삶, 죽음, 그리고 부활이 역사에 새로운 의미를 주고 이전까지는 알 수 없었던 하나님에 대한 구체적인 모습을 제시한 것으로 이해한다.[20] 역사적으로 "어떻게 하나님이 인간이 될 수

---

18) Kraus는 구속사적 사고의 틀에서 그의 기독론을 전개하지만, 민중신학은 전적으로 이러한 관점을 부인한다. 구속사적 관점에 대한 바른 이해를 가지려면, Leonhard Goppelt의 *Theology of the New Testament,* vol. 1, p. 31을 참고하시오. 여기서 구속사란 그 자체의 기적적 특성이나 명백한 불연속성에 의해서 일반 역사와 구분되는 역사적 배경이 아니라, 오직 예수 안에서 하나님 자신을 결정적으로 드러내시는 길을 예비하기 위해서 결과적으로 구별되고 연결되는 일련의 역사적 사건들을 말하며, 특히 예수께서 자신을 나타내신 역사적 사건은 구속사의 결정적 내용이라고 말할 수 있다.

19) Macquarrie, *Jesus Christ in Modern Thought,* p. 378.

20) 주지해야 할 사실은 예수를 당시의 정황을 배경으로 이해하려 한다면, 이미 이루어진 범주들을 통해서 그를 이해하는 것은 거의 불가능한 작업이 될 것이다. 소위 간접기독론의 방법으로 '비유사정의 원리 (the principle of dissimilarity)'를 사용하는 것은 결코 우연이 아니다. 종교적 실천을 통해 신앙의 보편성을 받아들이고자 하는 Hans Kung도 그의 저서 *On Being a Christian* (New York : Double-day, 1976 ; London : Collins, 1977)에서 예수 그리스도의 유일성을 "궁극적이고, 명백하고, 결정적이며, 원형적"인 것으로 지적한다(p. 123). 오늘에도 대부분의 사람들은 예수를 역사 안에서 하나님 나라의 가치를 이루신 최고의 모범이거나 혹은 완전한 상징으로 간주한다.

있는가?"라는 질문은 기독교 신앙이해에 있어서 아주 중요한 질문이다.[21] 성경에 기록된 내용을 어떻게 이해하느냐에 따라서 이 질문에 대한 대답은 다양한 모습을 갖게 될 것이다. 물론 성경은 하나님께서 나사렛 사람 예수 안에 단번에 그리고 영원히 성육하셨다고 증거하며, 따라서 예수의 인성이 하나님과 인간의 만남이 되는 것을 드러낸다.[22] 민중신학과 Kraus는 역사적 예수의 중요성을 강조하고 있다. 즉 예수께서는 그를 따르는 사람들로 하여금 자신을 앎으로 (요 1 : 1 ; 14 : 7, 9, 12 ; 15 : 23) 하나님과 회복된 관계 안에서 살아갈 것을 요구한다는 신앙이해를 역사적 예수를 통해 발견하려고 노력하는 것이다.

---

21) 비록 모든 사람들에게 만족을 줄 수 없을런지 모르나, 역사적으로 칼세돈 공회 (A.D. 451)에서 레오의 교서(Tome)를, 지적 이해의 어려움으로 인해 오랫동안 교회를 괴롭혔던 기독론 논쟁에 대한 '정통'해결로 채택한다(서방교회를 중심으로 한 이해라고도 볼 수 있다). 칼세돈 공회의 그리스도론은 개념상·언어상으로 '일치된 이원론'을 기초로 한다. 즉 예수 그리스도 안에서 신성과 인성 한 위격 안에서 '혼합되지 않고' 동시에 '분리되지도 않으며', '변화됨이 없이' '결합되어' 있다고 선언한다.

22) 민중신학자들과 Kraus는 성경을 읽는 관점에서 커다란 차이점을 보여준다. 민중신학자들은 한국의 민중들의 경험과 사회·문화적으로 유사한 이야기들을 성경에서 찾으려 하는 반면, Kraus는 예수 그리스도의 교제 혹은 일치라는 개념의 해석적 범주를 통해 모든 것을 읽으려 한다. 민중신학이 예수의 신성을 거부하고 오직 인성에만 집착한다면, Kraus는 성육신을 하나님의 계시(자기 대화)로 초월적이며 인격적인 존재와의 연결고리로 이해한다. 타문화권과의 교류를 통한, Kraus의 복음이해는 예수가 유일한 구주이시라는 전제(행 2 : 36)에서 이루어지고 있으며, 예수의 인성은 인류의 고통을 함께 나누시려는 하나님의 사랑의 표현으로 이해한다 (Kraus, *Our Lord,* p. 69 참조).

그러나 문제는 만일 민중신학이 주장하는 것처럼 예수 그리스도
가 인류를 위한 하나님의 자기계시로서 자기희생을 통한 사랑의 구
체적인 실천이 아니라면, 하나님과 인간의 만남은 예수 그리스도 안
에서 일어나지 않을 것이다.[23] 민중신학의 이같은 이해는 신학의 기
능을 현실적 문제를 해결하기 위한 수단이라는 제한된 영역에 귀속
시키려는 전제에서 나타나며, 실제로 민중신학은 역사적 예수를 단
순히 고난의 종으로 자신을 민중의 고통과 함께함으로 민중들로 하
여금 자신들의 해방을 위해 스스로 투쟁할 수 있도록 그들의 정신을
일깨우는 일에만 그의 역할이 있는 것으로 제시한다. 결국 예수 그
리스도를 이해함에 있어서 민중신학은 인본주의적 입장에서, 하나님
의 계시의 초월적인 면을 포기하는 경향을 갖게 된다. 이러한 민중
신학의 주장은 Dupuis가 지적한 것과 같이 "구원을 위한 예수 그리
스도의 유일성과 보편성은 모든 기독교 신학의 종교이해에 있어 가
장 핵심적인 질문을 대변한다"는 주장과는 전혀 다르다.[24]

---

23) Carl E. Braaten, *No Other Gospel! : Christianity among the
World Religions* (Minneapolis : Fortress Press, 1992) ; Lessilie
Newbegin, *Trinitarian Faith and Today's Mission* (Richmond,
VA : John Knox Press, 1963) 참조. 위의 책들은 현대의 선교적 상
황에서도 예수 그리스도가 하나님의 유일하고 독특한 자기계시인 사
실을 분명하게 주장한다.

24) Jacques Dupuis, *Jesus Christ at the Encounter of World
Religions,* trans. Robert R. Barr (Maryknoll : Orbis Books,
1991), p. 191. Dupuis의 지적은 이 비평적 대화를 위해 중요한 근거
가 된다. 왜냐하면 민중신학자들은 각각의 종교-문화적 전통은 각자
의 삶 안에서만 고유한 것이라고 주장하며, 어떤 종교라도 다른 종교
들과 비교하여 스스로 결정적인 차이와 우월성을 주장할 수 없다고
본다. 결과적으로 기독교도 한국의 전통적 종교들과 비교해서 단지 상

민중신학의 의도는 역사적 예수에 대한 질문을 통해 오직 민중의 고난이 내포한 구원적 중요성에 그 초점을 맞추고 있으며, 성경 본문을 이와 같은 의도에 꿰맞추기식으로 선택하고 분석한다. 예수는 사회적·정치적으로 고난을 받는 민중을 이해하기 위한 역사적 전형 중 하나로 이해된다. 따라서 지나치게 목적지향적인 민중신학의 역사적 예수이해는 결과적으로 "그리스도는 '구세주'인가 혹은 '민중'인가?"라는 질문에 이르게 된다. 그러나 기억해야 할 사실은 예수를 따르는 사람들은 단순히 예수의 가르침을 전달한 것이 아니라, 믿음으로 예수의 성품과 사역에 동참했었다는 점이다.25) 그렇기 때문에 예수 그리스도의 전생애, 즉 그의 삶, 죽음, 그리고 부활은 기독교 신앙의 근거와 내용이 되어, 사도들의 선포를 통해 세상을 구원하시는 하나님의 계시의 내용이고, 구원의 능력으로 신앙의 비밀이며, 미래의 소망이 된다.

하나님의 계시로서, 역사적 예수의 유일성을 강조하는 사도들의 증거와는 다르게 민중신학은 예수 그리스도가 하나님과 인간 사이의 유일한 중재자인 사실과 그 안에서 그를 통한 구원이 하나님의 선물임을 근거로 한 그의 구속적 역할을 지지하는 데 실패한다. 예수 그리스도의 절대적 유일성을 근거로 한 보수적 교회의 교리적 신학이 현상을 유지하려는 경향(status quo)에 무비판적인 지지를 보낸다

대적인 중요성만 있을 뿐이다. 그들이 보는 상대적 중요성은 두가지 면에서 제시되는데 : 첫째로, 대부분의 민중신학자들은 기독교 신앙의 상황화의 작업에 연관되며 ; 둘째로, 민중의 고난을 해결하기 위한 시도는 자신들의 본래적 근거에서 떨어져나가는 방향으로 진행되었다.

25) Hugh Anderson, "The Historical Jesus and the Origins of Christianity," *Scottish Journal of Theology,* 13 (June 1960), 113-36 참조.

고 비판하면서, 민중신학은 역사적 예수에 관한 이해를 재구성해 보이려는 노력을 통해, 절대적 유일성이 아닌 상대적 유일성 혹은 관련된 유일성을 제시한다.26) 다시 말해 민중신학에서 예수 그리스도의 역할은 민중 자신들이 처한 현실과 연결되는 결정에만 관련되는 것으로 풀이된다.27) 예수께서 보여주신, 감동적이고 충만케 하는 영성이, 단순히 한국 민중의 해방전승과 관련해서 그 유용성이 있다고 보여질 때만, 민중신학이 표명하려는 진정한 인간성 회복을 위한 도구 중 하나로 사용될 뿐이다. 그러므로 역사현실에서 예수 그리스도와 일반인들과의 근본적인 차이를 인정하지 않고 단지 기능적인 차이에서 특히 예루살렘을 중심으로 한 지배집단과의 차이를 유난히 강조하는, 민중신학의 기독론에 대한 접근 방법은 성경의 증거를 좇아 역사적 예수의 유일성을 근거로 하는 신학의 관점에서는 수용될 수 없다.28)

---

26) 신앙과 지식의 관계를 이해하기 위해서는 Donald G. Dawe, *Jesus : The Death and Resurrection of God* (Atlanta : John Knox Press, 1985), pp. 9-31를 참고하고, 비기독교적 종교와 관련한 기독론이해를 위해서는 Lucien Richard, "Some Recent Developements on the Question of Christology and the Third World," *Eglise et Theologie,* 8 (1977), p. 209-44.

27) 민중신학의 편협한 신학적 관점과는 상관없이 현실을 외면한, 혹은 다른 각도에서 현실을 축소하고 왜곡시키는 기성교회의 신학적 노력의 부재는 시급한 반성을 요구한다. 이 세상을 구원하시는 하나님의 관심을 재발견하려는 노력, 특히 가난하고 억압받는 사람들에 관한 관심은 교회 안에서 회복되어야만 한다.

28) 하나님의 구원의 중요성을 인간화의 작업과 일치시키는 과정에서 하나님과의 관계를 포기해야만 한다는 생각은 지나친 속단일 수 있다. 나아가 하나님은 신적인 모든 것이 아니라, 오직 모든 피조물의 창조

단지 민중의 해방을 위해서라는 제한된 목적으로, 하나님의 유일한 계시인 예수 그리스도의 존재론적 성격을 규명하지 않고 진행되는 기독론은 명백한 위험을 내포하고 있다.29) 비록 보다 포괄적인 기독론의 필요를 Kraus도 느끼고 있으나, 그의 기독론은 예수 그리스도를 인류와 관련하여, '하나님의 규범적 계시', '하나님의 참 형상', '그리스도'로 이해한다.30) 일면 Kraus의 선교적 관점에서의 기

주와 구원주가 되신다. 또한 인간 예수가 처음부터 신성을 가진 하나님의 아들이셨지, 제자들의 신앙고백에서만 신격화된 예수 그리스도를 발견할 수 있는 것이 아니다. 성경에 기록된 예수 그리스도가 역사적 예수와 다르다고 생각된다면 C. F. D. Moule의 *The Origin of Christology* (Cambridge : Cambridge University Press, 1977)을 참고하시오.

29) I. H. Marshall, *The Origins of New Testament Christology* (Downer's Grove, IL : Intervarsity Press, 1990), pp. 111-23 참조. 마샬은 예수의 신성이 기능이나 지위가 아닌 본래적 성품인 것으로 천명한다.

30) Kraus, *Our Lord,* pp. 46-48. Kraus는 정통교리신학이 예수를 하나님의 아들로 증거한 신약성경의 내용을 존재론적 용어인 본체(본질)라는 단어의 사용으로 이성적으로 합리화시킨 것에서 상황화의 필요성이 생긴 것으로 본다. 부연하면, 이러한 예수 그리스도를 영적인 것과 물질적인 것의 구별을 기초로 하여 규명하려는 이성적(형이상학적) 시도는 실패할 수밖에 없다고 본다. 왜냐하면 예수의 자기이해와 행위의 일치를 논리적으로 모순이 없는 신학적 정의를 내리는 일은 불가능하기 때문이라고 설명한다. 또한 이와 같은 이성적이고 합리적인 기독론의 정의는 결국 가현적 성향에 지배당하기 쉽다고 본다. [교리적 기독론의 예를 알기 위해 Michael I. Cook, *The Jesus of Faith : A Study of Christology* (New Jersey : Paulist Press, 1981), pp. 131이하를 참고하시오.]

독론과 민중신학이 민중해방의 관점에서 역사적 예수의 인성을 강조하는 점에서는 새로운 이해를 제시하는 것으로 보일 수도 있다. 그러나 Kraus가 신학 작업의 결과인 기독론은 성경에 계시된 예수 그리스도의 모습에 신실해야 하는 것에서 정당성을 보장 받는다고 전제하며 "알기 위해 믿는다"는 신앙고백적 자세로 신학의 작업에 임하지만, 민중신학의 예수 그리스도에 대한 이해는 종교다원주의가 제안하는 '신론적' 관점에서 오직 민중의 경험 안에서만, 민중의식의 고양을 위한 수단으로 한정시키려는 전제하에서 전개되는 것이다.

신학작업의 배경에 관한 이해에 있어서, Kraus는 그의 신학작업에서 원초적인 근거가 되는 신약성경의 증거들의 진정성을 의심하지 않고 그대로 수용한다. 덧붙여 기독론의 형성에 인간의 경험도 자료가 될 수 있음을 인정한다. 그러므로 Kraus는 "신약성경의 내용들은 원래 역사적이며", 그 안에서 단지 "예수가 하나님의 선재(pre-existence)라는 신학적 공식"이 아닌, "역사적 실체로서 그리스도 안에서 사도들이 하나님에 대한 경험"을 증거한다고 말한다.[31] 그는 신약성경은 하나님께서 어떻게 예수 그리스도 안에서 그를 통하여 우리와 함께 계시고 역사하시는가를 증거한다고 주장한다.[32] 유일한 예수 그리스도를 통해서, '하나님의 아들'은 이제 모든 믿는 자들과 하나님과의 관계를 표현하는 어구가 되었다. 여기서 우리는 Kraus가 그의 기독론을 통해, 그리스도인들이 예수의 생명과 사역에 동참하는 사실을 나타내려는 관심을 엿볼 수 있게 된다.[33] 더구

---

31) Kraus, *Our Lord,* p. 58.

32) Ibid., p. 59.

33) Kraus가 언급하고자 하는 견해(믿는 자는 하나님의 아들이다)가 신약과 구약 안에서 공히 표명되고 있음에도 불구하고, 그리스도의 유일성을 손상할 우려로 인한 두려움 때문에, 교회의 오랜 역사를 통해 받

나 그는 서로 다른 문화들과 언어를 상대로 복음을 나누기 위해서는 언어의 자기비판적 사용을 주장한다.

그러나 서남동은 '영적·공시적' 해석이란 이해를 통해 민중을 현재의 억압적 체제로부터 스스로 해방을 성취할 수 있는 역사의 주체로 고양시키기 위해, 예수 그리스도의 규범성을 신학의 대상으로 삼으려는 시도를 행한다.[34) 민중신학이 민중의 전승에서 시작되고, 부활의 그리스도를 민중의 경험인 고난 안에서 찾으려 하기 때문에, 예수가 서방교회 신학의 전유물이 되는 것과, 또한 사변적 이해가 지배적이라고 항변하면서 보수적인 개신교 신학을 거부한다. 그러므로 역사 안에서 하나님의 선교를 신학적 주제로 삼기 위한 색다른 전형을 찾기 위해, 시공간에 의해 제한받지 않는 성령의 임재와 사역을 강조한다.[35) 결과적으로 민중신학이 표방하는 성령론은 예수 그리스도와 일치하지 않는 내용을 수용하며, 오히려 그 내용을 진화론적 삼위일체론을 통해 재구성하면서 성령을 삼위일체 안에서 그리스도의 영으로 간주하는 전통적 신학과 결별하게 된다.

그러나 예수 그리스도의 신비가 그리스도인들을 알 수 없는 신형

아들이기를 대단히 망설여 왔다고 설명된다 : Hendrikus Berkhof, *Christian Faith : An Introduction to the Study of the Faith* (Grand Rapids : Wm. B. Eerdmans Publishing Co., 1979), p. 286.

34) 서남동, 『민중신학의 탐구』, pp. 78-79 ; 안병무, "민중운동과 민중신학," 『1980년대 민중신학의 전개』, pp. 24-28 참조.

35) 서양의 신학을 거부하려는 민중신학의 극단적 경향은 단순히 민중의 해방을 위한 기능을 지상목표로 하는 제한된 목적에서 비롯된 특수한 전제에서 드러난다. 결과적으로 민중신학은 성경(계시)신학과는 관련이 없을 수도 있다는 자기모순을 내포한 채로 신학이란 틀을 고집하게 된다.

상에게 인도하는 것이 아니라, 역사적이고 구체적인 예수 그리스도 자신의 형상에게로 인도하는 것이다.36) 다시 말해 기독교 신학은 인간의 경험들을 포괄할 수 있는 진정한 신학을 가능케 하는 예수 그리스도의 형상위에 그 중심을 가져야만 할 것이다. 사실 주어진 상황 안에서 신앙의 실천을 우선하기 위해서는, 예수 없는 그리스도, 혹은 그리스도 없는 예수가 아니라, 예수가 그리스도인 사실을 해석학적 열쇠로 삼아야만 한다.37) Kraus는 복음의 근본 내용을 어떤 특정한 문화에 전달하기 위한 목적을 성취하려는 필요에 의해서 신앙의 그리스도와 역사적 예수를 분리시키는 일을 행하지 않는다. 서로 다른 문화 사이의 선교를 위하여, Kraus는 제자도의 관점에서 하나님께서 이루시는 구원의 개인적인 영역과 공적인 영역을 비판적으로 표현한다. 다시 말해 비록 신앙의 공동체인 교회가 하나님의 계시의 모든 것을 증거할 수 없을런지 모르나, 기독교 신앙의 근거가 되는 예수 그리스도께서 성취한 복음의 내용이 그리스도인들의 삶인 제자도를 통해서 드러난다는 것이다. 결국 제자도는 하나님의 완전하고 최종적인 자기 계시인 예수 그리스도의 신비를 나누기 위한 부르심으로 이해되어진다.

---

36) Kraus, *God Our Savior,* pp. 114-19 참조.

37) J. Bowden, *Jesus : Unanswered Questions,* pp. 208 참조. 해방신학의 적법성에 관한 보우덴의 논의는 모든 신학적 실천에 관한 적법한 관심을 포함한다. 그는 가난하고 억압받는 소외된 사람들이 자유를 얻어야 할 필요에 대한 이의를 제기하는 것이 아니라, 오히려 해방신학자들이 제안한 신학적 동기의 진정성을 따진다. 억압과 가난, 그리고 소외의 경험들이 신학적 동기의 적법성을 보장해 주는 것이 아니듯이, 민중신학도 경험을 수용하려는 하나의 시도로, 자체의 신학적 동기의 적법성을 철저히 점검할 필요가 있음은 주지의 사실이다.

Kraus가 예수의 유일성을 중심으로 선교적 관점에서의 상황화에 충실하려 했다면, 민중신학은 예수 그리스도의 유일성을 민중해방운동의 목표를 이루기 위해 포기한다. 결과적으로 민중신학은 한국교회의 보수적 신학의 결함을 비판적으로 수용하려는 의도와 상관없이 오히려 복음해석에 부적절한 방법을 사용함으로써 기독론과 구원론의 이해에 있어서 상당한 어려움과 문제점을 일으키고 있다.38) 따라서 민중신학보다는 오히려 Kraus가 제자도의 관점에서 제시하는 예수 그리스도의 유일성을 근거로 한 기독론이 한국의 교회들이 필요로 하는 보다 나은 기독론이해에 더 가깝다고 보아도 무방할 것이다.

2. 예수, 구세주인가? 혹은 민중인가?

민중신학이 역사적 예수를 가난하고 억눌린 사람들을 위해, 구원

---

38) 복음이해에 있어서, 불트만이 제시한 비신화의 작업이 그리스도의 신비를 단순히 신화로 전락시켰다면, 민중신학이 역사적 예수(민중)의 관점에서만 재구성하려는 기독론은 성경에 나타난 그리스도의 모습을 사도들의 가르침 위에 서 있는 교회들에 의해 왜곡된 혹은 원래 역사적 예수와는 전혀 관계가 없는 신앙의 그리스도로 인정한다. 불트만과 민중신학은 복음해석에 있어서, 자기들의 목적을 성취하기 위한 전제와 방법의 사용에 있어서, 똑같이 지나치게 축소주의적인 자세를 유지하고 있다. 복음의 상황화를 진행하면서, 민중신학은 하나님의 자기계시인 예수 그리스도의 유일성은 현대인들에게 받아들여질 수 없는 것으로 보며, 동시에 그리스도의 역할은 진정한 인간화를 위한 실천의 전형으로 제한한다. 이와 같은 민중신학의 태도는 비록 한국 교회의 보수적 신학이 현상유지를 위한 이념적 도구로 전락했다고 비판하지만, 자신도 민중만을 위한 이념의 도구가 될 위험을 반영한다 [I. G. Barbour, *Religion in an Age of Science : The Gifford Lectures, vol. one* (San Francisco : Harper & Row, 1990), pp. 3-30 참조].

의 내용을 선포하고 그 내용을 실천하려는 투쟁을 근거로 이해하기 때문에, 예수 그리스도에 관한 이해조차도 민중의 해방을 지지하는 것 외에는 결코 인정하지 않는다. 예수 그리스도의 사건이 비록 민중신학을 위한 주요한 실례라고 해도, 그 사건이 주는 중요한 의미는 민중신학의 전제에 의해 전적으로 통제된다.

예수 그리스도를 한국민중의 사회적·정치적 배경을 근거로 재해석하며, 구속사적 관점을 유지하려는 한국교회의 보수신학과 의식적으로 자신을 구별한다.39) 민중신학은 성경의 자료들, 교회의 역사, 그리고 인간경험, 특히 한국민중운동이 포함하고 있는 공동의 경험을, 민중으로 하여금 하나님의 구원역사에 부응하는 주체가 되도록 재구성하는 과정을 통해 민중의 이름으로 하나님을 포함한 모든 내용을 상대화시키게 된다.40)

민중신학이 기능적 역할을 만족시키기 위해 신학의 중요한 작업인 자기반성을 상실한 역설적인 면을 내포하고 있다. 예수는 민중신학의 전제에 의해 통제된 결과 오직 인간론적 측면에서 민중의 인격

---

39) 성경에 나타난 구속사적 관점, 즉 예수 그리스도의 인격과 사역을 통해 계시된 세상을 구원하시는 하나님의 계획에 관한 이해를 위해서 O. Cullmann, *Christ and Time,* trans. Floyd V. Filson (Philadelphia : The Westminster Press, 1950) ; idem., *Salvation and History,* trans. S. G. Sowers (London : SCM Press ; New York : Harper & Row, 1967)을 참고하시오.

40) 민중신학의 전제를 비판할 수 있는 내용들을 다음의 자료들에서 볼 수 있다. D. G. Dawe, *Jesus : Death and Resurrection* (Atlanta : John Knox Press, 1985) ; also see, D. G. Bloesch, *The Ground of Certainty : Toward an Evangelical Theology of Revelation* (Grand Rapids : Wm. B. Eerdmans Publishing Co., 1971), pp. 140-55 참조.

화란 도식 위에서 구원자적 존재로 이해된다. 민중을 구원사의 주체로 만들기 위해, 계시된 그리스도를 역사의 지평에서 발견하려는 노력을 이루기 위해, 민중신학은 성경 안에서 민중이야기들을 발굴하여, 한국민중의 전승과 접목시킨다.[41] 한이 없는 사회를 창조하기 위해, 한국민중운동에서 발견되는 이상향에 대한 기대와 예수께서 선포한 하나님 나라의 이상을 일치시킨다.[42] 이러한 민중의 주체성에 대한 지나친 강조는 오히려 민중이 진정한 자기의 주체성을 찾는 일을 방해하고, 신학의 과제 안에서 민중이 차지하는 중요성을 상실하는 결과를 초래하는 것으로 보인다.[43]

과연 한국의 민중에게 예수 그리스도는 누구인가? 예수는 억압받는 민중의 한 사람인가? 위의 질문들에 대한 민중신학자들의 대답은 동일하다. 예수는 유일한 하나님의 아들이 아니라, 민중의 고난에 동참한 민중의 대변자인 민중일 뿐이다. 민중이 그리스도라고 하는 주장과, 예수 그리스도의 의미는 오직 민중의 사건들과의 관계에서만 이해되어야 한다는 민중신학의 주장은 기독교 신앙을 변질시키는 극단적 이념을 수용하는 위험성을 드러내고 있다.[44]

---

41) 서남동, 『민중신학의 탐구』, p. 177.

42) Nam-Dong Suh, "Historical Reference for a Theology of Minjung," *Minjung Theology,* p. 177.

43) Robert M. Brown, *Theology in a New Key : Responding to Liberation Themes* (Philadelphia : The Westminster Press, 1978) 참조.

44) R. Morgan with J. Barton, *Biblical Interpretation* (New York : Oxford University Press, 1991), pp. 269-96 참조. 성경의 해석에 있어서 다양한 방법들이 사용될 수 있으나, 그 방법들은 성경 본문과 해석자의 의도와의 관련에서 적용되어져야만 한다고 제시한다. 이런 경우에 해석자의 의도가 본문이 나타내고자 하는 전통적 이해와 결코

사실 민중신학은 모든 신적인 속성의 교류성을 부인하는 물질적, 혹은 이성적 측면만을 강조하는 일방적인 사고로 일관하려는 경향을 내포하고 있다. 성경을 해석하는 과정에서 역사적 질문보다는 해석학적 전제를 우위에 두며, 민중을 그리스도로 재구성하려는 민중신학의 기독론에 근거한 이해는 레싱이 규정한 역사의 재구성이 내포하는 '고약하고 상당한 도랑'(ugly broad ditch)[45]의 거리를 좁히기 위한 노력과는 상관없이, 단지 예수를 하나님의 구원목적을 나타내는 좋은 예로만 고려한다.

따라서 예수가 민중사건과 관련되지 않는 한, 예수에 관한 이해는 의미가 없다고 주장하게 된다.[46] 이와 같은 일방적 접근방법에 의한 기독론의 재구성은 예수에 관한 성경의 증거를 바르게 사용하는 데 실패하고 있으며, 예수는 민중의 사회적·문화적 경험들을 구체화시키는 민중으로 변화된다. 성경이 증거하는 구세주로서 예수가 민중이 아니라면, 그는 구세주가 아니라는 해석의 전제에 충실함이 민중

분리될 수 없음을 보여준다. 비록 성경을 읽는 관점의 다양화가 인정되는 현실이라 해도, 신앙의 입장에서와 세속적 입장에서 성경을 읽는 자세가 결코 같지 않다는 사실을 인정해야만 할 것이다. 상황화의 시도가 단순히 새로운 지식을 하나님에 관한 지식에 첨가하는 것으로 보는 것은 대단히 위험한 시각이라 하겠다. 더욱이 해석자의 관점을 관철시키기 위한 해석학적 시도가 성경을 읽고, 듣고, 배우는 작업과 분리된 것이라면, 그와 같은 시도가 내포하는 위험을 감수해야 할 정당한 이유가 없다.

45) G. E. Lessing, *On the Proof of the Spirit and of Power,* ed. H. Chadwick Lessing's Theological Writings (London : A & C. Black, 1956), p. 56.

46) Byung-Mu Ahn, "Jesus and the Minjung in the Gospel of Mark," *Minjung Theology,* p. 146.

신학이 제시하는 기독론 안에서 발견된다. 민중신학이 이념의 도구로서 기존의 사회·정치적 체제를 비판하고 변화시키는 기능만을 위해 존재하는 일시적인 시도인 것을 무엇보다도 명백히 드러내고 있는 내용이 바로 그들의 기독론이다. 기존이념의 구도를 타파하기 위한, 또 하나의 이념에 의해 미리 각색된, 민중의 구세주인 예수는 결코 세상의 구세주가 아니라, 오직 민중만을 위한 구세주로서 기능하는 것에 만족해야만 하는 민중신학의 부산물로 나타나며, 이러한 민중신학의 주장은 교회의 일치와 화합을 위협하는 중대한 실수가 될 수 있음을 볼 수 있다.47)

한국교회의 대부분의 그리스도인들에게 예수 그리스도는 하나님 혹은 하나님이며 사람인, 보통사람들과는 다른 분(존재)으로, 자신들의 삶의 근거가 된 구세주로 믿는다. 이와 같은 믿음은 예수 그리스도 안에서 신앙의 실천을 통해 얻어진 교회의 경험과 전통에서 연유된 것이다. 보수적 개신교회들의 지배적인 신학이 성경을 문자적으

---

47) Daniel J. Adams, *Cross-Cultural Theology : Western Reflections in Asia* (Atlanta : John Knox Press, 1987), pp. 50-54 참조. 문화를 근거로 한 철학들, 그리고 종교적 실천들과 기독교 신학의 접목을 꾀하려는 문화교류적 상황화의 내용을 제시하려는 아담스는 상황신학의 해석적 관심은 "(성경)본문과 함께 관련된 상황, 모두에게 진실하다"는 면을 찾으려는 것으로 설명하며, 나아가 상황화와 관련해서, "1) 그와 같은 신학의 접목이 정당한가? ; 2) 비기독교적 상황에서 어떻게 기독교적 정체성을 유지할 수 있는가? ; 3) 중국, 인도, 일본과 같은 오래된 문화에 살고 있는 사람들 중 많은 숫자가 기독교 신앙을 수용할 수 있다는 생각은 현실성이 있는가?"라는 세가지 질문을 제시한다. 민중신학은 이런 면에서 신학의 상황화에 참여하여 종교적 진리를 다루는 면에 있어서도, 보편타당성을 찾으려는 시각과는 상당한 거리가 있음을 볼 수 있다.

로 읽는 것을 주창했어도, 그 신학이 신자들의 삶의 경험과 특별한 갈등을 일으키지 않았다는 사실은 뜻밖의 결과로 받아들여질 수 있다. 따라서 하나님의 경륜 안에서 사회적, 정치적, 그리고 지적인 경향들이 민족의 독특한 역사와 연결되어 한국에서 개신교 선교가 성공할 수 있는 환경을 제공했지만, 실제로 그 당시 대다수의 한국인들의 세계관과 삶의 자세가 신약성경의 배경에 나타나는 사람들의 그것들과 유사했던 것으로 보인다. 스펜서 파머는 다음과 같이 기록하고 있다 : "개신교 선교사들은 한국인들이 그들의 관습과 사고에 의해 성경을 이해할 수 있는 준비가 되어 있었다고 단언한다. 환언하면 그들의 내적인 사고들은 성경에 기록되어 있었으며 ; 그들의 미신들은 이스라엘이 망할 당시의 그것들과 같았고 ; 자신의 삶과 내세에 대한 결론들은 성경이 귀결시키고 있는 것과 같았다."[48]

사실 복음서에 기록된 신적 구원은 처음 복음을 대하는 한국인들에게는 천국의 최고 신인 하나님(*Hananim*)에 의한 구원으로 받아들여진다.[49] 선교사의 견해를 따르면, 복음이 선포되기 이전부터, 초월적이며 인격적 신으로 이미 알려진, 한국인의 하나님 이해는 개신교 선교의 가장 중요한 접촉점이 되었던 것이다.[50] 따라서 성경이

---

48) Spencer J. Palmer, *Korea and Christianity : The Problem of Identification with Tradition* (Seoul : Royal Asiatic Society Korea Branch, 1986), p. 91. 안병무는 그의 "Jesus and the Minjung in the Gospel of Mark," *Minjung Theology,* pp. 139-52 에서 민중의 경제적, 정치적, 그리고 문화적 상황이 메시아 대망의 적절한 배경과 일치한다고 본다

49) 하나님에 대한 정의를 이해하기 위해서는 학원사가 발행한『한국백과사전』책 1권 490-91에 수록된 '하나님'이란 항목을 참고하시오.

50) Horace G. Underwood, *The Religions of Eastern Asia* (New

계시하는 신은 명백하게 한국의 그리스도인들에게는 하나님이었다. 이 하나님이 기독교의 신과 일치한다는 사실을 전해 듣게 되었을 때, 고통과 실망 가운데서 구원의 소망을 갖고 있던 많은 한국인들이 기독교 교회에 참여하게 된다. 성경에 계시된 하나님은 이제 자유와 평화로 인도하며, 구원의 의미를 이루시게 되는 하늘에 계신 전능하신 하나님으로 한국 기독교 영성에 없어서는 안될 한 부분이 된 것이다.

그러나 신학적으로 현대주의(modernism)를 표방하는 민중신학자들은 기독교 영성의 핵심인 하늘의 아버지인 하나님에 대한 신앙을 저버린다. 서구신학의 기본적인 틀을 거부하는 것을 의미한다고 주장하는, 민중신학의 탈신학화의 진정한 초점은 근본적으로 성경 본문들의 재해석에 있는 것이 아니라, 성경에 나타난 초월적 영역을 제거하는 데 있다. 심지어 그리스도인들은 하나님의 자녀라기보다는 자신을 역사적 예수께서 행하신 구원자적 역할을 성취하기 위해서 무당이 되어야 한다고까지 말한다.[51] 무슨 근거에서, 과연 무당이 되는 것이 민중신학이 비판하고자 하는 보수신학의 개인적 경건주의보

York : The Mcmillan Company, 1910), p. 110 참조. 언더우드는 최고의 신인 하나님에 관한 이해를 불교사원에서 고승과 그의 제자들과 함께한 대화에서 발견하고 있다. 그가 기독교에 관해 이야기하면서, 십계명을 외웠을 때, 고승은 모든 내용을 석가의 가르침과 같다고 지적하는 것에서 놀라움을 금치 못했으며, 첫 계명과 관련해서 어떻게 우상을 숭배하는가를 질문했을 때, 고승은 최고의 신으로 하나님을 말하며, 석가는 오히려 하나님만 못한 신들 중 하나로 말한 사실을 기록하고 있다. 비록 이 같은 내용이 불교의 가르침과 일치하지 않을 수 있으나, 한국인들의 하나님께 대한 자세를 분명하게 보여준 예이다.

51) Young-Hak Hyun, "Minjung Theology and the Religion of Han," pp. 357-58 참조.

다 더 나을 것이 있다고 생각할 수 있는가? 무속신앙이란 자신을 주는 사랑이 아닌, 공포와 저주를 근거로 행해지는 범신론적 행위가 아닌가? 한국의 전통에 나타난 무당의 종교적 역할에 호소하기 전에, 민중신학은 마땅히 예수께서 하나님의 아들이심에 관련된 질문들에 답해야만 할 것이다. 정말 예수는 하나님의 아들이신가? 하나님의 아들이 된다는 것은 무슨 의미인가? 당연히 위의 질문들에 관한 대답들은 상황화의 대상인 성경 본문에서 먼저 찾아야 할 것이다.

　민중신학에도 만족할 수 없고, 동시에 지나치게 개인적 경건주의에만 집착하는 보수신학에도 만족할 수 없는 사람들에게는, Kraus가 제시한 기독론이 어느 정도 호소력이 있을 수 있다. 그가 예수 그리스도를 삶과 사역을 통해 따를 수 있는 권위있는 전형적 예로 제시함으로,[52] 민중들을 위한 소망의 근거를 제공한 것으로 볼 수 있다. Kraus는 예수께서 하나님 아버지와의 관계를 그를 따르는 사람들에게 실천을 통해 가르치신 사실을 지적한다. 예수가 선포한 하나님 나라는 하나님의 통치가 이루어지는 영역으로 종말에 하나님의 택하신 백성을 불러모으시는 예수의 사역을 통해 이 세상에 임한 것이며, 누구나 예수를 하나님의 아들로 믿는 사람들은 살아계신 하나님과의 회복된 교제에 동참할 수 있게 되는 것이다. 예수는 하나님 나라에 들어가는 길과 진리되신 자신을 증거하실 뿐만 아니라, 자신의 삶을 통해 구체적인 본을 보이셨다.[53]

---

52) Kraus, *The Authentic Witness : Credibility and Authority* (Grand Rapids : Wm. B. Eerdmans Publishing Co., 1979) 참조.

53) Kraus, *God Our Savior,* pp. 46-57 참조. 기독교 신앙에서 계시란 초월적이고 인격적인 하나님이해의 필연적 결과이다. 즉 하나님을 경험적, 이성적, 혹은 신비적 탐구를 통해서 찾을 수 없다. 그렇기 때문에 기독교를 제외한 모든 종교란 계시에 반응하는 잘못된 인간이해를

바울이 고린도전서 15장 45-49절에 기록한 내용을 근거로 Kraus는 예수를 '둘째 아담', 혹은 '하늘에서 온 사람'으로 증거한다. 일반적인 사람과는 다르게, 예수는 생명을 주는 영과 직접적인 관계를 가진, '하늘에서 온 사람'인 것이다. 즉 예수는 하나님의 아들로서 참하나님의 형상이며, 죽음과 부활을 통해서 교회의 삶과 실천에 관한 근본적 권위와 내용이 되심을 알 수 있다.54) 따라서 민중신학이 예수를 단순히 민중의 한 사람으로 인정하는 사실은, 보수적 신학이 신앙의 실천을 단지 영적인 영역에 제한하는 것보다 더 수용하기가 어렵다. 개신교의 전통적 신앙고백을 기초로 하며, Kraus는 비교문화적 선교(cross-cultural mission)의 관점을 통해 복음의 상황화를 새로운 신학의 내용으로 다음과 같이 설명한다. "참된 증거를 위해 새로이 대두되는 신학은 '성경에 제시된 예수가 그를 선포하는 사람들에게 무슨 의미를 주는가?'라는 질문에서 시작해야만 한다. 증거의 과제는 말씀과 행위를 통한 화목의 참된 메시지를 구체화시키는 일이며, 이를 위해 토착적 신화로 하여금 성경과 교회의 위대한 전승과의 지속적인 대화에 참여케 하는 것이다."55)

그러면 어떻게 교회의 증거가 그리스도의 증거의 직접적인 연장이 될 수 있도록 할 것인가? 만일 예수의 제자들이 주님의 부르심을 배우지 않았다면, 예수께서 하셨던 것처럼 모든 사람을 구원하기 위해 역사하는 하나님의 임재와 능력을 증거하는 일을 지속할 수 없었을 것이다. 실제로 예수께서는 제자들에게 그가 행한 것보다 더 큰

드러낸다. 이런 관점에서 예수는 죄가 없는 하나님의 아들로서 모든 계시의 기준이 된다. 모든 종교와 관련해 예수 그리스도의 주권을 주장하는 자세가 결코 선교적 동기를 방해하는 것은 아니라고 하겠다.

54) Kraus, *The Authentic Witness,* p. 20 참조.

55) Ibid., p. 67.

일을 행해야 할 것을 말씀했다(요 14 : 12). 신학의 작업의 진정성을 가늠할 수 있는 기준은 결국 성경 외에 다른 것에서 찾을 수가 없다는 사실은 예수님 자신의 증거에서도 발견할 수 있다(요 7 : 16-19 ; 8 : 14-19). 즉 예수께서 하나님의 구원을 이루시기 위해 순종의 도를 지키신 것처럼, 그를 따르는 제자도를 통해서만 참 증인이 될 수 있음을 증명한다.

제자도의 관점에서는 역사의 예수와 신앙의 그리스도 사이를 구별하는 이원론적 사고는 존재할 수 없다. 십자가의 죽음과 부활로 그 절정을 이루었던 예수 그리스도의 전생애야말로 항상 기독교 신앙의 핵심이며, 제자도의 기준과 목표를 이룬다. 예수가 없다면 기독교도 존재할 수 없으며, 하나님의 뜻이 없이 구세주가 있을 수 없다. 즉 하나님께서 구원하신 뜻에 순종함이 없이 스스로를 구원할 사람이 하나도 없는 것이다. 결론적으로 예수 그리스도가 아닌 민중이 당하는 고난의 경험을 그 출발점으로 하는 민중신학은 지나친 축소주의의 산물이며, 탈신학화를 부르짖는 극명한 이유는 오직 민중의 해방만을 목적으로 하는 근본자세에서 찾아 볼 수 있다. 예수는 더 이상 구세주가 아닌 민중에 지나지 않으며, 단지 민중의 의식을 일깨우는 도구라는 민중신학의 주장은 기독교의 신앙고백과는 전혀 어울릴 수 없는 주장이다.

3. 비판적 영성

비판적 영성이란 Kraus나 민중신학이나, 기독교 신앙의 내용을 활성화 시키기 위한 영적인 이해를 의미한다고 볼 수 있다. 그러나 기독교 신앙에 대한 이해에서 대부분의 신자들에게는 영적이란 단어는 물질적 혹은 세상적인 것과는 상관이 없는, 영(靈) 혹은 내세(來世)적인 것과 관련된 이해를 연상케 한다. 따라서 민중신학이 한국

의 그리스도인들로 하여금 그들의 신앙고백에 합당한 실천으로 하나
님 나라의 평화와 정의를 현실에서 실현하기 위한 투쟁에 참여할 것
을 호소하는 것은 새로운 영성이해를 의미할 수도 있다.[56] 민중신학
은 오직 민중운동에 기초해서 영성의 진정성을 밝힐 필요가 있다고
말하며, 서남동의 기독교 신앙에 대한 영적 · 공시적 해석이 지지하
는 민중의 해방을 위한 투쟁은, 한국 민중들이 갖는 전통적 · 역사적
희망을 완성하는 투쟁이라고 지적한다. 그런데 이와 같은 민중해방
과 관련된 영성이해는, 국가의 운명과 함께 걸어온 한국 기독교의
성격 속에 적절히 내포되어 있는 것으로 보인다.[57]

그러나 기독교 영성은 나사렛인 예수라고 불리는 특정한 한 개인
의 정체, 그의 죽음, 부활과 관련된 역사적 · 계시적 지식에 근거한
자기이해와 관련되어 그 의미를 발견할 수 있을 것이다. 그러므로
기독교 영성을 이해하기 위해서는 다음과 같은 질문이 그 출발점이
될 것이다. 즉, "어떻게 어떤 특정한 장소와 시간에 일어난 우연한
일상적인 사건이, 모든 시대와 장소를 통해 모든 사람들의 존재를
위한 절대적 중요성을 갖는가?"[58] 실제로 기독론의 내용이 곧 기독
교 영성이해의 초석이 된다는 사실은 그 누구도 부인할 수 없을 것
이다. 그러나 오직 구원론저 중요성의 적용을 강조하기 위해, 예수

---

56) 송기득, 「민중신학의 정체」, 『신학사상』 362, 1989, p. 139 이하.

57) 박재순, 「민중신학 무엇이 과제인가?」, 『신학사상』 34, (봄 1990), p.
  37.

58) Kraus, *God Our Savior,* pp. 20-40 참조. Kraus는 예수 그리스도
  는 하나님의 뜻과 계획(엡 1 : 9-10 ; 3 : 9-10)에 관한 비밀의 계시로
  서, 창조 안에 이미 나타난 하나님의 내적인 의미와 목적이었다고 한
  다(p. 25). 또한 그 의미가 예수의 십자가의 죽음과 부활에서 명백히
  드러났다고 본다.

그리스도의 사건이 내포하고 있는 존재론적 중요성을 외면하면서, 민중신학은 현재의 단계를 성령의 시대로 말하며, 삼위일체 교리를 이해하는 데 있어서 진화론적 견해를 수용할 것을 강요하다시피 한다.59) 다시 말해 민중신학이 내세우는 비판적 영성은 성령의 역사를 근거로 한다고 제시하지만, 그 성령은 더 이상 기독론의 규범적 의미를 지지하지 않는, 즉 그리스도의 영이 아닌 독자적이고 창조적인 역사를 이루는 영인 것이다.

김용복의 견해를 따르면, "성령의 사역의 중요한 내용은 민중들로 하여금 그들의 사회적 전기에서 자신들을 역사적 주체로 인식케 (conscientization)하는 것"으로 본다.60) 그러나 내재적 영성운동으로의 접근은 인간의 구원을 위한 예수 그리스도의 유일성 문제를 설명하기보다는 오히려 상당한 문제를 불러 일으키게 된다. 민중 모두가 자기 구원의 주체가 되는 엉뚱한 현상을 수용하게 되는 것이다. 민중과 예수는 본질적인 차이가 없이 자기실현을 이루기 위한 동일한 영성을 소유한 것으로 본다. 민중신학은 예수 그리스도의 이해를 위해, "믿음을 하나님의 창조시에 주어진 인간본성을 회복하려는 기대로서, 민중을 역사의 주체로 보려는", 새로운 신학적 사고의 틀이 필요하다고 주장한다.61) 그러나 Kraus는 예수가 갖는 하나님과의

---

59) Nam-Dong Suh, "Historical Reference for a Theology of Minjung," *Minjung Theology,* p. 165 참조. 서남동은 피오레의 요아킴에게서 삼위일체적 진화론을 배웠다고 한다. 그러나 서 교수의 견해를 비판할 수 있는 내용을 다음의 책을 통해 찾아볼 수 있다 [Marjorie Reeves, *Joachim of Fiore and the Prophetic Future* (London : SPCK, 1976) 참조].

60) Yong-Bok Kim, "Theology and the Social Biography of the Minjung," *Minjung Theology,* p. 76.

필연적 일치가 다른 모든 인간들과 질적으로 차이가 있음을 드러낸다고 본다. 그렇기 때문에 예수의 유일성을, 역사적 상호작용의 친밀한 관계들에 의해 드러나는, 그리스도 사건 전체와의 관련 안에서 이해하려고 노력한다. 즉 예수는 "인간들 가운데서 역사하시는 하나님으로 나타난다"라고 설명한다.[62] 이 말에 내포된 의미는 예수는 하나님의 백성을 향한 하나님의 자기 계시인 것이다.[63] 즉 하나님 사랑의 구체적인 계시로서 예수는 "하나님께서 어떻게 세상과 함께 하시며, 그 안에서 역사하는 가"라는 질문에 대한 답을 제시한다. 에베소서 2장 14-15절을 근거로, Kraus는 예수께서 온 세상을 구원하시는 구세주가 되심을 확증한다.

Kraus의 신학적 사고의 틀 안에서 인간의 운명은 하나님의 언약 관계에 대한 의존성을 의식적으로 거부하는 것에 뿌리내리고 있는 인간의 죄된 성품을 드러내는 예수 그리스도 안에서 결정적으로 드러나게 된다. 그러나 민중신학은 인간 운명의 자율적인 지위를 주장한다. 즉 인간은 자신의 운명에 대해 절대적 주권을 행사하는 것으로 이해한다. 그렇기 때문에 민중신학에서 회개란 불의한 사회적 관계와 관련된 구조적 모순들의 원인을 깨닫고 그에 항거하는 것으로 이해한다.[64]

민중신학이 이해하는 기독론은 민중이 본래 갖고 있던 역사적 주체성을 회복하기 위한 수단으로의 기능만을 인정하기 때문에, 역사적 배경을 근거로 한 예수의 고난은 대속적 고난이 아니라 가난한

---

61) Chang-Won Suh, "A Formulation of Minjung Theology," p. 179.

62) Kraus, *God Our Savior*, p. 22.

63) Ibid., p. 23.

64) Ibid.

사람들, 억압받는 사람들과 함께하시는 모습일 뿐이다. 그러나 Kraus는 예수의 고난과 죽음을 법률적 개념으로 이해하려는 경향을 비판하며, 역사적 배경을 통해서 인간의 실패와 죄악에 대항하는 대속적 죽음인 사실을 명백히 주장한다. 따라서 비록 Kraus와 민중신학은 예수의 죽음과 고난을 역사적 배경을 통해서 해석하려는 노력을 경주하지만, 그들은 같은 동기에서 그와 같은 작업을 행하는 것이 아니다. 전적으로 민중을 주체화하는 인간론적 관점에서 신학의 작업을 수행하는 민중신학은 예수의 대속적 고난과 죽음을 부인할 수밖에 없다. 민중신학은 하나님의 초월적 은혜가 아니라, 오직 하나님 선교의 역사적 '동인'만이 필요한 것이다. 예수의 수난과 죽음은 성경의 증거를 통해 하나님께서 인류를 위한 대속적 구원을 이루는 사역으로 이해되지 않고 다만 예수의 죽음의 이유만이 민중신학의 자료가 된다.

Kraus는 예수 그리스도가 인간의 운명과 창조의 내용을 모두 성취하셨다는 믿음을 근거로, 예수 그리스도의 주권을 강조하는 것에서 민중신학과의 차이를 드러낸다.[65] 따라서 그의 기독론은 사도들의 증거에 기초하여 시작된 교회의 역사적 경험들 위에서 이루어진다.[66] 예수께서는 성령을 보내심으로 자신의 사역을 통해 이루신 모든 것을 성취한 사실을 증거한다. 성령은 역사적 영역에서 부활의 그리스도의 임재를 계속해서 조명한다. 따라서 Kraus는 성령이 역사적 그리스도를 대체하는 것이 아니라, 오히려 그리스도를 알고 그

---

65) Kraus, *God Our Savior,* pp. 76-77.

66) Kraus는 예수 그리스도에 대한 이해를 돕기 위한 신학적 진술들은 보편적 진리가 아니라 역사적 실체에 관한 우리의 경험 이해를 돕기 위한 합리적이고 논리적인 설명이라고 말한다[*God Our Savior,* p. 28].

의 사역에 동참하게 만드는 중개자의 역할을 한다고 본다(요일 3 : 24b). 칼 바르트의 설명에 동의하며, Kraus는 "성령은 예수 그리스도의 영"으로 본다.67) 따라서 성령은 살아계신 하나님의 인격적 임재인 것이다. 성령의 정체성과 부활의 그리스도의 임재는 믿음과 순종을 통해 그리스도의 영의 지혜를 찾고자 하는 살아있는 교회에 존재하는 권위가 된다고 본다. 그러나 민중신학에서 성령은 민중에게 어떤 권위도 될 수 없다. 이성적이고 자율적인 인간의 영을 위한 초월적 영향력을 행하는 것이 아니라, 오히려 인간의 의식이 성령의 역할을 대신하게 된다. 상황화의 이름으로 민중신학은 복음의 본질을 철저하게 축소된 신학적 전제 위에서 임의로 해체해 버린 결과로, 예수가 민중을 위한 민중이었듯이, 성령 또한 역사적 과정을 구체화시키는 능력 외에 다른 기능을 부여받지 못하고 있다.

민중신학에 있어서 비판적 영성이란 단지 어떤 권위에 의해서 통제되어서는 안 되는 인간의 자율적 · 이성적 정신이라면, Kraus에게는 비판적 영성이란 성령의 인도 아래서 삶의 예상할 수 있는 가능성에 참여하는 것을 의미한다.68) 그러므로 비판적 영성은, Kraus의 이해를 따르면, 오직 예수 그리스도의 주권 아래서만 발견할 수 있게 된다. 따라서 예수 그리스도의 주권과의 관계69)에서 기독교 신앙

---

67) Ibid., p. 148.

68) Kraus, *Our Lord,* p. 158 참조. Kraus는 기독교신앙의 내용을 설명하면서, "죽음에서 생명으로, 적대감의 한 가운데서 화해로, 고통과 무의미 속에서도 기쁨을 이루는, 성령의 임재하시는 능력은 하나님께서 이루신 자기증명의 보증인 것이다. 그리스도의 십자가와 부활, 그리고 부활의 그리스도를 믿는 사람들의 삶 속에 능력으로 역사하는 성령의 임재는 죄를 용서하시는 하나님의 의와 신실하심에 대한 표적이다. 우리는 소망 안에서 구원을 받은 것이다"라고 기록한다.

의 영성을 이해하려는 Kraus와는 대조적으로 민중신학은 예수의 주권을 지배계급에 영합하는 교회의 교리적 횡포에서 비롯된 현상유지의 수단으로 비판하며, 예수를 민중을 대표하는 민중으로 내세운다. 예수 그리스도를 이해하려는 신학적 시도에서 그 시도가 내포하고 있는 전제를 분명히 하는 것이 중요하다면, 민중신학은 전제로 제시한 "민중의 해방," 혹은 "민중을 역사의 주체로 일깨우는 일"을 수행할 수 있는 결론들 외에 다른 어떠한 사실도 수용할 수 없는 폐쇄된 입장을 보이고 있는 것이다.

하나님 나라와 신앙의 실천

예수 그리스도와 그리스도인들의 관계는 무엇인가?[70] 카드베리는

---

69) Se-Yoon Kim, "Is 'Minjung Theology' a Christian Theology?," *Calvin Theological Journal,* vol. 22 (1987), p. 251-74 참조. 김세윤 교수는 민중신학의 정체가 기독교신학이 될 수 없다는 확신으로, 특히 서남동 교수의 견해를 중심으로 비판한다. 김 교수는 "예수가 민중의 인격화 혹은 집체적 상징"이라 함은 민중신학의 주장 자체가 기독교신학이 될 수 없는 가장 두드러진 결함의 표현이라 지적한다. 민중신학의 이러한 감상적인 시도는 결국 모든 사람이 각자의 구원의 주체가 되어 버리게 되어, 김 교수의 설명과 같이, "민중신학자들은 그들의 신학을 신약성경을 근거로 발전해 온 교회 정통교리와는 연결시킬 수 없다." 나아가 민중신학이 주장하는 상황화의 약점은 민중신학의 방법에 드러난 혼합주의적 자세로 기독교 신앙의 독특성과 비기독교적인 한국 전통문화와의 결합의 시도에서 찾아 볼 수 있다.

70) Kraus, *Our Lord,* p. 31 참조. Kraus는 그의 기독론적 방법에 따른 신학을 다음과 같이 설명한다 : "기독교 신앙에서, 예수는 신학적 그리고 윤리적 실천의 중심에 있다. 혹은 모습을 바꾸어 본다면, 그는

예수의 목적과 동기를 규명하는 일의 어려움을 이렇게 설명한다 :
"주어진 상황에 대해 반응하는 [예수는] 어떤 계획이나 일정을 갖고
있지 않았다 ……하나님의 뜻에 순종하는 모습에서 삶에 대한 통일
성을 볼 수는 있지만, 여전히 창조적 계획과, 지적인 선택, 목적의 단
일성, 그리고 우리가 늘 설교하기 위해서 행하는 노력들이 의미하는
삶의 조화와 같은 내용들을 결여하고 있다. 이와 같은 견해가 불경
스럽다거나 혹은 부적절한 것은 아니다."71) 이와 같이 신앙에 관한
이해는 이해를 시도하는 사람의 관점 자체가 그 결과에 상당한 영향
을 끼치게 되는 것이다. 당연히 그리스도인들은 예수의 삶에 관한
목적과 동기를 규명하기 위해 예수의 시대로 되돌아가서 생각할 때,
자신들이 내세우는 전제들을 잘 이해하기 위한 주의를 게을리할 수
없다.72) 하나님 나라에 대한 이해에 있어, 민중신학은 하나님 나라라
는 개념을 민중해방을 위한 전제 위에서 접근해 가지만, Kraus는 예
수의 주권과 관련해 이해하려 한다. 민중신학의 예수는 신앙의 대상
이 아니라, 신앙을 위한 수단과 매개체에 지나지 않는, 민중의 영웅

모든 신학적 그림을 걸 수 있는 못이다. 기독론은, 그의 위치를 가장
권위있는 역사적 실제와 사람을 위한 하나님의 표상으로 명백히 규명
한다. 또 보다 폭넓은 신학적 논의에서, 그는 참 하나님의 자기계시였
다는 말의 의미를 이해하려고 시도한다."

71) H. J. Cadbury, *The Perils of Modernizing Jesus* (New York :
Macmillan, 1937), p. 41. 그러나 주로 개인적 의도와 관련된
Cadbury의 예수이해와 다른 견해를 E. P. Sanders의 책 *Jesus and
the Judaism* (Philadelphia : Fortress Press, 1985), p. 19 이하에서
집단적 운동과 조직체의 관점과 관련된 의도 아래서 예수를 이해하려
는 내용에서 찾아 볼 수 있다.

72) Ian Barbour, *Religion in an Age of Science* (New York :
Harper & Row, 1990) 참조.

이 되었다. 그러나 Kraus에게 예수는 신앙고백의 내용과 그 대상이 되는 것이다.

쉬나켄버그가 설명했듯이, 예수는 사람들을 매일 매일의 미리 정해진 일들에서 연유하는 권태와 하찮은 일로부터 깨어나서 열정적으로 신앙을 추구하고 하나님과 함께 있도록 자극하기를 원했다.[73] 그의 소망은 사람들이 스스로 죄와 정욕에서, 그리고 권력에 대한 탐욕과 욕망에서 자유를 찾도록 촉구하며, 하나님과 이웃들을 위한 이기심 없는 사랑을 나누도록 하기 위해 분투하는 것이다. 사람들을 의도적으로 세상적, 이기적, 정치적, 민족적 사고로부터 떼어놓음으로, 죄책과 시기, 완악함과 권력에 대한 욕망, 눈먼 사실이 인류가 처한 질병이며, 비참함인 것을 인식할 수 있도록 한다.

그런데 예수는 그의 사역을 통해 하나님 나라를 선포하고 가르치셨다. 하나님 나라는 예수의 선포의 핵심이고 동시에 그 내용이며 틀이었다. 예수의 십자가와 부활로 말미암아 제자들은 하나님 나라가 예수 그리스도의 복음의 내용이며, 그 내용이 예수 그리스도 안에서 성취된 사실을 살아있는 증거로 확인하게 된 것이다(눅 24 : 44 ; 행 1 : 3 ; 28 : 23, 31). 이 하나님 나라가 복음을 듣는 사람들로 하여금, 다만 미래의 약속에 만족할 것이 아니라, 주어진 현실 안에서 실천을 통해, 복음의 실제적인 내용인 구원의 실체에 참여하도록 초대하고 있는 것이다.[74] 보른캄은 "예수님께서 하신 모든 말씀의

---

73) Rudolf Schnackenburg, *God's Rule and Kingdom,* trans. John Murray (New York : Herder and Herder, 1963), pp. 199.

74) Amos Wilder, *Early Christian Rhetoric : The Language of the Gospel* (Cambridge, Mass. : Harvard University Press, 1971), p. 84 참조. 아모스 와일더는 천국의 의미를 이해하는데 통찰력있는 인식을 제시한다 : "진정한 비유(metaphor), 혹은 상징은 하나의 기호

가장 큰 특징은 즉각적인 임재에 있는데,……하나님의 실체가 임하시게 하는 것이다 : 바로 이것이 예수의 본질적 신비인 것이다"라고 설파한다.75)

　존 브라이트도 역시 하나님 나라라는 주제가 당시에는 새로운 것은 아니었지만, 예수님의 가르침을 통해 "시제에 관해 엄청나게 중요한 변화"가 있었다고 주장한다.76) 하나님의 역사는 예수의 선포와 사역을 통해 바로 이 현재-시제적 성격을 강조한다는 것이다. 하나님 나라는 결과적으로 예수의 신비 안에서 실체가 되며(눅 4 : 17 ; 7 : 22), 교회의 선교를 위한 이유를 제공한다고 볼 수 있다.77) Kraus는 그리스도인들이 예수를 인간성의 완성으로 인식하는 사실에서, 예수 그리스도가 참 인간이심을 확신한다.78) 그러나 바로 이

　이상의 무엇이다 ; 상징은 나타내고자 하는 실체의 전달자이다. 따라서 그것을 듣는 사람은 단순히 그 실체를 알게 되는 것뿐만 아니라, 그 실체에 참여하게 된다. 비유를 듣는 사람은 침범을 당하게 되는 것이며……예수의 가르침은 지시나 생각의 성격을 띠는 것이 아니라, 거부하기 어려운 상상과 주문, 신비한 충동과 변화의 성질을 갖고 있었다."

75) Gunther Bornkamm, *Jesus of Nazareth* (New York : Harper & Row, 1960), pp. 58, 62.

76) John Bright, *The Kingdom of God* (Nashville : Abingdon Press, 1958), p. 197.

77) Paul S. Minear, "The Vocation of the Church : Some Exegetical Clues," *Missiology,* 5, no. 1 (January 1977), 13장 이하 참조. 하나님 나라의 선포에 대한 올바른 이해가 예수의 가르침에 나타난 종말론적 목표를 인식하고, 예수의 자기이해와 관련된 내용들을 수용할 수 있게 한다.

78) Kraus, *God Our Savior,* pp. 31-35 참조.

완성은 신비로밖에는 이해될 수가 없다고 하며(엡 1 : 9-10 ; 3 :
9-10), 이미 창조 안에 내포된(감추어진) 의미와 하나님의 뜻이 드
러난 것이라고 한다.79)

　Kraus와 견해를 달리하는 민중신학은 하나님 나라를 민중이 소
망하는 천년왕국으로 대체한다.80) 왜냐하면 성경에 기록된 이야기들
외에 민중의 사회적·정치적 전기가 민중신학의 역사적 전거가 되
기 때문이다.81) 민중신학은 민중들을 고무시켜 스스로 자신들의 구
원을 성취하도록 하기 위하여 독특한 자기만의 상황화 안에서 민중
의 전승을 사용한다.82)

---

79) Ibid., p. 25.

80)　Nam-Dong Suh, "Histrocial References for a Theology of
Minjung," *Minjung Theology,* p. 163 참조. 서남동은 천년왕국을
근거로 한 종교가 1세기 교회의 정통교리였으나, 콘스탄틴대제의 교
회가 그와 같은 신앙을 이단으로 추방하기 시작했고, 결과적으로 교회
는 민중의 강렬한 소망을 억압하게 되었다고 주장한다.

81)　Yong-Bock Kim, "Messiah and Minjung : Discerning Messianic
Politics over against Political Messianism," *Minjung Theology,*
p. 187.

82) 서남동이 성령론의 관점에서 민중신학을 전개하는 것과는 달리, 브라
텐은 강력히 주장하기를 "삼위일체론은 다른 어떤 교리가 아니라, 오
직 기독론에 근거하고 있다! 기독론만이 삼위일체 하나님을 고백하게
하는 것이다. 삼위일체론은 기독론과 교회론, 구원사건과 복음선교의
신학적 틀을 형성한다"고 한다[*No Other Gospel! : Christianity
among the World's Religions* (Minneapolis : Fortress Press,
1992), p. 109]. 따라서 민중해방을 위한 새로운 관점의 수용을 성령론
에서 이끌어 내려는 시도의 정당성도 민중의 관점에서만 허용될 수
있다는 사실에서, 민중신학은 단순한 기능적 기독론과 구원론을 제시
하는 불완전하고 한시적인 한계를 드러낸다. 심지어 민중신학의 정당

그렇기 때문에 성경적 관점에서 볼 때, 비록 예수의 삶을 통해 하나님께서 민중들도 구원하시지만, 현실의 민중운동 안에서 '재실현' 혹은 '재성육화'되어야 한다고 주장한다.[83] 서남동은 예수께서 민중들의 외침(열망) 그 자체가 되었으며, 이런 점에서 예수는 민중을 위한 것이 아니라, 민중 가운데 하나가 되었다고 한다. 즉 예수는 민중과 그들의 상징이 인격화한 것이라고 한다.[84]

민중신학은 자체의 목적에 부합하지 않는 것들은 무시하거나 변개시키려는 경향이 있기 때문에, 사람들에게는 '천국'으로 더 잘 알려진, 하나님 나라는 민중의 특이한 역사적 범주에 맞추기 위해서 새롭게 해석되어야만 한다고 제안한다. 결국 민중신학은 하나님 나라를 역사적 이상국가주의로 전락시킨다. 민중신학은 성경을 보다 더 연구하려는 시도보다는, 연구가 시작되어야 하는 곳에서 그만 멈추고 마는 것처럼 보인다.[85] 나아가 민중신학이 신학의 내용으로 사용하려는 민중이야기는 기독교 신학에서는 수용할 수 없다. 왜냐하면 그리스도인의 구원은 전적으로 하나님께 달려 있으며, 그는 하나의 사상이나 혹은 환상이 아닌 것이다. 하나님 나라의 구원은 민중의 소망이나 요구와 일치하는 것이 아니라, 예수의 구세주적 사역과

성을 보편적 교회와는 상관이 없는 민중만을 위한 것으로 인정해도, 민중이 얻을 수 있는 구원의 실체가 하나님께서 예수 그리스도를 통해 이루신 참된 구원과는 관계가 없다는 점에서 심각한 위험을 드러낸다.

83) Nam-Dong Suh, "Historical Reference for a Theology of Minjung," *Minjung Theology,* p. 157 참조.

84) Ibid., p. 159.

85) 오히려 민중신학은 이미 완성된 대답을 신학화의 과정을 통해 그 당위성을 부각시키려는 순서를 취하고 있다.

일치한다. Kraus가 성령을 구세주의 영이라고 주장하는 뜻은 성령께서 하나님의 통치를 이미 시작하셔서, 예수의 삶과 가르침의 진정한 의미를 깨닫게 한다고 보기 때문이다.[86]

하나님과 역사와의 관계도, 민중신학에서는 철저하게 신학의 전제에 의해서 통제되고, 열려진 공간이 없는 경우로 보이며, 일방적 이야기가 아닌 보다 개방적인 이야기가 되는 것을 방해하는 한계를 스스로 만들고 있다. 하나님은 오직 혁명과의 관계에서만 이해가 가능한 것으로 희망, 해방, 혁명, 정치, 민중, 성령신학 등 기독교 후기 신학(post-Christian era theology)에 해당하는 시도로 민중해방을 위한 사회구조의 인간화을 촉구한다.[87] 그러나 민중의 이야기와 관련이 없는 이야기는 듣지도, 말하지도 않는다.[88]

과연 예수의 이야기는 민중의 이야기인가? 만약 그렇다면, 민중에게 하나님 나라는 무엇을 의미하는가? 위의 질문에 대한 답으로, 신학으로서 민중신학은 아직 완성되지 못했다. 다만 완성을 위해서는 민중의 귀에는 이상하게 들릴 수도 있는 예수의 이야기를 부분이 아닌 전체의 이야기를 듣고 판단해야 할 필요가 있다. 민중신학이 예수와 하나님 나라를 기독교 신앙에 속한 하나의 전형 내지는 상징으로 간주하면서 여전히 기독교를 표방한다면, 역사적 예수의 이야기를 원래의 의미로 이해하여 다시 듣는 일이야말로 무엇보다 시급히

---

86) Kraus, *God Our Savior,* pp. 144-48 참조.

87) Nam-Dong Suh, "Historical References for a Theology of Minjung," *Minjung Theology,* p. 166 참조.

88) Donald N. Clark, *Christianity in Modern Korea* (Lanham ; New York ; London : University Press of America, 1986), pp. 44-45 참조. 미국의 역사가인 클락의 눈에는 민중신학은 낭만적 사상이며, 비관주의와 낙관주의가 재미있게 섞여있는 것으로 보인다.

요구되는 일일 것이다. 예수의 이야기는 하나님 나라에서 시작된다. 나아가 기독교 신앙의 내용이해에 있어서, 하나님 나라에 관한 이해가 한 사람의 삶의 자세와 목적을 결정짓는 중요한 요소가 되는 것은 부인할 수 없는 사실이다. 따라서 예수와 그의 사역에 관련해서 하나님 나라는 과연 무엇이었는가를 살펴보는 것이 중요하다.

예수의 사역에 가장 중심된 주제는 바로 임박한 하나님 나라의 임재이다(막 1 : 14-15 ; 눅 11 : 20).[89] 사실 예수께서 인류를 위한 하

---

89) 예수께서 가르치신 하나님 나라에 관한 다양한 해석을 다음의 자료들을 통해서 살펴 볼 수 있다 : Norman Perrin, *The Kingdom of God in the Teaching of Jesus* (London : SCM Press, 1963) ; idem., *Rediscovering the Teaching of Jesus* (New York : Harper & Row ; London : SCM Press, 1967) ; idem., *Jesus and the Language of the Kingdom* (Philadelphia : Fortress Press, 1976) ; George Eldon Ladd, *Jesus and the Kingdom* (New York : Harper & Row, 1964) ; Gosta Lundstrom, *The Kingdom of God in the Teaching of Jesus,* trans. Joan Bulman (Richmond : John Knox Press, 1963) ; Jon Sobrino, *Christology at the Crossroads* (Maryknoll : Orbis Books, 1978), pp. 41ff. ; Walter Casper, *Jesus the Christ* (New York : Paulist Press, 1976), pp. 72ff. ; Leonhard Goppelt, *Theology of the New Testament,* vol. 1, trans. John E. Alsup & ed. Jurgen Roloff (Grand Rapids : Wm. B. Eerdmans Publishing Co., 1981), pp. 43ff. ; Bruce Chilton & J. I. H. McDonald, *Jesus and the Ethics of the Kingdom* (Grand Rapids : Wm. B. Eerdmans Publishing Co., 1987), pp. 3ff. ; Richard A. Horsley, *Jesus and the Spiral of Violence : Popular Jewish Resistance in Rome Palestine* (San Francisco : Harper & Row, 1987), pp. 167-208 ; Bruce Chilton, ed., *The Kingdom of God* (Philadelphia : Fortress Press ; London : SPCK, 1984).

나님의 구원을 선포하시고, 세상에서 하나님의 통치를 시작하셨
다.90) 예수의 선포를 듣고 따르려는 사람들은 하나님의 통치가 그들
의 삶 안에서 구체적으로 일어나고 있는 개인적인 경험이었다.91) 하
나님 나라를 하나님의 역동적 지배나 통치로 볼 때, 그리스도인들은
하나님께서 백성들 안에서 종말적 사건들을 통해서 그의 통치를 실
제로 이루시는 것으로 믿는다. 비록 하나님 나라의 비유가 유대주의
신학에 있어서 지배적 주제는 아니었지만,92) 예수께서 천국을 선포
하고, 비유들로 가르치셨을 때, 사람들의 생각에 무엇인가 분명한 생
각이 있었다고 생각할 수 있다.93)

---

90) 하나님 나라를 '천국'(마태가 사용한 유대적 표현과 일치)으로 받아들
    인 한국교회의 이해는 다분히 내세와 관련되어 죽은 영혼이 들어가는
    장소적 개념에 치우쳐 있는데, 이와 같은 편향적 이해를 수정하기 위
    해, 하나님 나라가 내포하고 있는 '하나님의 주권'에 관한 역동적 이해
    를 발견해야 한다. Goppelt, *Theology of the New Testament,* vol.
    1, p. 44 참조. Goppelt는 "천국을 경건한 신자가 죽은 후에 들어가는
    궁창 위에 있는 천상적 세상이라고 이해하는 일반적인 이해는 신약성
    경 안에서는 발견되지 않고 ; 오히려 유대적 묵시사상이나, 변형된 내
    용으로 영지주의 안에서 볼 수 있다"고 한다.

91) John Riches, *Jesus and the Transformation of Judaism* (New
    York : The Seabury Press, 1982), esp., p. 188 참조. 리치스가 예
    수를 당시의 유대적 전통들과 분리시키려는 작업은 지나치게 작위적
    인 것으로 보이나, 예수를 따르는 사람들에게 하나님 나라의 가르침과
    사역은 단순히 그들을 감동시키기 위한, 혹은 따르게 하기 위한 예를
    제시하는 것이 아니라, 하나님께서 사람들을 만나주시는 사랑의 참된
    내용으로 이해한 것은 옳다고 본다.

92) G. R. Beasley-Murray, *Jesus and the Kingdom of God* (Grand
    Rapids : Wm. B. Eerdmans Publishing Co. ; London : Pater-
    noster Press, 1986), p. 17 참조.

먼저 생각해 보아야 할 내용은, 구약의 관점에서 하나님 나라는 하나님과 그의 백성들 사이의 언약관계를 의미하는 것으로,[94] "하나님께서 의도하신 인간관계의 사회적 · 경제적 · 정치적 내용"을 포함한다.[95] 그런데 이 언약관계의 실체는 사람들로 하여금 그들이 하나님과 역동적 관계에 들어가기 위한 구체적인 반응을 요구한다.[96] 언약의 내용을 완성하시기 위한 사역을 통해 예수는 하나님 나라를 선포하시고, 구체적으로 그 내용을 증거하셨다. 고펠트의 말을 인용하면, "미래에 이루어질 하나님의 통치라는 개념은, 예수님 당시 모든 유대인 집단들에게 잘 알려진 내용이었으나, 어느 한 집단도 예수처럼 빈번히 그리고 중심적으로 그 말을 사용한 집단은 없었다"는 것이다.[97] 실제로 예수께서는 하나님 나라의 임재를 현재에 임한 사실로 뿐만 아니라, 미래에 일어날 사건으로도 이야기한다. 이런 배경에서 종말론은 예수의 가르침에 있어서 중심적인 위치를 차지하게 된다. 그러나 이러한 종말론적 접근방법은 역사적 예수를 잘 인식할 수 있는, 역사적 이해를 포함해야만 한다.[98] 물론 역사적 이해란 당시의 역사적 배경을 통해서 이루어져야만 하는 것을 의미한다. 한가

---

93) G. Klein, "The Biblical Understanding of 'The Kingdom of God,'" *Interpretation,* 26 (1972), p. 387-418 참조.

94) 구약의 내용에서 하나님이 왕이라는 사실에서, 하나님 나라와 관련된 언급은 거의 찾아 볼 수 없지만, 하나님 나라의 개념은 하나님의 통치, 즉 왕권과 관련되어 이해된다.

95) Richard A. Horsley, *Jesus and the Spiral of Violence,* p. 170.

96) Kraus, *Our Lord,* p. 179. 하나님의 주권이 언약관계의 회복을 위해 요구하는 것은 '회개'라고 주장한다.

97) Goppelt, *Theology of the New Testament,* vol. 1, p. 50.

98) G. W. Buchanan, *Jesus : The King and His Kingdom* (Macon : Mecer University Press, 1984) 참조.

지 분명한 사실은 예수께서도 자신의 가르침을 통해 하나님 나라가 무엇을 의미하는가를 명백히 정의하신 것은 아닌 것으로 보인다.[99]

예수의 가르침의 핵심적인 내용인 하나님 나라는 시간의 관점에서 분명한 이해를 제시하기가 쉽지 않은데, 그 이유는 예수께서 하나님 나라를 미래적 의미로만 사용한 것이 아니라 현재에 임했다고 말씀하셨기 때문이다.[100] 즉 예수의 말씀과 행동인 그의 가르침과

---

99) 예수께서는 하나님 나라를 삶으로 실천하셨다고 말할 수 있다. 다시 말해 예수의 삶, 죽음, 그리고 부활은 사람들의 오해와 극단적 요구를 주장하는 배경이 되는 하나님 나라에 관한 묵시적 언어들과는 전혀 다른 하나님 나라의 의미를 이해할 수 있는 기준이 된다. 하나님 나라의 의미는 단순히 어떤 특정한 이론이나 개념이해에 그치는 것이 아니라, 예수의 삶의 태도와 자세를 믿음으로 따라가는 삶을 통해서만 깨달을 수 있다. 따라서 그리스도인은 누구나 제자도에 대한 확실한 이해를 가져야만 한다(참고 : 막 8 : 25).

100) 하나님 나라의 임재가 "현재냐? 혹은 미래냐?"라는 질문을 두고 많은 논쟁들이 있어 왔다. 오늘 대부분의 학자들은 "이미 임했으나 아직도 완성된 것은 아니라"고 하는 사고의 틀 안에서 하나님 나라의 임재를 생각한다. 여기서 교회의 복음 선포가 하나님 나라가 아닌 예수의 십자가의 죽음과 부활에 그 초점이 있는 것은 바로 예수께서 선포하신 내용(하나님 나라)이 예수의 죽음과 부활을 통해 이미 성취된 사실을 보게 하는 분명한 증거가 된다. 즉 기독론과 구원론이 하나님의 계시의 성취와 약속의 구도 안에서 본질적으로 일치하며, 그 의미를 이해하는 데 있어서 서로 불가분리의 관계에 있음을 보게 된다. 따라서 기능적 기독론, 혹은 구원론을 제시할 때, 주의해야 할 사실은 기능을 단순히 수단으로 평가절하하는 과정에서 복음의 본질과는 무관한 내용과 결과를 수용할 위험이 있다는 것이다. 예수님의 가르침에 대한 이해에 있어서, 바이스와 슈바이쩌가 제시한 종말론적 성격이해의 중요성과 함께, C. H. Dodd의 '실현된 종말론 이해'와 R. Bultmann의

사역을 통해서 하나님의 미래 통치가 이미 시작되었음을 선포하셨던 것이다. 이와 같이 하나님 나라는 현재와 미래의 영역을 포함하고 있다. 예수의 가르침 안에서 이미 하나님 나라가 임했다는 사실을 확인했지만, 그렇다고 해서 미래의 임재와 혼돈해서는 안될 것이다.101) 또한 고펠트가 지적했듯이, 예수께서 그의 삶의 방식과 목적을 표현하기 위해 사용한 하나님 나라는 기본적으로 심판과 관련된 것이 아니라 하나님의 통치에 의한 구원과 관련된 것이라는 이해는 대단히 중요하다.102)

물론 성경을 자세히 연구하여 현재 일어나고 있는 모든 신학적, 윤리적 문제들에 대한 답을 제시하고 특정한 정치적 일정들도 제시할 수 있다는 가정없이도, 역사 안에 계시는 하나님과 미래에 완성될 하나님 나라를 확신할 수 있다. 신앙은 이미 하나님 나라로 드러난 종말론적 성격을 내포하고 있는 것이다. 그러므로 민중신학과 Kraus는, 예수 그리스도의 삶, 죽음, 그리고 부활 안에서 구원의 실

'미래적 종말론'의 대조적 견해의 차이, 그리고 구속사적 관점에서 '이미'와 '아직'의 구도속에서 종말론의 내용을 이해하는 다양한 견해들을 살펴볼 수 있다.

101) '현재'와 '미래'의 긴장관계 안에서 하나님의 주권에 의한 통치를 이해하는 것이 신앙의 내용을 바르게 이해하는 것으로 볼 수 있다. 긴장관계를 벗어나 어느 한쪽에 치우치게 되면, 신앙의 내용이 지나치게 초월적인 면을 강조하게 되어, 현실에 대한 무책임, 혹은 도피적 성향을 갖게 되고, 반면에 내재적인 면을 강조함으로 종말의 심판과는 무관하게 현실을 절대화하여 지상천국을 이루는 것을 지상과제로 간주할 수 있게 된다.

102) Goppelt, *Theology of the New Testament,* vol. 1, p. 61. 또 다른 예를 들어 보면 N. Perrin, *Rediscovering the Teachings of Jesus,* p. 59를 보라.

체를 찾으려고 노력하는, 그리스도인이라면 누구나 참여하는 작업을 행하고 있는 것이다. 또한 그들은 하나님 나라의 실체를 예수의 실천과 관련해서 이루려 한다는 공통점을 나타낸다. 그러나 민중신학이 결과론적 관점에서 기독교 신앙고백의 내용을 해체하려는 시도에 집중하고 있다면, Kraus는 신앙고백의 의미를 선교의 상황을 배경으로 제자도를 통해서 구체화시키려고 노력하는 것이다.

그런데 하나님 나라를 올바르게 이해하기 위한 단서를, 예수께서 세례를 받으신 후에 광야에서 시험을 받으신 사실에서 찾아볼 수 있다. 즉 예수께서 광야시험을 통해 하나님 아버지의 뜻을 이루기 위해 신실하게 순종하셨던 것처럼, 하나님께서 당신의 백성들을 구원하시는 이유는 무엇보다도 하나님의 언약에 대한 신실함에 있다는 점에 주의할 필요가 있다. 여기서 중요한 사실은 하나님의 신실하심이 언약의 내용의 순수성, 혹은 정당성을 유지할 수 있는 근거라는 점이다. 다시 말해 당신의 백성들의 역사와 삶을 통해 나타난 하나님의 절대적인 신실하심이 메시아인 예수 그리스도의 순종과 신뢰를 통해 구체적으로 드러난 것이다.[103] 하나님의 구원, 혹은 통치의 근거는 백성의 자세나 주어진 환경에 의한 것이기 이전에 하나님의 신실하심에 달려 있다는 사실을 잊지 말아야 한다.

지난 세기의 자유주의 신학이 내세우던 비종말론적 해석[104]과는

---

103) G. R. Beasley-Murray, *Jesus and the Kingdom of God,* p. 23 참조. 이사야 53 : 11-12절과 관련된 해석에서 "구약의 예언적 가르침에서 메시아는 야웨를 대신하여 하나님과 사람에게 독특하게 관련되며, 그의 통치의 도구가 된다"라고 기록하고 있다.

104) Adolf von Harnack, *What Is Christianity?* (1900 rep., New York : Harper, 1957), p. 56 참조. 하르낙은 예수께서 때때로 하나님 나라를 미래의 대변혁(재앙)으로 표현했음을 잘 알고 있었지만, 그러나 주

다른 이미 시작된 종말론적 관점에서 하나님 나라는, 예수께 반응하는 인간의 행위가 아니라, 예수를 통해 계시된 하나님의 역사이다. 하나님 나라의 의미를 해석하는 데 있어서, 월터 카스퍼는 몇 가지 유익한 제안을 내놓는다.105) 첫째로, 하나님 나라는 하나님의 정하신 때에 이루어진 사실과 명백히 관련되어진 종말론적 성격을 갖는다. 그러므로 예수의 실천 안에서 하나님 나라는 이스라엘의 궁극적 운명과 관련된 소망들과 함께, "종말에 하나님께서 자신을 온 세상의 절대적 주로 나타내시리라는 확고한 믿음"을 다루고 있다.106) 둘째로, 하나님 나라는 신학적 성격을 띤다. 카스퍼는 신학적 성격을 "구약과 유대교의 전승에서 하나님 나라의 임함은 하나님의 임함과 같은 의미다"라는 사실에서 발견한다.107) 하나님 나라가 종종 '통치' 혹은 '지배'로 번역되는 것은 왕국에 대한 세속적 이해를 피하기 위해서라고 본다. 하나님 나라는 약속된 구원과 함께 역사의 현장에 심판을 가져오시는 하나님의 임재이다. 셋째로, 하나님 나라는 구원론적 성격을 갖는다. 하나님은 전능하신 왕으로 그의 능력으로 통치하러 오셨다. 왕이란 개념 자체로 명백히 권력을 행사하는 의미를 내포하고 있으며, 새로운 질서를 세운다 ; 예수의 기적들은, 특히 그의 병고치는 이적들은 이런 면에서 하나님 나라에 기초하고 있다.

장하기를 하나님 나라의 임재는 핵심적 의미로서 예수와 모든 시대의 그리스도인들의 마음에 있다고 했다. 실제로 소위 자유주의 신학자들은 예수의 가르침을 지상낙원을 이루기 위한 기독교 윤리적 차원에서 수용하는 경향을 보인다.

105) Walter Kasper, trans. V. Green, *Jesus the Christ* (London : Burns & Oates ; New York : Paulist Press, 1976), pp. 72-88.

106) Ibid., p. 75.

107) Ibid., p. 78.

　그러나 예수의 가르침과 설교의 주제인 하나님 나라는 "그를 통해 이루신 사역 전체를 근거로 나타난다."108) 따라서 하나님 나라에 관한 질문은 예수에 관한 질문이 된다. 그럼에도 여전히 "어떻게 하나님 나라가 이미 사람들 가운데 존재하고 있는가?"라는 질문에 답해야 될 필요가 있다. 이 질문에 대한 답은 오직 제자도에서 찾아 볼 수 있을 것이다.109)

　제자도를 통해서 하나님 나라는 오늘 사람들의 삶 안에서 살아계신 하나님의 능력을 체험케 되는 것이다. 예수님의 지상명령과 함께 제자들이 새롭게 복음을 위한 제자의 삶을 살아가게 되는 모습은 우연이 아니다. 이제 "예수의 가르침에서 제자도는 무엇을 의미하는가?"라는 질문이 이 대화를 위한 질문이 된다. 김용복은 하나님 나라의 내용을 "정의, 교제, 그리고 평화"로 정의하며110), Kraus는 기독교의 제자도를 "그의(예수의) 운동과 함께하며, 그의 선교에 충성되이 참여한 결과로 고난을 받는 것"이라고 한다.111)

1. 종말론적 은사와 소명

Kraus의 신학에서, 그리스도인의 제자도는 '교제'로 정의되기도

---

108) Goppelt, *Theology of the New Testament,* vol. 1, p. 63.

109) Goppelt, *Theology of the New Testament,* vol. 1, p. 67 참조. 고펠트는 제자도의 중요성을 강조하며, "예수의 하나님 나라에 관한 비유들은 모든 사람들에게 전해졌지만, 오직 제자도 안에서 따르는 사람들만이 의도된 실체를 알 수 있다고 하며 다음의 성경본문을 근거로 제시한다 : '하나님 나라의 비밀을 너희에게는 주었으나 외인에게는 모든 것이 비유[수수께끼 같은 말들]로 하나니'(막 4 : 11)."

110) Yong-Bock Kim, "Messiah and Minjung," *Minjung Theology,* p. 187 참조.

111) Kraus, *God Our Savior,* pp. 39-41.

하며, "은혜에 대한 응답과 예수와의 관계로서, 예수께서 우리을 위해 이루신 내용들을 나타내게 된다."112) 그는 삶을 위해 이런 관계는 절대적으로 필요하다고 보기 때문에 다음과 같이 쓴다 : "아담(남자와 여자, 창 1 : 27 ; 5 : 2)은 언약 공동체 안에서 살도록 만들어졌다. 인간의 자기발견 혹은 인간성은 다른 사람들과의 책임있는 대면과 상호간의 행위에서 발견되지만, 궁극적으로는 하나님과의 대면에서 언약(관계)에 의한 책임을 받아들임으로써 찾아지는 것이다."113) 그러나 이와 같은 관계는 세상에서 계속해서 이루어지고 있는 하나님의 선교에 믿음으로 동참하는 것에 기초를 두어야만 한다. 이런 점에서 하나님 나라는 사람들로 하여금 어떠한 삶을 살아가야 하는가를 심각하게 생각하도록 도전한다. 민중신학이 예수의 주권을 거부하려 하지만, 그리스도인은 누구나 예수께서 주가 되심을 고백하고 증거해야만 하는 것이다. 하나님 나라는 그리스도인에게 새로운 정체성을 일깨우고 나아가 풍성한 삶을 누릴 수 있는 교제의 내용이 된다.

김용복은 한국 그리스도인들의 교제에 사용하는 말들을 분석하면서, '창조적 상징화'가, 그들이 처한 역사의 의미를 찾기 위해서, 민중의 고난과 아픔에 적용되었다고 주장한다.114) 그는 "성경의 묵시적 종말론적 언어가 한국 그리스도인들의 교제에서 정치적인 용어들이 되었다"고 생각한다.115) 실제로 한국 교회들은 성경에 기록된 이야기들을 유사한 한국민들의 이야기로 해석하는 오랜 역사를 갖고

---

112) Ibid., p. 40.

113) Kraus, *The Authentic Witness,* p. 118.

114) Yong-Bock Kim, "Korean Christianity as a Messianic Move-ment," *Minjung Theology,* p. 109 참조.

115) Ibid., p. 113.

있다. 성경의 이야기들을 이렇게 해석하는 방법을 통해서 고난 가운데 있는 사람들에게 가장 효과적으로 하나님의 구원의 내용을 전할 수 있었던 것이다. 이러한 교회의 해석은 단순히 사람들의 고난을 경감시키기 위한 목적으로만 행해진 것은 아니었다. 왜냐하면 김용복이 설명하듯이, "성령에 관한 말들이 중생과 회개의 의미들에 중점적으로 관련되어 있다"는 사실이다.116) 그는 한국 교회가 하나님의 구원을 전통적인 유교적 가치체계에서 서방선교사에 의한 도덕적 종교적 체계로의 개인적 이행이 이루어지는 단순히 개인적 영역에만 국한시키고 있다고 비판한다.117)

그러나 그의 비판은 한국인들이 기독교를 받아들인 이유를 설명하는 데 실패한 것으로 보인다. 일반적으로 대부분의 한국 그리스도인들이 전적으로 기독교를 수용한 것은 성경을 통해 알려진 신이 '하나님'이었기 때문이지, 신이 서양의 문화의 용어을 통해 '구원'으로 알려졌기 때문이 아니라는 사실이다.118) 구원의 내용 그 자체보다는, 하나님이 구원을 이루셨기 때문에 복음을 수용한 사실에서 기독교의 독특한 신앙은 사람들로 하여금 믿은 수 있는 이유를 제공한 것이다.119) 민중의 운동을 근거로 역사변혁에 집착하는 민중신학은

---

116) Ibid., p. 114.

117) Ibid.

118) Palmer, *Korea and Christianity,* pp. 15-18, 32-33 참조.

119) 기독교를 대중적 운동의 측면에서 이해하려면, 다음의 자료들을 참고하시오 : Bryan A. Wilson, "Millenialism in Comparative Perspective," *Comparative Studies in Society and History,* 6 (1963), p. 93-111 ; Eric Hoffer, *The True Believer* (New York : New American Library, 1963) ; Bernard Barber, "Acculturation and Messianic Movement," *American Sociological Review* (October

기독교 신앙 안에서 그와 같은 단서들을 찾으려고 노력한다. 당연히 하나님 나라가 민중신학에 있어서도 새로운 가능성을 수용할 수 있는 전형이 되게 된다. 김용복의 주장에 따르면 "하나님 나라의 상징적 힘은 기독교인들의 교제에서 결코 사라진 적이 없었다"고 한다.[120] 그러나 민중신학은 기독교 교회가 사용하는 구세주신앙의 언어를 교회의 범주를 넘어서까지 이뤄지는 역사적 변혁을 위한 도구로 규정한다. 민중신학이 이해하는 하나님 나라는 하나님의 주권과 그 주권이 통치하는 영역이 아니라 민중의 해방을 이루기 위한 수단인 것이다.

만일 기독교 신앙에 있어서 제자도가, Kraus의 의견과 같이, 개인의 체험에 관한 신학적 적용으로 하나님 나라에 참여하는 것이라면, 당연히 그리스도의 주권의 권위와 관련성을 현실의 삶 안에서 계속해서 찾아야만 할 것이다.[121] 여기서 하나님 나라는 모든 나라와 민족들을 예수 안에 불러 모으는 것을 목표로 한다. 하나님 나라는 오직 하나님의 선물이며 부르심으로 이해될 수 있다.[122] 예수께서 선

1941), p. 663-69.

120) Yong-Bock Kim, "Korean Christianity as a Messianic Movement," *Minjung Theology,* p. 117.

121) Se-Yoon Kim, "Is 'Minjung Theology' a Christian Theology ?", p. 271 참조. 김세윤 교수는 민중신학이, "기독교 신학으로서 적법성이 있는가?" 하는 문제를 다루면서, 민중신학의 상황화를 통한 시도를 한마디로 신약성경이 제시하는 가르침과는 상관이 없는 낭만적 시도로 정의하면서, 결과적으로 민중신학은 모든 사람이 모든 사람의 구세주가 되게 한다고 평한다.

122) Bruce Chilton & J. I. H. McDonald, eds., *Jesus and the Ethics of the Kingdom* (Grand Rapids : Wm. B. Eerdmans Publishing Co., 1987), p. 12ff 참조. 종말론과 기독론에 나타난 윤리를 하나로

포하시고 가르치신 하나님 나라는 사람들을 고취시키는 독립된 개념이 아니다. 오히려 하나님의 형상과 밀접히 관련되어 있으며, 진실한 공동체를 암시한다(고전 12 : 12-13 ; 엡 4 : 1-6). 나아가 첫 아담이 아닌 둘째 아담인 그리스도께서 새로운 창조라 불리울 수 있는 참된 공동체적 생존의 전형을 온전히 드러내셨다(갈 6 : 15 ; 고후 5 : 17). 결과적으로 하나님 나라는 예수 그리스도와 분리되어 이해될 수 없다는 사실을 성경은 분명하게 증거하고 있다.

사람은 누구나 예수를 주와 그리스도로 고백하는 신앙을 통해 구원에 이르게 된다. 그리스도를 주로 고백하는 것은,[123] Kraus에게는 "용서를 받은 것에 대한 반응으로서 태도의 변화"를 의미한다.[124] 즉 복음 안에서, 복음을 통해 사람들은 죄의 문제를 해결할 수 있는 길을 보게 되는 것이다. 그러나 민중신학은 죄의 의미를 부패한 사회구조악을 근거로 이해하며, 이 구조악의 희생자들인 민중을 구원의 도구로 이상화한다.[125] "기독교가 단언하는 자유가 지닌 가치를 위한 궁극적 보증을 찾는다면, 필연적으로 기독교 신앙이 창조되고

이해하는 것이 어려운 작업인 것을 보여 주는 이유는, 종말론이란 말 자체가 '내세적' 혹은 '비윤리적' 의미를 갖고 있기 때문이다. 칠톤은 바로 이와 같은 종말론과 윤리 사이의 역설적인 관계를 이해하기 위한 수단으로 하나님 나라의 비유를 제시한다.

123) Ibid., p. 76 참조.

124) Kraus, *Our Lord,* p. 239.

125) Daniel Liechy, *Theology in Postliberal Perspective* (Philadelphia : Trinity Press International ; London : SCM Press, 1990), p. 86 참조. 민중신학은 리치가 말하는 것처럼 후기자유주의 신학의 범주에 속하는 것으로 보이는데, 그 신학의 내용이란 다름 아니라 : "사람이 하나님을 해석하는 것을 연구하는 것이며, 인간을 위한 보다 더 적절하고 유용한 하나님 이해를 시도하는 것이다."

유지되는 예수 그리스도 안에서 발견된다"[126]고 하는 선언과 관련시켜 생각해 볼 때, 민중신학은 기독교 신학이기를 포기한 것으로 보인다.

의심할 바 없이 민중을 위해 가장 시급히 필요한 것은 예수 그리스도와 함께 마치 어린이와 같이 하나님 나라에 들어갈 것을 요구하는 그의 부르심을 알려주는 일일 것이다(마 18 : 3 ; 막 10 : 15 ; 눅 18 : 17). 어린아이들은, 성경의 본문에서, 하나님 나라를 선물로 받는 자들을 나타낸다.[127] Kraus는 그리스도인들이 제자도에 충실한 삶이 세상에서 하나님의 사역을 이루는 유일한 기능이라고 본다. 다시 말해 제자도는 사람들을 "은혜에 대한 응답과 예수와의 관련 속으로 인도함으로 그의 정체성의 새로운 내용들을 우리에게 나타낸다."[128] 그러므로 기독교의 제자도는, 하나님의 계속적인 사역의 증거로, 하나님 나라와 관련되어 이해되어야 한다. 하나님 나라는 예수 그리스도로 말미암아 이 세상에 임하신 하나님의 종말적 은사와 소명으로서, 하나님과의 역동적이고 열려진 관계를 요구함으로써 현재의 상황에 영향을 끼친다.[129]

2. 언약관계의 회복

예수의 선포와 가르침에서 하나님 나라는 종말론과 윤리가 상호

---

126) Delwin Brown, *To Set at Liberty : Christian Faith and Human Freedom* (Maryknoll : Orbis Books, 1981), p. 88.

127) Chilton & McDonald, eds., *Jesus and the Ethics of the Kingdom,* pp. 80-89 참조.

128) Kraus, *God Our Savior,* p. 40.

129) Dan O. Via, *The Ethics of Mark's Gospel in the Middle of Time* (Philadelphia : Fortress Press, 1985), p. 60 참조.

작용하도록 한다.[130] 하나님 나라는 은혜로운 부르심으로 사람들의 결단을 촉구하는 종말적 선물이다. 이 결단은 예수를 주와 그리스도로 고백하는 신앙에 기초한 회개를 전제로 한다. 즉 예수 그리스도의 삶과 죽음과 부활을 통해 언약의 완성된 내용으로 하나님의 계시의 결정적이고 최종적인 모습을 알게 된다. 다시 말해 하나님 나라가 삶의 정황과 만나게 될 때, 사람들은 예수의 생애에서 나타난 역설을 다루게 되는 것이다.[131] 이런 점에서 예수께서 제자들에게 제시하고 가르치신 그리스도인의 제자도는 제자들의 삶과 운명에 있어 대단히 중요한 회개로의 부름을 포함한다. 예수의 제자들의 경험을 통해서 제자도는 주어진 삶의 정황에서 하나님 나라의 의미를 활성화하기 위해 하나님 나라에 들어가도록 하는 초대로 인식된다. 실제로 이런 의미에서 예수 그리스도 자신은 하나님 나라의 비유이다.

예수께서는 하나님 나라를 어떻게 이해하셨는가? 민중신학이 편재하는 사회 부조리를 외면하는 기독교 신앙의 개인적 경건주의를 비난하는 것은 잘 알려진 사실이다. 사회·정치적 구도에서 신학의 작업을 시도하는 민중신학은, 천국을 지향하는 하나님 나라의 변증

---

130) Chilton & McDonald, *Jesus and the Ethics of the Kingdom,* p. 121 참조.

131) 예수 안에서 신성과 인성의 관계가 철학적 역설을 의미한다면, 예수의 이적들(병고침, 귀신을 쫓음, 자연이적, 죽은 자를 살리심)과 최종적 이적으로 죽음(요 12 : 23-28)과 부활(요나의 표적 : 마 12 : 38-42 ; 눅 11 : 29-32)의 관계 또한 역설적이다. 이런 역설적 관계는 예수와 하나님 아버지와의 관계를 통해서도 드러나게 된다(요 10 : 25, 36-38 ; 12 : 44-45 ; 14 : 8-11). 결국 예수 그리스도 안에서 하나님 나라가 이루어진 사실을 알 수 있으며, 이 하나님 나라를 통해 하나님의 선취적 주권의 행사와 인간의 책임있는 반응이 요구되는 사실을 보게 된다.

적 이상을 민중의 물질적 이상으로 축소한다.[132] 고난의 종인 예수의 역할은 오직 민중운동을 위한 것으로 제한된다.[133] 예수 그리스도는, 무력을 행사하는 것이 아니라 예언자적 사역을 통해 사람들을 억압하는 세력들과 싸우는 혁명적인 존재로 이해될 수 있는 것은 사실이다. 그러나 억압하는 세력들이란 사회적·정치적·종교적 세력들만이 아니라 사람의 실존의 모든 영역과 가깝게 관련되어 있는 영적인 세력도 포함된다.[134] 예수께서는 하나님 나라가 자신의 선포와 가르침, 특히 사역의 내용을 통해서 드러나고 있음을 증거하셨다(마 11 : 2-5 ; 12 : 28 ; 눅 7 : 22). 이 하나님 나라는 하나님의 임재와 일치하고 있으며, 성령을 통해 예수의 제자들의 사역 안에서 확장되어 가게 된다(행 1 : 3 ; 2 : 11 ; 20 : 25 ; 28 : 31). 예수의 제자들인 사도들은 하나님 나라의 복음이 예수 그리스도 안에서 성취된 사실

---

132) 하나님과 역사의 변증적 해석의 이해를 돕기 위해서는 다음의 자료들을 참고하시오 : Peter C. Hodgson, *God in History : Shapes of Freedom* (Nashville : Abingdon Press, 1989), esp., pp. 194-215 ; Anselm Kyongsuk Min, *Dialectics of Salvation : Issues in Theology of Liberation* (Albany, N.Y. : State University of New York Press, 1989), pp. 79-116.

133) 민중신학과는 달리, 예수를 회개와 변화를 요구하는 성령이 충만한 선지자로, 나아가 제자도를 영적인 것과 문화와의 변증적 관계를 통해 이해하려는 시도로 Marcus J. Borg의 *Jesus a New Vision : Spirit, Culture, and the Life of Discipleship* (San Francisco : Harper & Row, 1987)를 참고하시오.

134) 민중신학도, 불트만이 비신화의 작업을 실행하기 위한 전제로, 성경적 세계관은 현대인에의 사고에 적합하지 않다고 한 것처럼, 성경에 나타난 영적인 실체를 부정하는 자세를 택한다. 따라서 영적인 표현들은 단순히 상징에 지나지 않는 것으로 이해한다.

에 근거하여 하나님 나라를 직접 선포하고 가르치신 예수와는 달리 예수 그리스도의 죽음과 부활의 내용을 선포하고 가르치게 된다.

민중신학은 하나님 나라가 하나님의 아들이 아닌 민중의 구세주와 관련이 있다고 주장한다.135) 한국적 상황에서 민중의 현재의 고난과 투쟁의 의미를 제시하기 위해 노력하면서, 민중이 역사 안에 하나님의 구원을 실현하는 주체가 되며,136) 하나님 나라는 민중의 이상국가에 대한 열망에 부응하는 묵시적 이상으로 해석되기도 한다.137) 묵시적 이상국가의 이상을 활성화시키기 위해, 민중신학은 하나님 나라의 다양한 실체들을 이해할 수 있는 관념적 사고의 틀(예를 들면 산상수훈, 주의 만찬 등)138)을 개발하려고 노력하지 않는다. 오히려 하나님 나라 복음의 내용을 민중의 소망에 비추어 완전히 변

---

135) 안병무,『갈릴래아의 예수』, p. 105 ; 서남동,『민중신학의 탐구』, pp. 241-43 참조. 가난한 사람들, 억압받는 사람들과 관련하여 하나님 나라는 정치적 의미를 함축하고 있다고 한다.

136) 안병무는 마가복음 1장 15절에서 "하나님 나라가 가까왔다"는 것은 "이전 세상은 끝이 나고 새로운 세상이 창조된 것"을 의미한다고 해석한다 ["Jesus and the Minjung in the Gospel Mark," *Minjung Theology*, p. 151.

137) Yong-Hak Hyun, "Minjung Theology and the Religion of Han," p. 354 참조. 현영학은 민중신학이란 역사와 현실 안에서 그들의 문화와 그들의 사회적 전기에 표현된 내용인 그들이 보는 것, 느끼는 것, 이해하는 것, 생각하는 것, 행하는 것, 사는 것 등을 통해 민중이 누구이며, 무엇인가를 발견하려는 시도로 정의한다. 나아가 민중신학은 억압받는 사람들과 함께 참여하는 일을 통해 얻어진 경험과 배움에서 알게 된 하나님 나라의 실현으로서 정의의 지배, 사랑, 그리고 자유를 깨닫고 이루고자 하는 것이라고 주장한다.

138) Goppelt, op. cit., pp. 68-71 참조.

화시킨다.139) 민중신학과 Kraus는 모두 하나님 나라가 신자들의 삶의 사회적·정치적 영역과 관련되어 있다고 본다. 그러나 민중신학은 계급투쟁의 해석적 원리를 바탕으로 구원을 이루는 힘과 출처를 민중 자신들에게서 직접 찾는 반면, Kraus는 오직 예수 그리스도 안에서 구원의 출처와 내용을 발견한다.

성경을 통해서 알 수 있는 하나님 나라가 예수 그리스도 안에서 이루어진 종말적 하나님의 통치 속으로 그의 백성들을 초대하는 것을 내용으로 한다면, 제자도란 제자들에게 이해와 행동의 새로운 가능성을 제시한다.140) 기독교 신앙에서 제자도는 성령에 의해서 인도되어진 새로운 창조 안의 교제인 하나님 나라의 표적과 도구를 의미한다. 따라서 제자도는 세상 안에서 그리고 세상을 위한 하나님 나라의 소망의 내용을 증거해야만 한다. 예수 그리스도께서 십자가의 죽음을 통하여 선포하고 가르치신 하나님 나라를 이루는 결정적인 모습을 보이신 것처럼, 제자도에 있어서 예수 그리스도의 십자가는 그 상징이 된다. 나아가 예수 그리스도의 십자가는 그리스도인들이 삶의 역사적 현장에서 발생하는 형용할 수 없는 악의 행태앞에서 낙심치 않을 수 있도록 도와준다(고전 1 : 18-25). 예수 그리스도의 구속의 십자가는 예수 그리스도 자신과 결코 분리해서 이해할 수 없다. 나아가 십자가의 내용은 지적인 말들로 성취되는 것이 아니라, 하나님과 이웃을 향해서 열려진 남들과 함께하는 삶을 통해 이루어진다.

---

139) Yong-Bock Kim, "Korean Christianity as a Messianic Movement of People," *Minjung Theology,* pp. 113-16 참조.

140) 예를 들면 Louise Schotroff, "Non-violence and the Love of One's Enemy," *Essays on the Love Commandment,* ed. L. Schotroff, et. al. (Philadelphia : Fortress Press, 1978), pp. 9-39 를 참고하시오.

결과적으로 하나님 나라는 모든 사람에게 하나님과의 화해를 이루게 하는 회개로의 초대인 것이다.

민중신학이야말로 보다 폭넓고 깊이있는 회개를 이루기 위한 노력에 참여해야만 할 것이다. 왜냐하면 기독교 신앙의 지식은 한 번 죽는 것이 없으면, 예수 그리스도의 새로운 생명을 나누어 가질 수 있는 가능성은 없기 때문이다. 그러므로 예수 그리스도는 우리의 생각과는 상관없이, 우리에게 모순된 모습으로 다가오는 것이다. 민중에게도 예수의 십자가가 수치스러운 모습인 것은 피할 수 없는 사실이다. 그러나 예수의 십자가는 사람들에게 고통과 죽음을 주는 죄로부터 용서받을 수 있는 길을 제시하게 된다.[141] 하나님 나라를 선포하시고 하나님의 백성들을 그 나라로 초대하시는 예수의 구원 사역의 내용을 보면서, 하나님의 구원이 단지 물질적인 것만이 아니라 오히려 초월적인 혹은 영적인 면을 나타내고 있음을 알 수 있다. 예수의 승천과 함께, 하나님의 임재는 약속의 성령으로 세상에 임하시고, 하나님 나라는 아직도 완성을 향해 이루어져 가고 있음을 성경은 가르친다. 다시 말해 예수의 복음이 구세주의 고난을 강조함으로써 종말론적 구원이 내포하고 있는 '이미'와 '아직'의 긴장관계를 표현하는 것에서(히 4 : 15, 5 : 7-8), 사람들은 하나님 나라가 오기까지 고난 가운데서 인내해야만 하는 사실을 깨닫게 된다(히 10 : 27).

신약성경에서 죽음은 죄의 결과로 드러나며, 기독교 신앙은 예수께서 인류의 가장 크면서 마지막 적인 이 죄를 이기신 하나님의 아들로 고백한다(롬 5 : 12-19 ; 고전 15 : 25-28 ; 딤후 1 : 10 ; 요 11 : 26 등). 세상을 위한 예수 그리스도의 부활이 갖는 적합성은 자기

---

141) Kraus, *Our Lord,* p. 113 참조. 예수는 우리의 구원을 위한 하나님의 나타나심이며, 그 안에서 하나님은 우리와 함께하신다.

의 생명을 내어주기까지 하나님의 뜻에 순종하신 사랑의 힘과 비폭력에 의한 진리의 구현에 있다. 예수의 부활 자체는 미움, 불의, 그리고 온갖 종류의 악을 극복한 사랑의 승리이며, 인간일치의 승리이다.142) 위와 같은 신앙고백 위에서, Kraus는 하나님 나라가 그리스도의 주권에 속하는 것을 의미하거나, 혹은 영적이며 사회적·정치적 실체로서 하나님의 통치에 속하는 것으로 본다.143) 따라서 제자도는 예수의 부르심에 대한 응답으로 예수를 따르는 것을 의미한다.

그러나 민중신학자들에게 있어서 제자도는 무엇보다도 우선 사회 현실 안에서 가난하고 억눌린 사람들을 위한 투쟁에 참여하는 자기헌신과 관련된다. 복음이 선포될 때마다, 인간의 고난과 죽음은 십자가의 한 부분이 되어야만 하는 것이다.144) 즉 하나님의 선교가 비극적 인류역사에 있어서, 이기주의, 불의, 탐욕, 소외, 그리고 실망의 극적인 표본으로 사회의 가장 밑바닥에서 살아가는 사람들로부터 시작되어야 하는 이유이다.145) 민중신학은 전통적 교회를 현대인들의

---

142) Charles B. Cousar, *A Theology of the Cross : The Death of Jesus in the Pauline Letters* (Minneapolis : Fortress Press, 1990), p. 153 참조. 쿠사는 부활에 관해 "감추임과 역설이 끝났다. 그러므로 소망이 하나님의 미래의 승리, 즉 예수의 부활로 약속된 승리 안에 자리잡게 되었다"고 설명한다. 부활의 의미를 미래적으로 보는 다른 예로 J. Christiaan Beker, *Paul the Apostle : The Triumph of God in Life and Thought* (Philadelphia : Fortress Press, 1980)를 보시오.

143) Kraus, *Our Lord,* pp. 140-42 참조.

144) Jurgen Moltmann, *The Crucified God,* trans. R. A. Wilson and John Bowden (New York : Harper & Row, 1974) 참조.

145) 가난하고 힘이 없는, 그리고 억압받는 사람들에게 특권이 있다는 말은 그들이 다른 사람들보다 더 낫기 때문이 아니라, 가난 속에서 그들은

현실이해를 근거로 적극적으로 비판한다. 사실 한국의 보수적 교회들은, Kraus의 주장과 같이, 이런 도전에 대해서 영적 실체에 관한 명백한 증거들을 제시해야만 할 책임이 있다.146) 그러므로 그리스도의 영 안에서 제자도는 자유와 순종을 의미하는 것이며 세상과 유리된 삶이 아닌 성령에 의해 인도되어지는 삶 안에서의 체험인 것이다. 다만 제자도에서 자유란 전적으로 인간의 노력에 의존하고 있지 않다. 오히려 제자도는 자유에 관해 세상이 제공하는 안전이 헛된 것을 깨닫고, 예수 그리스도께서 성취하신 하나님 나라를 최우선으로 받아들이는 믿음에서 찾는다. 그렇기 때문에 Kraus는 하나님 나라가 세상의 사회적·정치적 실상과 관계한다는 사실을 알고 있지만, 오히려 비전제적인(non-imperialistic) 하나님 나라의 성격을 강조한다.147)

민중신학의 전제와 결과는 받아들일 수 없지만, 그 시도는 보수적 교회들로 하여금 그리스도인들의 제자도가 무엇인지를 다시금 질문할 수 있는 기회를 제공한다.148) 보수적인 한국교회들이 제자도란

신실한 하나님의 사랑에 대한 살아있는 증인이 되기 때문이다. 그들이 축복을 받는 것은 하나님 외에는 의지할 만한 사람이 없는 까닭에, 하나님만을 믿고 의지하기 때문이다(마 11 : 25-27 ; 25 : 31이하). : Orlando E. Costas, *Liberating News : A Theology of Contextual Evangelization* (Grand Rapids : Wm. B. Eerdmans Publishing Co., 1989) 참조.

146) Kraus, *God Our Savior,* pp. 152-54 참조. Kraus는 성령의 결속 안에서 성령에 동참하는 관계를 통해 기독교 신앙을 설명한다.

147) Kraus, *Our Lord,* pp. 141 참조.

148) Donal Dorr, *Spirituality and Justice* (Dublin : Gill and Mcmillan ; Maryknoll : Orbis Books, 1984), p. 36 참조. 도르는 제3세계의 신학이 가져온 도전은 다른 방법의 신학작업을 발견, 혹은 재발견하여

사회적·정치적 영역과는 관계가 없다고 주장하는 반면에, 민중신학은 하나님의 언약관계는 인간실존의 사회적·정치적 영역과 관련되어야만 한다고 주장한다. 대부분의 한국교회들이 복음의 비세속화, 제자도의 탈정치화를 주장하면서 가난하고 억눌린 사람들을 외면했을 때 민중신학은 나름대로 그들의 삶을 신학의 주제로 삼았다.[149] 마치 많은 해방신학자들이 누가복음에 기록된 마리아의 찬양에서 예수의 하나님은 가난하고 천한 사람들을 위한 하나님이며, 그 사실이 복음서 전체에 반영되고 있다고 보았듯이, 민중신학도 가난하고 억눌린 민중의 해방을 위한 신학의 작업을 수행한다. 호이트 토마스가 "누가에게 있어서 하나님 나라는 가난한 사람들의 것이었으며, 부자들은 가난하고 궁핍한 사람들을 대하는 자세에 따라 하나님 나라를 함께 나눌 수 있다"고[150] 주장하는 것처럼, 복음의 내용이 결코 현실을 외면하거나 타협하는 것이 아님에도 불구하고, 한국교회가 지나치게 영적인 것과 내세적인 면을 강조함으로 현실에 대한 책임을 감당하지 못하고 만 것은 사실이다.

실제로 공관복음서들은 예수가 나사렛인 목수였음을 잘 그리고 있다. 헹겔의 견해에 따르면, 예수는 중산층 장식기능공이었으나,[151] 순회하며 가르치는 선생이 되었고, 누구보다도 더 가난한 삶을 살았

삶에 보다 밀접한, 그래서 모든 책임과 자세, 그리고 느낌에까지도 영향을 끼치는 다른 종류의 신학을 이룬다고 기술한다.

149) Yong-Bock Kim, "Minjung Economics : Covenant with the Poor," *The Ecumenical Review,* 38, no. 3 (1986), p. 280-85 참조.

150) Hoyt Thomas, *The Poor in Luke-Acts* (Ann Arbor, Mich. : University Microfilms, 1975), p. 167.

151) Martin Hengel, *Property and Riches in the Early Church* (Philadelphia : Fortress Press, 1974), p. 27.

다(마 8 : 20).152) 홀스리는 "근본적으로 복음의 전승은 가난한 자들을 우선하고 부자들을 비난하며,……하나님 나라가 가난한 자들을 위하여 제공된다"고 주장한다.153) 따라서 마태복음 5장 3, 6절은 보다 원형에 가까운 누가복음 6장 20, 21절, 혹은 Q의 내용과 다를 바 없는데,154) 본문을 통해 예수께서 가난하고 억눌린 사람들에 관해 깊은 관심을 갖고 있었다는 것은 부인할 수 없는 사실이었음을 알게 된다. 그러나 예수의 지상적 관심은 아버지의 뜻을 실천하는 데 있었다. 그러므로 예수의 언행에 나타나는 하나님 나라는 가난한 자들만을 위한 것이 아니라 세상의 생명을 회복시키기 위해 의로운 사람들을 지지하고, 불의한 사람들을 심판하는 것으로 이해된다.

민중신학과 Kraus는 가난한 사람들의 궁극적 희망이 종말에 이루어질 현실의 반전에 관한 약속인 것을 동의한다. 그러나 언약의 관계 안에서 이루어질 이 반전을 이루는 동기는 종말적 복수(보복)가 아니라, 궁극적 정의인 것이다. 현실에서 이 동기는 가난한 자들을 위로하는 말씀이며, 부자들을 향한 경고다. 그렇기 때문에 누구라도 고난받고 억압받는 사람들을 위한 소망과 정의의 궁극적 이상을 이루는 힘과 활력을 과소평가해서는 안될 것이다. 바로 이 이상(vision)이 힘과 인내를 제공하고 가장 비인간적인 상황에서도 사람들의 존엄성과 가치를 지킬 수 있는 살아있는 신앙을 가능케 한다.155) 하나님 나라의 이상에 근거한 궁극적 정의의 회복에 관한 확

---

152) Gerd Theissen, *The First Followers of Jesus,* trans. John Bowden (London : SCM Press, 1978), p. 8 참조.

153) Richard A. Horsley, *Jesus and the Spiral of Violence,* p. 248.

154) Ibid., p. 249.

155) George W. Stroup, *The Promise of Narrative Theology : Rediscovering the Gospel in the Church* (Atlanta : John Knox

신은 현실에 안주하려는 수동적 자세로 가지 않게 한다. 믿음은 지금, 이곳에 하나님이 언제가는 허락하실 그러한 세상을 위해 일하려는 결심을 낳는다. 그러나 민중신학이 민중을 세속적 그리스도로 동일시하며, 세속적 그리스도의 이상으로 하나님 나라를 민중의 현실 안에서 민중과의 일체를 통한 새로운 관계에 참여하는 것으로 보았다면, Kraus는 예수 그리스도가 이루신[156] 하나님 나라가 죄의 권세로부터 자유롭게 하시는 하나님의 은혜를 드러낸다고 한다.[157]

3. 하나님의 임재와 능력의 나타남

Kraus는 하나님 나라의 역동적 힘을 전적으로 은혜에 의한 선물로, 인간의 구원으로, 끊임없이 다시 새로와지는 회개로의 초대로 간주한다. 하나님 나라는 역사적 실체를 성령의 힘으로 변화시키기 위해, 하나님과 이웃을 향해 자신을 온전히 개방하라는 요구이다. 그러므로 Kraus는 예수 그리스도의 복음에 반응하는 개인적 회개에서 하나님 나라의 본질에 관한 가장 심오한 형태를 찾는다 : "가라사대 때가 찼고 하나님 나라가 가까왔으니 회개하고 복음을 믿으라"(막 1 : 15). 그러나 민중신학은 마가복음 1장 15절은 예수가 민중과 연대

Press, 1981), p. 24 참조. 스트롭이 지적하고 있는 교회의 정체성의 위기에 관한 네 가지 내용에서 민중신학이 내포하는 위험과 함께 현금의 보수적 교회들의 모습을 반성할 수 있는 근거를 찾아 볼 수 있다 : 1) 교회생활에서 성경이 차지하는 위치 ; 2) 신학적 전통의 상실 ; 3) 교회의 생활에서 신학적 반성의 부재 ; 4) 신앙에 의한 자기-정체성 창출의 불능.

156) Kraus, *God Our Savior,* pp. 215-23 참조. Kraus는 예수의 십자가에서 하나님과 인류의 관계가 회복된다고 본다. 왜냐하면 예수의 죽음은 대속적 죽음으로 관계를 회복시키는 의미가 있기 때문이다.

157) Kraus, *Our Lord,* p. 184 참조.

를 선언하는, 즉 민중이 역사의 주체가 되는 종말의 시작을 의미하는 것으로 본다. 현실의 문제를 근거로 한 세속화신학이자 정치신학인 민중신학은 민중이 하나님 나라의 본질에 참여함으로 부활의 그리스도가 된다고 주장한다.

Kraus는 또한 하나님께서 역사에 개입하심으로 그리스도인들의 삶에 의미를 주었는데, 그 의미는 십자가에 죽으시고 부활하신 예수 그리스도 안에 나타나신 하나님에게서 가장 분명히 발견된다. 이런 관점에서 말씀이 육신이 되신 예수 그리스도는 "종말론을 필요로 한다."158) 실제로 그리스도인들에게 하나님의 구원의 계시는 인격적 관계를 통해 드러난다. 에릭 러스트는 존 베일리의 가르침인 "인격적 하나님은 인격적인 방법으로 자신을 나타내셔야 하므로 하나님의 계시의 핵심은 자기의사소통과 인격적 자기현시이다"라는 내용을 인용하여 하나님의 계시를 설명한다.159) 하나님의 계시의 내용은 아버지와 아들의 교제를 의미하며, 종말에 그 교제를 세상에 나타내심으로 창조의 원래적 의도를 완성하시는 모습을 드러낸다. 따라서 러스트의 주장처럼 예수 그리스도의 계시적 사건을 통해 역사는 "하나님께서 피조물들에게 자신의 임재, 목적, 행위를 드러내는 매개체가 된다."160)

요약하면 역사적 사건이 계시적 사건이 되었다는 것이다. 그러나 여전히 러스트는 경고하기를 "예수 안에서 우리는 다른 모든 계시를 능가하는 나아가 그 차이가 정도의 차이가 아닌 종류의 차이가 되는 독특한 하나님의 계시를 갖고 있다"는 것이다.161) 바꾸어 말하면 예

---

158) Kraus, *God Our Savior,* p. 197.

159) Eric C. Rust, "Theological Emphases of the Past Three Decades," *Review and Expositor,* 78 (1981), p. 260.

160) Ibid.

수 자신이 하나님의 계시였다면, 선지자들은 계시를 지적하는 도구
에 지나지 않는다는 의미이다. 그러므로 성육신을 통해서 알려진 하
나님과 역사 사이에 있는 역설적 관계에 반응하기 위해, 민중신학은
이야기들을 통해서 인간성에 있는 초월적 영역을 발견하려 한다.162)
그러나 민중신학은 "하나님의 내재성의 직접적 교리가 아니라 삼위
일체론에 근거해서 성육신이 기독교의 다른 일반적인 가르침과 연관
되고 있다"는 존 맥쾨리의 주장을 숙고해야 할 필요가 있다.163)

   기독론의 역사적 발전의 뿌리는 처음 그리스도인들이 물려받은
구약의 하나님에 관한 이해에 있다. 사실 하나님에 관한 신약의 언
급은 거의 모두가 예수 그리스도 혹은 성령이 아니라, 이스라엘의
전통적 하나님을 가리키고 있다. 그러나 민중신학은 민중전통의 상
대적인 역사와 성경적 민중 전통들을 동일하게 인식할 것을 강요한
다.164) 구약의 하나님께서 언약의 백성들을 통해 이 땅 위에 이루시
려는 'Shalom'의 의미가 민중해방을 위한 실천(praxis)을 강조하고
있다는 식의 구약이해를 통해, 단지 민중이 주체가 되는 세속적 의
미를 뒷받침하는 이상(vision)에 지나지 않게 한다.165)

---

161) Ibid., p. 261.

162) James Breech, *Jesus and Postmodernism* (Minneapolis :
   Fortress Press, 1989), p. 77 참조. 브리치는 예수의 비유 중에서 허
   무주의도 윤리적 인간성도 아닌 새로운 형태의 인간성을 볼 수 있다
   고 주장한다.

163) John Macquarrie, *Jesus Christ in Modern Thought,* pp. 378.

164) Yong-Bock Kim, "Messiah and Minjung," *Minjung Theology,*
   pp. 182-92 참조.

165) Nicholas Wolterstorff, *Until Justice & Peace Embrace* (Grand
   Rapids : Wm. B. Eerdmans Publishing Co., 1983), pp. 172-74 참
   조. 월터스톨프도 그리스도인의 헌신이 사회참여의 형태를 취하게 되

그럼에도 현실에서 하나님 나라의 진정한 의미를 발견하려는 노력을 이루기 위해, 현실을 위에서가 아닌 아래서부터 보려는 자세가 중요하다. 현실에서 고난과 억압을 당하는 사람들의 목소리를 경청함으로, 하나님 나라의 의미와 하나님 형상에 대한 올바른 이해를 갖게 될 것이다.166)

그러나 종교 다원화의 입장을 수용하는 민중신학의 주장과 같이 다양한 종교적 전통들이 궁극적으로 동일한 것이라면, 따라서 한분이신 하나님을 대표하는 여러 가지 형태의 믿음이라면, 민중전승에 나타난 익명의 그리스도는 과연 누구인가? 하나님께서 고난의 종으

는 것을 인정하지만, 그러나 문화적 요구 자체만으로는 학자들의 실천의 근거를 세우기에는 부족하다고 생각한다(p. 172). 그는 또한 실천을 위한 이론적 근거의 제시에 앞서 이론적 근거에 의한 실천이 필요함을 역설하고 있다. 사실 복음의 세속화를 주장하는 민중신학은 민중을 위한 사회-정치적 해방을 위한 민중투쟁과 복음과의 접목을 이론화시키고 있다. 그러나 월터스톨프의 견해가 시사하는 바를 충분히 음미해 볼 필요가 있다. 즉 민중신학은 계시를 민중해방의 틀에 맞추려는 시도를 통해 하나님이 구원을 이루시는 행위로 해석하는 것이다. 민중신학 안에서도 다양성을 무시할 수 없지만, 민중이 주인이 되는 해방은 하나님의 계시를 통해 증거되는 해방과는 결코 일치할 수 없다는 점을 인식해야만 한다.

166) Conrad Boerma, *The Rich, The Poor and the Bible,* trans. John Bowden (Philadelphia : The Westminster Press, 1979) ; Leslie J. Hoppe, *Being the Poor : A Biblical Study* (Wilmington, Del. : Michael Glazier, 1987) ; Ivo Lesbaupin, *Blessed Are the Poor : Christian Life in the Roman Empire, A.D. 64-313,* trans. Robert Barr (Maryknoll : Orbis Books, 1987) ; Klaus Wengst, *Humility : Solidarity of the Humiliated,* trans. John Bowden (Philadelphia : Fortress Press, 1988) 참조.

로 아직도 세상의 고난에 관심을 갖고 계신다면, 하나님을 잘 이해하는 것은 중요한 일일 것이다. 기독교 신앙은 그리스도를 하나님께서 보내셨으며, 예수가 참 하나님의 아들이며, 하나님의 말씀이고, 심지어 하나님인 사실을 주장한다. 즉 하나님의 계시를 하나님의 자기계시인 예수 그리스도를 통하여 새롭게 이해하게 된 것이며,[167] 동일한 관점에서 그리스도인들도 예수 그리스도께서 부르시고 보내신 사실을 고백하는 신앙의 기초 위에 살아간다. 이와 같이 구약에 나타난 이스라엘의 하나님과 예수 그리스도 안에서 새로운 계시 사이의 상호해석과 침투를 통해서 그리스도인의 신앙고백은 삼위일체 하나님과의 만남 위에 세워진다.[168] 결과적으로 예수라는 역사적 실존인물이 없이는 결코 그리스도가 누구인가에 대한 역사적 지식이 있을 수 없다는 명백한 사실에 비추어 익명의 그리스도란 존재할 수 없는 것이다.[169]

---

167) Kraus, *God Our Savior,* p. 41 참조. 예수 그리스도로 인한 하나님의 자기계시를 Kraus는 '최고의 규범적 하나님의 계시'라고 규정한다. 다시 말해 구원론적 내용만을 현실문제의 해결을 위해 수용하는 민중신학이 하나님의 계시로서 성경과 그 가르침을 상대화하는 세속화의 입장을 수용하였다면, 선교적 관점에서 Kraus는 계시의 말씀을 근거로 한 기독론 이해를 규범으로 해서 새로운 문화적 가치를 수용하려는 자세를 취한다.

168) Macquarrie, *Jesus Christ in Modern Thought,* p. 378 참조.

169) 비록 민중의 경험과 기독교 전통 속에 있는 의미 사이의 상호관계를 만들어 가며 새로운 의미를 재형성하려는 시도가 현대인들의 가치관에 맞추려는 수정주의적 자세를 갖게 됨으로써 전통적 신 개념을 부정하고 예수 그리스도는 단지 다른 사람들을 위해 살아간 본보기로 혹은 참 자유한 사람의 모습을 드러낸 것으로 그 의미를 부여한다. 민중신학이 1960년대와 70년대의 한국사회의 현실적 문제를 지적한 것

이와 같은 역사적 사건들을 통해 나타나는 초월적 하나님에 관한 새로운 발전적 이해(예 : 예수 그리스도의 성육신, 십자가의 죽음과 부활)는 하나님의 인성이 그의 초월성과 만나는 면을 근거로 하고 있는 것이다.170) 그러나 만일 기독론의 전제가 사람이 하나님이 되는 것에서 출발하게 된다면, 양자설(adoptionism)과 펠라기안주의 (Pelagianism)의 잘못을 피할 수 있는 방법은 없을 것이다. 따라서 하나님의 인성과 신성의 만남을 통해 드러난 새로운 관점에서의 하나님과 사람 사이의 관계에 대한 이해도 결국은 모든 것이 "하나님에게서 온 사실"을 인정해야만 할 것이다. 하나님의 임재와 능력을 전하는 수단의 의미는 하나님에 의해 결정되는 것으로, Kraus의 주장과 같이 "하나님께서 인간과 세우신 언약 안에서 인간의 운명이 성취되기 위한 상황을 설정하신다"라는 고백이 기독교 신앙의 핵심이 되며, 예수의 인성을 이해하기 위한 전제가 되는 것이다.171)

하나님의 형상인 그리스도는 하나님의 뜻을 계시하고 계속해서 반복적으로 계시한다. 그러므로 그리스도의 사역은 인류 안에서 하나님의 형상에 관한 의사전달로 정의되고 역사는 하나님의 구속사역이 계속되는 곳으로 이해된다.172) 타락한 하나님의 형상인 인간은

은 사실이나, 그 문제를 해결하기 위해 하나님의 권위와 성경의 권위를 변화시키려는 혹은 부정하려는 의도는 민중신학이 더 이상 기독교 신학이 될 수 있는가라는 질문에 대한 심각한 반성을 요구한다.

170) Kraus, *God Our Savior,* pp. 102이하 참조. Kraus는 예수 그리스도로 인한 하나님의 인성의 핵심에 대한 규명 작업이 오늘날 심각한 윤리적 정치적 문제들을 야기하고 있다고 보며, 또한 예수의 인성에 관한 질문은 예수가 '하나님의 형상'이라고 불리는 사실에서 "인간은 무엇인가?"라는 질문과도 연결되는 것으로 이해한다.

171) Ibid., p. 113.

하나님 나라에 들어가기 위한 전제조건으로 용서를 받아야 할 필요가 있다. 신학의 작업에 주관주의적 성향이 있을 수밖에 없는 사실을 인정하는 민중신학은 민중이 자율적인 주체인 것을 선언하는 데 아무런 어려움도 느끼지 않는다. 그러나 Kraus는 인간이 전적으로 하나님 나라를 이루기 위한 고난의 종으로 자신을 주시는 사랑을 통해 자신을 나타내신 하나님께 의존해야만 하는 존재인 사실을 선언한다. 다시 말해 하나님의 아들인 예수를 믿는 믿음 안에서 회개를 통한 하나님과의 지속적인 화해가 진정한 제자도를 실천할 수 있는 전제조건인 것이다.

성경의 말씀을 통해 예수의 선포와 가르침에 나타난 하나님 나라는 종말론과 윤리의 두 가지 측면의 상호작용을 내포하고 있으며, 이 하나님 나라의 실행자는 예수 자신이셨다. 이 하나님 나라에 동참하는 것을 제자도라고 한다면, 제자도는 당연히 주어진 삶 안에서 예수 그리스도의 주권의 권위에 순종하는 데 그 초점이 맞추어져야 할 것이다. 따라서 하나님의 선물이며 소명으로 임한 하나님 나라의 목표는 모든 나라와 민족으로 하여금 예수 그리스도의 주권을 알게 하는 것이다. 그렇기 때문에 민중신학의 주장과는 달리 하나님 나라가 민중의 열망을 나타내는 독립된 상징으로 보는 것은 적절치 못하다. 오히려 하나님 나라는 예수 그리스도와의 관계 안에서만 올바르게 이해될 수 있는 것이다.

4. 고난과 나눔을 통한 일치

하나님 나라의 성격을 가장 분명하게 드러낸 사건은 예수의 십자가인 것은 민중신학과 Kraus가 함께 인정하는 사실이다. 실제로 하

---

172) Ibid., pp. 115-16.

나님의 구원은 십자가를 통해 인간의 죄의 문제를 해결해 주신 역사적 사실에 근거한다. 다만 민중신학은 구원이 내포하는 초월적인 면을 계급투쟁의 내용에 속한 이념적 도구로 규정하며, 구원의 내용을 현실적인 인간의 문제 안에서만 인정하려는 경향을 보인다. 그러므로 구원은 민중의 해방을 위한 투쟁에 동참하고, 민중의 고난과 함께하는 것에서 그 의미를 찾을 수 있다고 보는 것이다. 그러나 예수 그리스도의 계시를 통해 나타난 믿음은 인간의 측면에서 결단을 요구하지만, 인간의 노력이 구원을 이루는 것이 아니라, 하나님께서 이루신 초월적인 구원에로의 초대에 대한 응답인 것이다. 그러므로 Kraus는 구원에 대한 이해에 있어서 루터가 강조한 '오직 믿음'이라는 입장을 수용한다.[173] 그러나 Kraus는 그리스도의 주권 아래서 믿음과 인간의 노력 두 축 사이의 균형을 발견할 수 있는 적절한 해석 수단의 필요성을 강조한다.[174] 또한 이 두 축 사이의 균형을 발견하려는 시도가 인위적인 노력이 되어서는 안됨을 지적하며, 오히려 그리스도와 일치 혹은 연합하는 경험은 하나님에게서 받는 용서의 경험에 의해 그 진정성을 검증받아야만 할 것이라고 한다.

  구원의 경험으로서 용서란 은혜의 행위에서 비롯된 것이기 때문에, Kraus는 "그것(용서)은 법적인 사면을 능가하며, 죄로 인한 수치와 죄책이 사라지는 인격적 관계의 새로운 질서의 창조를 말한다"고 주장한다.[175] 용서는 "그리스도의 삶과 죽음이 한 사람의 삶에 영

---

173) Kraus, *Our Lord,* p. 235 참조. 루터가 오직 믿음으로 구원을 얻는다고 강조한 것은 구원을 "인간의 노력에 의한 것이거나, 또한 교회가 베푸는 은혜의 수단인 성례에 의존하는 것으로 생각하는 잘못된 강조를 수정하기 위한 시도"였다고 설명한다.

174) Ibid., p. 236. Kraus는 은혜의 경험 안에서 그리스도와의 연합은 윤리적 반응을 촉구하는 것으로 생각한다.

향을 끼치는 주관적 과정"이라고 Kraus는 이해한다.[176] 따라서 Kraus는 그리스도와의 관계를 기독교 신앙에서 가장 중요한 요소로 강조하며, 구원은 근본적으로 하나님과의 관계의 회복을 의미한다고 본다. 민중신학이 구조악의 희생자로 간주하는 민중의 결백성을 주장하면서, 그리스도인들은 천년왕국을 실현하기 위해서 민중의 편에 서야 한다고 주장하지만, Kraus는 그리스도의 주권에 기초한 변화된 개인적, 사회적 삶의 모범을 실천해야 하는 것으로 생각한다.[177]

하나님 나라는 예수 그리스도의 십자가와 부활을 통해서 성취된다. 그래서 기독교 신학을 표방하는 민중신학도 예수가 개인적 구원을 이루는 점에서 구원자로 인정한다. 그러나 개인적 구원의 전가로 인해 민중은 자율적 구원의 성취를 이루어야만 하는 또 다른 구세주로서 역사의 주체가 된다는 것이다. 기능적 기독론의 내용에서 하나님의 구원은 인간의 성취와 동일시되는 경향이 드러난다. 그러면 예수 그리스도가 이루신 구원의 내용이 인간의 관계에까지 발전되어야 한다는 Kraus의 주장은 하나님의 선교에서 예수의 역할을 불완전한 것으로 혹은 결정적이지 않은 것으로 만드는 것인가? 실제로 Kraus는 그리스도의 주권과 그를 따르는 사람들 사이에 진정한 관계가 이루어질 것을 원한다. 그는 그리스도가 믿음으로 인한 의의 개척자라

---

175) Ibid., p. 236.

176) Ibid., p. 239.

177) Ibid., p. 241. 예수 그리스도의 주권과 하나님 나라의 관계를 Kraus는 다음과 같이 풀어간다. "우리의 구세주-왕이신 예수의 선교는 하나님의 주권 아래서 인간관계에 관한 새로운 사회적-영적 질서를 시작한다. '하나님 나라와 그의 의'로 알려진(마 6 : 33), 이 새 질서의 형태는 예수 자신이다.…… 그리스도의 구원은 그와 같은 관계들의 형태가 실현되며, 사람들 사이에서도 이루어지는 것에서 성취된다."

고 한다. 따라서 그리스도인들은 "그리스도의 진정한 유일성을 제자들과의 사역과 비교하여 그의 질적으로 다른 사역에서 찾을 뿐만 아니라, 구주로서 그의 지속적인 권위와 사역에 대한 통제를 인식하고 그의 성령의 성취하시는 역할에 합당한 신뢰를 주는 것에서 대리할 수 있다"고 본다.[178]

이런 점에서 성령의 역할은 그리스도 안에서 그와 함께하는 개인적이며 공동체적인 교제와 직접 관련된다.[179] 구세주인 그리스도는 역사 안에서 자신의 사역을 계속하기 위해 성령을 제자들에게 보내주셨다. 따라서 교회는, 신약성경이 증거하고 있는 것처럼, 창조와 그리스도 안에서 성취된 내용인 공동체를 위한 인간적 가능성의 재창조이다.[180] 현실적 고난을 극복하기 위한 수단으로 민중신학이 하나님 나라를 상징적 의미로 민중의 초월적 경험과 결부시켜 해석했다면, Kraus는 역사적 가능성으로 예수 그리스도의 주권에 의한 통치로 하나님의 지속적인 선교의 내용으로 이해한다. 교회가 민중현실과의 연합을 통해 그 진정성을 회복해야 한다고 주장하는 민중신학과는 달리 교회는 종말적 가능성을 통해서 주어진 환경과 구별되어야 한다고 Kraus는 주장한다.[181] 교회가 제시할 수 있는 종말적

---

178) Ibid.

179) Kraus, *God Our Savior,* p. 241 참조.

180) Ibid., p. 164 참조. Kraus는, 교회는 메시아적 운동이며, 그 기원은 전적으로 예수 그리스도의 종말적 사역에 있다고 말한다. 그러므로 교회는 하나님의 통치의 표적인 그리스도 안에서 새로운 역사적 가능성의 표현이라고 한다. 즉 모든 것이 최종적으로 새롭게 될 종말을 가리키는, 창조에 의한 새 질서의 예견적 표시가 교회인 것이다.

181) 구원에 관한 이해에 있어서 하나님의 원래 의도가 창조를 통해서도 계시된 사실을 전제로 하고 있는 Kraus의 입장을 볼 수 있다.

가능성이란 "종의 도와 십자가의 길을 따르는 삶"인 것이다.[182] 이런 의미에서 제자도란 그리스도의 남은 고난을 몸에 채우는 일로 표현할 수 있다(빌 3 : 10).

민중신학이 '민중교회'만이 진정한 의미에 있어서 교회라고 주장함으로 인해 발생한 교회의 본질에 대한 논의는 그 배경에 기존의 교회가 복음의 구현을 활성화하지 못한 원인이 있음을 알 수 있다. 서남동 교수가 역사적 예수의 이야기와 민중의 한을 일치시키면서 역사적 전형을 창출하려고 시도했다면,[183] Kraus는 구원을 "단번에 영원히 성취하신" 그리스도의 사역을 강조하며 그리스도의 주권 아래서 역사적 가능성을 실천하는 믿음의 공동체로서의 교회를 주장한다.[184] 비록 민중신학이 사회·정치적 신학으로 비인간적 환경을 낳게 한 산업화와 현대화, 그리고 전제적인 지배 아래서 신음하는 민중의 고난을 신학의 주제로 삼아, 민중의 한을 풀기 위한 상황화를 주장했지만, 예수 그리스도의 주권과는 전혀 무관한 채, 민중의 해방을 위해 고난에 동참하여 그들과 함께 나누는 삶은, 결코 예수 그리스도께서 이루신 하나님 나라의 실체로서, 화목을 전제로 한 구원의 내용을 실천하는 것과는 관련이 없는 것으로 보인다.

예수께서는 자기의 생명을 교회만을 위해서가 아닌, 온 세상을 위

---

182) Ibid., p. 38.

183) Nam-Dong Suh, "Historical Reference for a Theology of Minjung," *Minjung Theology,* p. 179 참조. 서 교수는 교회의 역할을 한(恨)에 의한 악순환의 고리를 끊는 것에 있다고 본다. 따라서 교회는 무엇보다도 우선적으로 한을 갖고 살아가는 민중들을 위로하고 그들의 편에 서야 하며, 어느 정도의 폭력의 행사도 불사할 수 있으며, 모든 진보적인 사고를 수용할 수 있는 곳이 바로 민중교회라고 한다.

184) Kraus, *Our Lord,* p. 242 참조.

해서 주셨다. 그러므로 종교적 단체로, 혹은 사회적 존재물로서 교회 자체가 목적이 아니라, 오히려 하나님의 사역을 위한 도구로 쓰임을 받을 수 있는 것이다. 본훼퍼의 기독교 신앙의 세속화와 관련된 모든 사상과 의견을 따를 필요는 없지만, 종의 모습을 교회에 적용하여, 교회를 '세상의 종'으로 설명한 의미는 충분히 살펴볼 필요가 있다.[185] 세속화의 입장을 취하지 않고도, 교회가 신앙의 공동체로서 그리스도의 사역과 선교의 기본적 자세를 계속하는 것은 당연한 일이다. 결국 교회의 근본적 사역의 성격과 목적이 예수의 사역과 다르지 않은 것으로 보인다. 실제로 예수께서는 교회를 통해 종말적인 운동을 시작하셨다. 그런데 이 운동은 아직 완성되지 않았으며, 예수께서 하나님의 통치를 완성하지 않으셨으며, 그의 부활에서도 완성된 것은 아니며,[186] 다만 시작한 일을 완성하기 위해 다시 오시겠다

---

185) 복음의 세속화에 관한 내용들을 다음의 자료들에서 찾아 볼 수 있다 : Harvey Cox, *The Secular City* (New York : Macmillan, 1965) ; Richard P. McBrien, *The Church in the Thought of Bishop John Robinson* (Philadelphia : The Westminster Press, 1966) ; John A. T. Robinson, *The New Reformation* (Philadelphia : The Westminster Press, 1965) ; Gibson Winter, *The New Creation as Metropolis* (New York : Macmillan, 1963). 교리적으로 종의 모델과 관련된 교회론에 관한 비평을 Avery Dulles, *Models of the Church* (New York : Doubleday, 1974), esp. chap. 4에서 볼 수 있다.

186) Kraus, *Our Lord,* pp. 88-91 참조. Kraus는 부활을 예수가 누구이신가를 나타낸 결정적 표적으로 이해한다. 로마서 1장 3, 4절을 해석하면서, 그는 부활에 대한 믿음이 예수를 살아계신 주와 그리스도로 고백하는 신앙을 확인하는 궁극적 도전이 된다고 본다. 이 도전이 예수의 신성에 관한 경험적 혹은 이성적 증명을 요구하는 것은 아니다.

는 약속에 근거한다.

그러므로 이 운동의 성격을 이해하기 위해서, 예수 그리스도의 십자가와 부활을 다시 살펴보아야만 한다. 예수 그리스도의 십자가는 민중의 한에 참여하고 나누는 일과 일치할 수 없다. 인간의 삶이 이성적 방법에 의해 설명될 수 없듯이, 예수 그리스도의 십자가는 여전히 추문과 역설로 남아있다. 그러나 십자가는 예수 그리스도의 삶, 죽음, 그리고 부활을 통해 하나님 나라의 영성을 향해 나갈 수 있는 길을 제공했으며, 오늘 교회가 그 영성을 실천하고 있는 것이다. 다시 말해 예수 그리스도의 십자가는 인간의 실존이 내포하고 있는 역설[예 : 애통한 자는 위로를 받을 것이요(마 5 : 4), 눈물로 씨를 뿌리는 자는 기쁨으로 추수할 것이다(시 126 : 5)]을 이해할 수 있는 열쇠로서, 새로운 방법으로 신학을 할 수 있는 출발점이 된다.187) 따라서 하나님 나라는 종이며 왕이신 예수의 고난에서 그 능력을 나타낸다. 지금도 종이며 왕이신 예수 그리스도는 그의 영으로 우리 안에서 역사하시며, 하나님의 뜻과 계획의 비밀로 남아 있는 것이다 (엡 3 : 9-10).

성육신과 십자가의 죽음을 논의하면서 Kraus는 하나님의 의도와는 관계없이, 힘에 대한 일반적 이해가 예수 그리스도의 신적 능력의 의미를 결정짓는다고 지적한다. 실제로 교회의 하나님의 능력에

오히려 부활은 인간의 참여와는 전혀 상관이 없는 표적인 것이다. 나아가 예수의 부활이 갖는 신학적 중요성은 그리스도 안에서 주어진 구원의 가장 근본적인 내용이 바로 부활인 것에서 찾아 볼 수 있다.

187) Kraus, *God Our Savior*, p. 24 참조. 예수 그리스도의 십자가와 부활은 하나님께서 이 세상에서 자신을 나타내시어 일하시는 참된 모습이며(막 10 : 45 ; 요 13 : 3-5), 다른 한편으로는 예수는 온 세상을 위한 구세주가 되신다.

대한 이해는, 성육신과 십자가의 죽음을 통해 나타난 연약함과는 거리가 먼, 지배와 통치라는 개념의 범주에 집중되고 있는 것 같다. 그러나 Kraus가 지적한 것처럼 십자가의 의미는 "사람들이 이미 알고 있는 약함"에 가까운 것이지, "사람들이 이미 알고 있는 힘"과는 거리가 멀다는 점이다. 그러므로 하나님 나라에 관한 진정한 의미도 인간의 고난과 하나님의 사랑이 함께 드러난 예수 그리스도의 십자가에서 그 근거를 발견해야만 한다. 예수께서 선포하신 하나님 나라는 사회적·경제적 정의와 관련이 있는 것으로 보이며, 믿음의 공동체 안에서 전혀 새로운 가치와 의미를 제공하게 된다.[188]

예수 그리스도를 통한 구원의 성격이 초월적인 사실은 그의 사명이 하나님과 인간 사이에 죄로 단절된 관계를 회복시키는 것에 있는 사실로 확인될 수 있다. 그러나 하나님의 관심이 단지 초월적, 혹은 영적인 면에만 제한된 것은 결코 아니다. 왜냐하면 하나님 나라는 가난한 사람들에게 자유를 선언하며, 부자들의 회개를 촉구하기 때문이다. 그러나 믿고 따르는 자에게는 구원으로, 믿지 않는 자에게는 심판으로 나타난 하나님 나라는 본래 인간을 향한 하나님의 측량할 수 없는 사랑의 계시로, 항상 투쟁으로 비쳐지는 것이 아니라, 오히려 관용과 용서로 그 본질을 드러낸다. 나아가 하나님 나라는 모든 민족들을 제자로 삼으려는 순종과 관련시켜 이해해야만 된다. 다시 말해 예수께서는 가난한 사람들, 억압받는 사람들, 소외된 사람들, 그리고 이방인들과 함께하셨던 것을 볼 수 있다.[189] 실제로 정치적, 종교적, 경제적 힘을 지배하고 있는 사람들에게 예수께서는 죄를 회

---

188) Ibid., p. 201.
189) Glebe-Moller, *A Political Dogmatic,* trans. Thor Hall (Philadelphia : Fortress Press, 1987), p. 91 참조.

개할 것을 요구하셨다. 지배계층의 죄는 다름 아니라 자신들의 힘의 사용에서 찾아 볼 수 있는데, 힘의 사용을 하나님과의 관계를 확고히 하는 수단으로, 동시에 자기들의 많은 이웃들을 멸시하고 억압하는 도구로 사용하였던 것이다. 그렇기 때문에 예수의 십자가는 인간론 혹은 구원론적인 면에서 하나님의 창조의 질서를 파괴하는 행위인 인간의 불의에 대해 결코 무관심하지 않으시는 하나님의 경고로 받아들여야만 한다.

민중신학은 전통적인 대속적 의미에 기인한 하나님의 구원이해를 받아들이지 않으면서, 역사적 예수를 민중의 해방을 위한 대표적 모범으로 제시한다. 그러나 예수 그리스도의 십자가로 나타난 인간의 문제를 해결하시기 위한 참여와 나눔을 통한 하나님의 사랑에 대한 올바른 이해도 없이 모든 인간개혁에 대한 참된 지식을 깨달을 수 있다는 것은 거짓이다. 누구나 복음에 순종하며 살아갈 때, 복음은 스스로 참됨을 증거하게 될 것이다. 마찬가지로 교회가 그리스도와 연합한 삶을 살게 될 때, 하나님 나라의 실체가 드러나게 될 것이다.

결론

민중신학과 Kraus의 신약신학의 모든 내용을 다루려는 것이 필자의 원래 의도가 아니다. 다만 Kraus와 민중신학 사이의 대화를 통해, 민중신학이 민중을 역사와 문화의 주인으로 세우기 위해, 단순히 '기능적 기독론'을 발전시켰음을 지적하고, 그런 연유에서 한국교회가 올바른 신앙이해에 있어서 상당한 혼돈에 당면하고 있는 사실을 이야기했다. 그러나 기독교 신앙은 새로운 이상과 실천을 통해 살아계신 하나님과의 관계를 계시하신, 예수 그리스도의 역사적 사건에 확고히 서 있다.[190] 더욱이 역사적 예수의 생애가 타락한 인류와 함께했던 하나님의 임재로 이해된다면, 기독론은 당연히 역사적 예수로부터 시작되어야 한다.[191] 이런 관점에서 인간적 측면을 강조하는 "아래로부터"의 기독론도 역사적 예수와 신앙의 그리스도 사이의 연속성을 정립해야만 할 것이다.

개인적 경험으로 그리스도 안에서 신앙의 실체를 주장하고, 모든 시대의 그리스도인들이 필연적으로 동일한 경험의 보편성을 갖는 사실에서 기독교 신앙의 진정성을 내세우면서,[192] 민중신학자들은 예수 그리스도의 독특성을 민중들의 보편적 경험과 소원을 구체적으로 표현하려는 수단으로 사용한다.[193] 다시 말해 기독교 신앙과 민중의

---

190) Goppelt, *Theology of the New Testament,* vol. 1, p. 10 참조. 역사적 예수를 단지 기독교 신앙의 전제로 보며, Kerygma(초대교회의 선포)를 신앙의 근거로 내세우려는 불트만의 시도를 지적하면서, 고펠트는 오히려 '예수의 세상적 사역'과 '부활후 선포'사이의 관계를 찾으려는 노력을 진행한다. 고펠트는 신약성경이야말로 역사적 예수와 신앙의 그리스도 사이의 역사적 연속성을 발견하기 위한 가장 신뢰할 수 있는 자료라고 믿으며, 성경해석에 있어서 역사적인 방법과 구속사적 방법을 사용한다.

191) 서로 다른 관점에서 — Kraus는 비판적으로, 민중신학은 수용적 자세로 — 불트만의 신학적 시도인 '비신화화'의 내용이 기독교 신앙은 역사에 의존할 수 없기 때문에 역사적 예수는 기독교 신앙의 내용과 전혀 상관이 없다는 전제를 근거로 한 것을 잘 인식하고 있다. 위기신학자중 한 사람인 불트만은 기독교 신앙을 어떤종류의 역사적 기초와는 상관이 없이 단지 하나님의 말씀(선포)을 통한 부르심으로 이해한다.

192) Kraus, *Our Lord,* p. 18. Kraus는 사도들의 증거에 나타난 예수 그리스도를 모든 종류의 신학적 질문을 위한 규범적 기준으로 간주한다.

193) 참고, 김지철, 「민중신학의 성서읽기에 대한 비판적 고찰」, 『신학사

해방 전승들과의 접목을 시도하면서, 민중신학자들은 예수 그리스도
를 오히려 자신들의 세상이해 속에 접목시킨다.194)

　결과적으로 민중신학은 '한국의 민중전승과 성경 안에서의 민중전
승 사이에 상호 조명'을 촉진시키려는 시도를 행하며, 반면에 Kraus

　　상』69 (여름 1990), pp. 439-65. 김지철 교수는 조심스레 민중신학
　　의 두 가지 긍정적 측면을 제시한다. 첫째로, 민중신학의 현장성에 대
　　한 강조는 정적이고 교리적인 신앙을 삶의 문제들을 해결할 수 있는
　　역동적인 신학으로 변화시킬 수 있다. 다시 말해 민중신학은 기독교
　　신앙을 활성화시켜 예수의 삶과 인격 안에서 원래 신앙의 성격을 찾
　　도록 한다. 그럼에도 불구하고 민중신학은 상황화를 오직 민중의 고난
　　에 제한함으로써 신학의 보편적 기초를 축소시켰다는 비판을 면할 수
　　없을 것이다. 이런 축소의 이유는, 한편으로는 민중의 인기에 영합하
　　려는 성향에서 찾을 수 있으며, 다른 한편으로는 내재적인 제한에 기
　　인한다. 둘째로, 민중신학이 그리스도를 민중의 고난에서 찾으려 한
　　시도는, 이스라엘의 역사적 고난을 통해 자기의 뜻을 이루시는 하나님
　　을 경험한 결과를 기록한 구약의 예언적 중재와 지혜 문학의 시도들
　　과 비교될 수 있다. 이런 점에서 민중신학은 상황화 신학으로 통일신
　　학과의 접근을 시도하는 것으로 보인다. 그러나 민중신학과 이스라엘
　　의 신앙의 전승들 사이에는 명백한 차이가 있다. 이스라엘의 전승들은
　　항상 피조물로서 자신들의 경험을 통해 하나님을 만난다. 반면에 민중
　　신학은 피조물과 창조주를 동일시함으로써, 하나님의 계시적이고 초
　　월적인 성격과 기독론에서의 그리스도의 정당한 위치를 파괴한다(p.
　　464).
194) 동일한 경우를 예수의 가르침, 특히 하나님 나라에 관한 교리적 내용
　　(마 5 : 1-12)을 포함하고 있는 '산상수훈'에 의해 크게 영향을 받은
　　모한다스 간디(1869-1948)에게서 찾아볼 수 있다. 간디는 종교적 가
　　치들인 'satyagraha'(진리의 추구)와 'ahimsa'(비폭력)들이 예수의 가
　　르침을 대변하며, 예수의 삶과 행위를 통해 예시적으로 성취되었다고
　　본다.

의 신학적 접근방법은 예수의 십자가와 부활의 사건을 기초로 선교적 차원에서 상황화의 문제를 대비한다. 실제로 민중신학의 잘못된 신학적 수용을 고쳐줄 수 있는 내용을 Kraus가 적절히 제공하고 있는 것으로 보인다.195) 사실 한국의 보수적 교회의 신학은 기독교 신앙이 직면하고 있는 역사적, 상황적 문제들에 직접적인 대답을 제공해야 할 중요성을 새롭게 인식해야만 할 것이다. 이런 점에서 신학의 작업을 통해 선교적 상황에서 복음의 내용을 바르게 전하기 위한 상황화를 염두에 두고 있는 Kraus의 기독론을 중심으로 한 이해는 민중신학의 잘못된 면에 상응하는 가르침으로 나타난다.

기독교 신앙의 정체성과 그 내용은 "예수는 과연 누구이신가?"라는 질문과, "예수께서는 무엇을 행하셨는가?"라는 분리될 수 없는 두 질문과 관련된 대답에 의해 정해질 것이다. 다시 말해 기독론과 구원론은 동전의 양면과 같은 것으로 이해해야만 한다(예 : 롬 1 : 2-4, 16). 그러므로 예수의 메시지의 핵심인 하나님 나라를 예수의 삶, 죽음, 그리고 부활의 조명 아래서 해석함으로써 기독교 신앙의

---

195) 한국교회의 보수적 신학을 한마디로 정의할 수는 없지만, 다음 내용을 인용할 수 있다. 정통적 보수신학은 "진보적이나 자유적인 사고방식에 대조되는 보수적인 사고방식을 가지고 사회참여보다는 사도적 정통을 주요 내용으로 하고 사회 현실이나 문화 현실보다는 영혼의 상태에 초점을 두는 신학을 말한다. 즉, '우리' 보다는 '나'에, 사회적 적실성(societal relevance)이나 문화적 적실성(cultural relevance)보다는 영적인 적실성(spiritual relevance)에, 사회 변혁이나 토착화보다는 복음화에 역점을 두고, 사회 운동이나 문화 운동보다는 사경회나 부흥회를 활성화와 위기극복의 방법으로 사용하며, 박형룡 박사의 조직신학과 박윤선 박사의 주경신학으로 대변된 개혁주의 신학을 말하는 것이다"[권성수, 「정통신학이 한국신학에 미친 영향」, 『한국신학의 현주소』 (서울 : 두란노, 1993), p. 42].

정체성과 실천의 적실성 사이의 긴장을 극복할 수 있을 것이다. 예수에 의해 선포되고 증거되었던 하나님 나라는, 하나님의 종말적 임재와 능력으로서, 미래의 사건이 아니라 현재적 실체로 드러났으며, 제자들에 의해 계속해서 전파되고 실천될 것이다.196) 왜냐하면 예수께서 선포하시고 선취하신 하나님 나라는 순전히 1세기 팔레스틴 지역의 종교적 중요성만 나타내는 것이 아니라, 역사적 현실에 대한 하나님의 약속의 표현이기 때문이다.

　복음서들은 예수의 사역이 하나님의 통치를 드러내고, 그의 부활은 예수의 모든 사역이 하나님의 역사인 것을 확증하고 있는 것으로 제시한다. 예수의 가르침을 통해 알려진 하나님 나라는 역사를 변화시키려는 하나님의 뜻과 역사 안에서 하나님의 능력의 실체로서, 그의 삶과 죽음, 그리고 부활을 통해 나타난다. 그러므로 하나님의 뜻과 그의 나라를 알고자 하는 사람들은 예수 그리스도의 삶, 죽음, 그리고 부활을 이해해야만 한다. 그러나 예수께서 가난한 사람들과 함께하셨다는 사실에서 그리스도의 정체성의 모든 것을 찾으려는 시도는 예수의 사역의 내용을 제한하는 잘못된 시도에 불과하다. 오히려 예수의 가르침과 행위를 통해 나타난 하나님 나라가 이 세상을 극복하고 변화시키는 원천을 제공하고 있는 사실로부터, 예수 그리스도의 가르침에 신실한 제자도를 밝히고 실천하는 일이야말로 민중을 포함한 세상을 위한 올바른 신앙의 실천이 될 것이다.

---

196) Beasley-Murray, *Jesus and the Kingdom of God,* p. 338 참조.

제5장
제자도를 위한 예수와 하나님 나라

이 단원은 앞 단원에서 다룬 비판적인 대화를 통해 얻어진 결과를 이용해 예수의 정체성을 재조명하고, 나아가 현재도 인류를 구원하기 위한 예수 그리스도의 사역과 회개로의 초대를 통해 근본적으로 항상 새로워지는 하나님 나라의 역동적 중요성을 재발견하려 한다. 이 논의를 두 가지 질문, 즉 "오늘 예수 그리스도는 누구인가?"와 "어떻게 신앙의 소망을 나눌 수 있는가?"에 초점을 맞추어 진행하려 한다.

제자도로서의 신학1)

---

1) 다양한 신학 작업을 이해하기 위한 도움을 받기 위해서는 아래 책을 참고 하시오 : John D. Woodbridge and Thomas E. McComiskey, *Doing Theology in Today's World* (Grand Rapids : Zondervan

민중 스스로가 고통과 억압을 극복하고 이루는 해방은 민중신학자들에게는 즉각적이고 결정적인 주제로 인식되었다. 그러나 민중신학은 기독교 신학이 갖추어야 할 적법한 신학적 방법에서 지나치게 벗어나, 과거의 계시적 증거와 현재의 경험을 단순히 상호보완한다는 전제 아래 편파적으로 제시함으로써,2) 한국교회들의 지속적인 선교사역에 혼돈과 실망을 가져왔다.

기독론에 관한 긍정적이고 약속할 만한 접근에 이르기 위해서는 현실의 상황과 도전들을 수용해야 함은 당연하다. H. Richard Niebuhr가 내린 결론은 이런 점에서 인용할 만한 가치가 있다.

"교회들을 위한 예수 그리스도의 중요성은 지나침이 없어 설교와 예배에 사용되는 언어에서 그가 차지하는 비중이 중심적인 것은 예외가 아니라 법과 같다. 그럼에도 그리스도인들은 일면으로는-예배에서 사용된 찬양을 인용해 보면 ― '모든 사람들이 예수 그리스도를 주이시며 하나님 아버지께 영광이라고 고백하는' 그 날이 오기를 고대하나, 다른 한편으로는 신학뿐만 아니라 경건의 실천도 그리스도의 주권을 하나님의 주권으로 대체하려 한다.……

Publishing House, 1991).

2) John Macquarrie, *Jesus Christ in Modern Thought* (London : SCM Press, 1990), esp., chapter 1 ; S. W. Sykes and I. P. Clayton, eds. *Christ, Faith and History*(Cambridge : Cambridge University Press, 1972) ; J. D. G. Dunn, *Unity and Diversity in the New Testament* (London : SCM Press, 1977) 참조. 위의 참고서적들을 통해서 비록 신약성경에 사용된 예수 그리스도에 관한 단어들의 기능적 역할이 강조될 수 있지만, 그러나 기독교 신학의 과정에서 예수 그리스도의 존재에 관한 질문은 필수적인 점을 알 수 있다.

신학은 기독론화하나, 신조와 신학의 결정적 공식화가 예수 그리스도에 관한 몇 가지 구호가 되고 만다. 이러한 전환이 때로는 예수 그리스도를 중심으로 한 공동체가 스스로를 그리스도의 사역과 그리스도인들의 순종의 목표로 간주하는 교회 만능주의로 빠지는 것이다."3)

단순히 기독론을 지식으로 알고 있다는 사실만으로 신앙의 정당성을 획득하는 것이 아님과 함께 현실에서 기독론의 내용이 변질될 수 있다는 증거가 위의 인용을 통해 분명해진다. 그러므로 기독교 신앙의 정당한 자리매김은, 단순한 바람이나 계획된 목적을 이루기 위한 것이 아니라, 역사적 사건인 예수 그리스도에 관한 지식과 관련된 개인적 체험을 기초로 한 고백 위에 이루어져야만 한다.4) 이런

---

3) H. Richard Niebuhr, *Radical Monotheism and Western Culture* (New York : Faber, 1961), pp. 89ff.

4) "예수는 하나님의 아들이며, 주와 그리스도가 이시다"는 역사적 사건에 근거한 신앙고백은 성령의 조명에 의한 개인적 체험에 근거한다. 초대교회의 많은 (이미 기독교 신앙을 고백했던) 이단들이 예수를 하늘에서 온 신적인 존재로 이해했으나, 육신으로 온 사실을 인정하지 않았던 사실은 이미 잘 알려져 있다. 더구나 예수를 주와 그리스도로 고백한 의미는 인간 예수가 하나님의 아들로 신격화되었다는 표현이 아니다. 그러나 하나님의 결정적이고 최종적 계시로서 세상을 구원하신 구세주 예수 그리스도는 인간이셨다. 또한 예수께서는 하나님과의 관계를 유일한 아들로서 독특하게 이해하고 계셨던 사실을 복음서들은 잘 증거하고 있다(마 11 : 27 ; 요 5 : 17-23 ; 6 : 43-46 ; 8 : 28-29, 42, 54-55 ; 10 : 29-38 ; 11 : 41-42 ; 14장 ; 17장). 복음서를 보면, 예수를 하나님의 아들로 믿는 신앙이란 회개를 통한 죄의 용서와 함께 영생을 주신 것으로 나타나며, 예수 그리스도 안에서 단번에 성취된 하나님의 사랑에 근거한 구원의 내용이 된다. 따라서 예수 그

관점에서 예수 그리스도의 제자로서의 삶은 현실에서 하나님 아버지와 아들의 교제에 참여한 삶을 의미하게 된다. 더욱이 제자도로서 기독교 신학의 지속적 유용성을 잃지 않으려면, 경쟁심과 복수심이 아닌 그리스도의 화해케 하시는 영의 가르침에 순종해야만 한다. 왜냐하면 그리스도의 영은 승리와 영광의 하나님일 뿐만 아니라 구원의 사역을 이루시는 비천한 하나님의 종이시기 때문이다.

위와 같은 내용에 부응하려는 기독교 신학은 예수 그리스도 안에서 하나님의 구원을 이루는 복음 위에 서 있는 교회를 배경으로 이루어져야만 한다. 즉 선교적 차원에서 신학의 작업은 세속적 현대인들을 향한 도전일 뿐만 아니라 신자의 교제를 계속적으로 지지하는 '이해하기 위한 믿음(faith seeking understanding)'을 바탕으로 시도되어야 할 것이다.5) 민중신학이 제시한 한국적 상황의 사회적·정치적인 분석은 교회들로 하여금 현재의 상황을 이해하는 데 도움을 줄 수도 있다. 그러나 이러한 분석의 결과가 단지 현실비판만을 위한 수단이 아니라 오히려 하나님의 선교의 미래를 위한 도구로 사용되어야 할 것이다.

리스도는 기독교 신앙의 근원과 모범이 되신다. 이제 누구나 예수(의 이름)를 믿기만 하면, 하나님께서 신자들 안에, 그리고 신자들은 하나님 안에 머물게 된다. 다만 한 가지 기억해야 될 중요한 내용은 신자 개개인의 신앙은 과거의 한 시점에서 완성된 것이 아니라, 계속해서 완성을 향해 가는 과정으로 보아야만 한다는 것이며, 하나님의 은혜만이 신앙의 유일한 근거가 된다는 사실이다.

5) Karl Barth, *Anselm : Fides quaerens intellectum,* trans. Ian W. Robertson (Richmond : John Knox Press, 1960) ; Jeffrey C. Pugh, *The Anselmic Shift : Christology and Method in Karl Barth's Theology* (New York : Peter Lang, 1990) 참조.

사실 한국적 상황에서 기독론을 통해 화평을 이루는 영성의 개발은 시급한 과제이다. 어찌보면 한국교회의 '오직 성경으로(sola Scriptura) 모든 것을 성경으로(tota Scriptura)'라는 강조가 원래의 취지와는 다르게 현실 상황과 시공(時空)을 달리하는 성경 본문의 배경과 주어진 상황의 이해의 중요성을 무시하는 지나친 주관적 독단에 빠지게 하는 위험을 내포하고 있다.6) 오랫동안 한국교회는 성경의 내용이 역사 안에서 하나님의 발전적 계시를 기록한 것으로서, 상황화의 과정을 거친 책이라는 것에 관해 결코 질문하지 않았다. 사실 한국의 보수적인 신학은 성서비평의 모든 방법들을 거부해 왔다. 왜냐하면 성경은 하나님의 계시로서 근본적으로 인간이성에 근거한 비평의 대상이 될 수 없으며, 나아가 성서비평은 성경의 참된 의미를 왜곡시킨다고 믿었기 때문이다. 그러나 이같은 견해가 성경 본문의 역사적 배경을 재발견하려는 유익한 해석의 과제조차 무시해서는 안 된다고 생각한다.7)

---

6) 한국교회의 보수적 성경관은 하나님의 계시인 성경말씀에 대한 한국 기독교인들의 사랑과 존경, 그리고 서양선교사들이 전해준 근본주의적 가르침에서 비롯된 것으로 알려져 있다. 그러나 Harold S. Song 이 "대부분의 한국 신자들은 성경의 무오성과 함께 기계적 영감설을 수용하고 있습니다"라고 제시한 내용은 기계적 영감설을 부인하며 축자영감과 무오성를 주장하는 보수신학이 내세우는 성경관과는 일치하지 않는다. [H. S. Song, "General Picture of Korean Church : Yesterday and Today," *Korean Struggles for Christ,* ed. Harold S. Song (Seoul : Korea Christian Literature Society, 1966), p. 17 참조.]

7) 예를 들면 대부분의 보수적 교회들은 예수의 메시지는 정치(세속사)와는 상관이 없다고 단언해 왔다. 이와 같은 견해는 잘못된 이분법적 이해를 배경으로, 현실을 단순히 성(聖)과 속(俗)으로 구분하고, 또한

다시 말해 지나친 주관주의적 자세는 변개할 수 없는 정통 교리를 성경말씀을 이해하는 전제조건으로 내세움으로써, 성경해석의 현실성을 무시하는 결과를 초래할 수도 있다는 것이다.8) 그러나 정통보수신학을 비판한다는 민중신학은 기독교 신앙에 근거한 신앙의 실천으로부터 벗어나 단지 민중을 위한 이상적 사회체제를 이루기 위한 기능적 실천에만 관심을 갖는 또다른 주관적 독단으로 전락해 버렸

예수와 동시대인들의 삶과는 상관이 없는, 현대적 사고에 근거한 세속 정치의 자율성에 대한 이해를 성경의 배경으로 간주하는 데 있다. 오히려 예수의 메시지는 단지 영적이고 종교적인 영역에 제한된 가르침이 아니라, 창조와 종말, 삶과 죽음, 구원과 심판을 포함한 역사와 인간실존의 모든 영역과 관련하여, 하나님의 주권에 의한, 악의 심판과 죄사함으로 인한 하나님과 인간 사이의 관계회복을 그 내용으로 하는 것으로 보인다. 따라서 역사와 신앙의 관계를 하나님의 주권 아래서 올바르게 설정하려는 지속적인 신학적 노력이 요구된다.

8) Donald G. Bloesch, "A Christological Hermeneutic : Crisis and Conflict in Hermeneutics," *The Use of the Bible in Theology : Evangelical Option,* ed. Robert K. Johnston (Atlanta : John Knox Press, 1985), pp. 78-79 참조. Bloesch의 기독론적인 성경해석에 관한 다음과 같은 설명은 한국보수신학의 내용과 잘 조화하는 것으로 보인다. 즉, "개신교의 정통주의 교리를 따르는 성경해석은 본문의 언어적 역사를 연구하는 문법적이고 역사적인 해석은 허용하지만 본문의 저자가 처했던 역사적 배경과 문화적 여건을 통해 형성될 수 있는 관점들에 대한 인식은 거부한다. 성경은 오직 한 저자에 의해 기록되었는데, 그 저자는 성령으로, 선지자들과 사도들을 통해 기록하셨다.……모든 본문은 세상 역사와 자연과학의 발견들과 조화를 이룰 수 있다. 나아가 대부분의 본문의 의미들은 믿지 않는 사람들에게도 분명하게 이해된다. 결과적으로 이러한 태도는 성경을 통일되고 조직적인 신학적 구조로서 하나님의 뜻을 드러낸다고 본다."

다.9) 그러므로 하나님의 구원을 선포하는 믿음의 공동체가 주관주의
에 너무 치우치지 않고 구체적이고 확실한 진리를 실천할 수 있도록
하는 일이 시급한 과제가 된다.10) 이 과제를 이루기 위해서 용서와
회개로 이끄시는 성령의 사역을 예수 그리스도의 십자가와 부활을
통해 이해하는 것이 무엇보다도 중요하다. 왜냐하면 이 믿음의 공동
체는 부활의 주의 영이 계속적으로 거하는 곳이기 때문이다.11)

　이러한 필요를 채우기 위해서 기독교 신학자들은 비판적 방법들
의 사용으로부터 자신을 무조건 방어하는 자세로부터 자유로워져야
할 것이다. 다만 이러한 비판적 방법들의 한계를 인식해야 되는데,
그 이유는 비판적 방법들이 사용자에 의해 통제되고 조작될 수 있다
는 점이다.12) 그러므로 신학은 항상 신학의 분명한 전제와 근거로

---

9) Richard A. Horsley, *Sociology and the Jesus Movement* (New
　York : Crossroad, 1989), esp., "Appendix A : The Conflicting
　Orientations of Functionalism and the Jesus Movement," pp.
　147-55 참조. Horsley는 사회학적 방법론에 의한 성경이해를 설명하
　면서, 어떤 특정한 사회학적 방법론으로 역사적 자료들을 규명할 때
　나타날 수 있는, 그 방법론에 내재된 '하나의 세계관이나 가치관'에 의
　한 지배적인 영향의 위험성을 지적한다. 유사한 관점에서 민중신학이
　추구하는 사회학적 성경이해도 내재된 위험성인 편향성을 드러낸다.
10) 복음의 원래적 의도를 교회를 통해 이루기 위해서는 기독론에 기초한
　구원론의 내용들을 구체적으로 실천하려는 믿음의 결단이 요구된다.
　그러므로 예수를 따르는 제자도는 예수께서 선포하시고 증거하신 하
　나님 나라를 전파하는 사명을 감당하는 믿음으로, 현재의 구원과 미래
　의 구원의 첫 열매요 보증이신 성령(롬 8 : 23 ; 고후 1 : 22 ; 5 : 5 ;
　엡 2 : 14)의 요구에 순종하는 삶을 의미한다.
11) S. Aalen, " 'Reign,' and 'House' in the Kingdom of God in the
　Gospels," *New Testament Studies*, 8 (1961-62), p. 215-40 참조.
12) 어느 특정한 비판적 방법의 본문이해에 공헌할 수 있다 해도, 결정적

구속의 영이신 예수 그리스도를 아는 믿음 안에서 행해져야만 한다.

제자도의 관점에서 신학은 단지 성경으로부터 듣는 사람까지의 일방통행적 운동이 아니다. 오히려 신학은 하나님께서 사람들을 그들이 처한 역사의 구체적 상황에서 만나 주시는 사실을 규명하려는 노력이다. 그러므로 신학은 성경과 인간이 처한 상황 사이를 연결하려는 지적인 노력이라고 볼 수 있다. 신학의 초점을 단지 인간의 문제에만 두려는 것이 아니라 하나님의 자기계시인 그리스도 예수, 즉 모든 교회의 전통보다 항상 우월한 하나님의 진리인 계시에 그 초점을 맞추려 한다. 여기서 신학의 내용은 과거의 경험 안에서 확인된 단순한 신앙고백에 그치는 것이 아니라, 세상사의 다양한 영역들과 연결된 현실적 질문들에 대한 신앙적 대답을 포함시키려는 노력인 것이다.13)

그러나 유감스럽게도 민중신학자들은 상황화의 과정을 후기현대사상(post-modernism)의 관점에서 진행하면서 전통적인 신학적 규범을 철저히 변개시킨다. 그 결과 민중신학은 오히려 교회의 전승뿐만 아니라 그리스도인들의 정서도 왜곡시키는 결과를 초래한다. 민중신학자들은 실제로 예수 그리스도의 십자가와 부활의 사건들이 내포한 모든 의미를 이미 알고 있는 것처럼 주장한다. 그러나 민중의 한이 주는 무게에 질적, 양적으로 압도되고 있는 민중신학자들의 모습에서 제자들이 자신들을 위해 죽고 부활하신 예수 그리스도의 구원에 대한 믿음을 실천하려는 모습과는 상당한 거리감을 갖고 있

인 성경비평의 목표는 "본문으로 하여금, 현 시대를 위한, 예수 그리스도의 교회 안에서 하나님의 말씀이 되도록 하는 것이다"[see, Sandra M. Schneiders, "Church and Biblical Scholarship in Dialogue," *Theology Today,* 42 (October 1985), p. 358].

13) Kraus, *Our Lord,* p. 39 참조.

는 사실을 발견하는 것은 결코 유쾌한 일이 아니다. 민중신학자들은 개신교의 보수적 신학이 갖는 경직된 교리적 태도가 현상유지 (status quo)의 대변자 역할을 한다고 비평하지만, 그들은 교리가 아닌 예수의 약속의 성취로 말미암은 성령의 지속적인 사역이 교회의 기초가 된다는 사실을 간과하고 있다.14) 예수 그리스도 안에 드러나신 하나님의 신비를 조명하는 성령의 역사를 단지 민중을 부활의 주와 동일시하는 한낱 도구로 전락시킴으로써 지속적인 성령의 주권적 사역을 제한하려는 민중신학의 잘못된 시도는 마땅히 고쳐져야만 한다.

신학의 발전적 측면에서 후기현대사상이 신학에 새로운 공헌을 할 수도 있다고 본다. 그러나 민중신학은, 후기현대사상이 역사적 현실이해를 근거로 하나님의 부재(the absence of God)를 주장하고 인본주의적 세계관을 내세우는 것과 같이, 신학의 완성을 민중이 스스로의 운명을 결정하는 주체가 되는 것에 둠으로써 성경에 나타난 하나님의 의도와는 전혀 다른 구원의 의미를 제시한다. 이런 면에서 민중신학은 교회의 전승을 따르는 고백적 신앙을 거부한다. 민중신학과는 대조적으로 제자의 관점에서 신학은 그 내용에 민중의 고난을 수용하며 그 의미를 발견하려고 노력하지만, 그 목적은 유일한 하나님의 계시인 예수 그리스도와의 만남을 통해 인격적인 하나님과의 관계를 회복하는 것에 둔다. 그러므로 신학은 '알기 위해 믿는다'라는 전제의 한 가지 예가 되며, 그것은 무조건적이고 완전한 하나님의 구속의 은혜를 신학적 규범으로 인정하며, 따라서 예수 그리스

---

14) 성령의 주권적 역할을 인정할 수 없는 민중신학은 언제나 존재론적 관점에서 예수를 하나님의 아들로 부르지 못한다. 또한 민중신학의 기능적 사고만으로는 결코 예수와 민중 사이의 분명한 차이를 발견할 수 없다.

도를 신학의 기초와 궁극적 완성으로 지적하는 것이다.15)

하나님의 계시로서 성경에 기록된 예수 그리스도의 십자가와 부활 사건에 근거한 신학의 진정성은 신앙의 실천과 밀접한 관계가 있다. 이런 이해를 바탕으로 제자도에 의한 신학은 교회와 그 교회가 속한 사회를 향해 사회적 규범성을 갖는다. 만약 신학이 사회적 책임을 인식하지 않는다면, 그 신학은 곧 '특정한 집단을 위한 신학'으로 전락하거나 새로운 '바빌론 유수'를 초래할 것이다. 따라서 비판적 영성을 통해 교회의 신앙고백과 지속적인 선교와 상호관련 속에서 비판적 성찰을 계속해야만 한다.16)

개인적으로 이와같은 비판적 영성을 받아들이는 것은, 선교적 측면에서 대화, 혹은 의사소통을 성격짓는 '알기 위해 믿는다'는 전제를 포기하는 것이 아니라 오히려 강화시키게 된다. 그러나 민중신학은 오직 민중해방이라는 일방적 목적을 성취하려는 점에서 신학의 긍정적 측면을 강화시킨 것이 아니라, 오히려 거부한 것으로 보인다. 그럼에도 다양한 방법들의 사용과 제한적 신학적 전제 때문에, 민중

---

15) Donald G. Dawe, *Jesus : The Death and Resurrection of God* (Atlanta : John Knox Press, 1985), pp. 114-19 참조. Dawe는 주장하기를 "인간은 예수가 모범을 보이셨다는 영감으로 인해 자신을 완성할 수 없다. 다만 인간의 완성은 부활의 예수의 변화되어진 몸을 나눔으로 성취될 것이다"라고 한다(p. 115). 다시 말해 구원에 관한 비유는 변화이지, 주체와 객체의 합일이나 흡수를 의미하지 않는다고 하겠다. 사실 역사현실에서 민중이 부활의 그리스도가 된다는 주장은 예수의 부활과 전혀 상관없는 주장이라고 보여진다.

16) Donal Dorr, *Spirituality and Justice* (Dublin : Gill and Mcmillan ; Maryknoll : Orbis Books, 1984), pp. 8-18 참조. Dorr은 균형있는 영성의 세 가지 기초를 제시한다 : "공의를 행하며, 인자를 사랑하며, 겸손히 하나님과 함께 행하는 것"(미가 6 : 8).

신학은 신학의 규명해야 할 과제로 보이기도 한다. 근래에 민중신학의 운동 안에서 그 뿌리를 교회의 전통으로부터 찾으려는 관심들이 나타나기 시작하고 있음은 그나마 다행한 현상이다. 또한 민중신학은(종교 다원화의 입장을 지지하는) 종교간의 대화를 지지하는 성향으로 인해, 기독교 신앙의 독특성을, 예수 그리스도의 사건과는 관계가 없는, 소위 진리의 보편성을 위해 포기하고, 심지어 유물론적 성경이해를 수단으로 북한의 전제주의의 체제하에 있는 형제 자매들과의 대화를 모색한다. 그러나 기독교 영성의 진실성은 바로 그러한 기독교 신앙의 독특성을 존중하는 것에서 출발하고 있음이 보편적 사실로 인식되어 왔음을 상기해야 할 것이다.17)

실천적 영성으로 신학은 조직적이고 사색적인 생각들을 통한 의사소통만을 의미하는 것이 아니라, 예수 그리스도의 삶, 죽음, 그리고 부활에 근거한 믿음, 소망, 사랑의 구체적이고 실제적인 실천을 목표로 한다. 진실한 신앙의 실천은 실천 가능성만으로 정당화되는 것이 아니라, 오히려 예수 그리스도의 역설적 신비와 조화를 이룰 수 있어야만 한다. 요약하면 제자의 입장에서 본 신학은 예수를 주

---

17) 하나님의 최종적이고 결정적인 계시로서 예수 그리스도를 한 사람의 민중으로 간주하려는 시도에서 기독교 영성이해에 대한 민중신학의 편협성을 볼 수 있다. 그러나 하나님의 계시에 근거한 영성은, 하나님의 부요와 지혜와 지식의 깊이를 헤아릴 수 없으며, 계시가 나타내고자 하는 하나님의 판단은 그 방법이 기이함으로 파악할 수도 없다고 겸손히 고백하게 된다(롬 11 : 33-36). 실제로 인간의 언어가 하나님을 적절하게 표현하기에는 충분치도 적절하지도 못한 사실을 인정해야만 한다. [James D. G. Dunn, *The Evidence for Jesus* (Philadelphia : The Westminster Press, 1985), pp. 103-107 참조. 예수 그리스도를 믿는 신앙의 진실성에 대한 도전을 받아들일 수 있는 자세를 Dunn의 기록을 통해 살펴볼 수 있다.]

와 그리스도로 고백하며, 성경에 근거하여, 이미 예수 그리스도의 십자가와 부활로 말미암아 성취된 하나님의 구원을 지속적으로 이루시는 성령의 조명에 순종하는 자세에서만 가능한 것이지, 미리 결정된 목적들을 이루기 위해 신앙의 세속화와 후기현대사상의 전제를 전적으로 수용하는 민중신학의 자세와는 명백히 다를 수밖에 없다.

예수 그리스도는 누구인가?

제자도의 입장에서, 예수 그리스도의 선포는 하나님 말씀의 가장 구체적이고 결정적인 표현으로 그리스도인들이 계속적으로 영적인 각성을 이룰 수 있는 신학의 규범적 근거를 제공한다.[18] 그러므로 하나님의 계시로서 구원의 지식을 이루는데 충분한 근거가 나사렛 예수 안에서 이미 나타난 것으로 본다. 성경의 증거들 안에서 예수 그리스도에 관한 근본적인 자료들이 발견되며,[19] 그러한 자료들을

---

18) 제자도의 실천에서 예수 그리스도의 주권은 모든 행위의 규범과 동기를 제공하지만, 민중신학자들은 예수 그리스도의 주권에 대한 순종에 앞서, 단지 예수의 가르침에 나타난 사회적 교훈을 민중신학을 위한 영감(靈感)의 내용으로 사용한다.

19) 초대교회의 신앙의 발전에 관한 구체적 내용을 보려면 다음을 참고하시오. W. H. C. Frend, *The Rise of Christianity* (London : Darton, Longman, and Todd, 1984), pp. 86-160 ; Walter Bauer, *Orthodoxy and Heresy in Earliest Christianity* (Philadelphia : Fortress Press, 1971) ; Helmut Koester, *Introduction to the New Testament,* vol. 2 (Philadelphia : Fortress Press, 1982) ; James D. G. Dunn, *Unity and Diversity in the New Testament* (London, SCM Press, 1977).

바탕으로 이루어지는 예수의 형상은 성령의 조명 아래서 이웃과의 관계 안에서 계속적으로 새롭게 경험되는 것이다. 다시 말해 성령의 조명과 이웃과의 경험들을 통해서 예수 그리스도는 삶의 상황에 대한 하나님의 응답인 하나님의 참된 형상으로 이해될 것이다.[20] 그리스도인의 경험들은, 민중신학의 주장처럼, 다양한 역동적이고 비극적인 사건들을 거쳐 이전까지 알 수 없었던 신앙의 영역들을 경험할 수도 있다.[21] 그러나 신학의 자료가 되는 경험들도, 무비판적으로 수용되기보다는, 비판적 평가의 과정을 거친 검증을 받아야만 한다.[22]

---

20) Edgar Young Mullins, *The Christian Religion in Its Doctrinal Expression* (Philadelphia : Judson Press, 1917), pp. 170ff. ; Jaroslav Pelikan, *Jesus through the Centuries* (New Heaven : Yale University Press, 1985 ; paperback edition published by Harper & Row, 1987) 참조. 하나님의 형상이신 예수는 단순히 변개할 수 없는 지식이나 원리가 아니라 살아 역사하시는 구세주로 역사를 통해 많은 사람들의 체험 속에 다양하게 인식되었던 사실을 알 수 있다.

21) Kraus, *Our Lord,* p. 17 참조. Kraus는 자기의 신학을 '평화신학'이라 주장하며, "이 평화신학은 십자가와 부활의 신학이어야 한다"고 말한다. 따라서 Kraus의 신학은 보편적인 지식의 추구만이 아닌 역사적 시간과 공간에 대한 인식을 바탕으로 한 시도이다. Kraus의 신학적 시도는 일면 민중신학의 주장과 같이 경직된 교리적 입장에서 시도하는 신학의 작업을 비판하는 것과 유사하게 보일런 지도 모른다. 그러나 그의 신학적 기준과 내용인 예수 그리스도에 대한 이해는 민중신학의 그것과 전혀 다르게 예수를 주와 그리스도로 믿는 신앙고백의 기초 위에서 행해진다.

22) 오늘날 신학의 상황은 성경과 교회의 전통, 그리고 인간 경험을 실천적인 신학적 반성에 적용하려는 요구와 마주하고 있다 해도 과언이 아니다. 그러나 민중신학이 민중의 경험을 신학작업의 규범으로 간주

제자의 입장에서 경험이 신학의 자료가 되기 위해서는 당연히 인간의 소망에 의해서가 아닌, 하나님의 참된 형상이신 예수 그리스도의 진실에 의한 평가가 선행되어야 할 것이다. 오늘 세계는 도처에서 발생하는 상상할 수 없는 비극들에 의해, 하나님의 사랑(예수 그리스도의 삶과 죽음으로 이루신 자기 희생의 사랑)을 포함한 대부분의 인습과 전통적 규범에 대한 강한 의문들이 제시되고 있다. 이런 점에서 참 하나님의 형상이신 예수 그리스도는 인간 실존의 완성을 대표한다는 사실이 강조되어야 한다. 왜냐하면 그의 유일성은 그리스도인들의 현실의 경험을 통해 하나님의 궁극적인 자기 계시로 인식되기 때문이다.[23] 그러나 하나님의 참된 형상을 규명하는 작업 또한 결코 쉬울 수가 없다. 그 이유는 특별히 Kraus와 민중신학 사이

하는 태도는 비판을 받고 있다. 왜냐하면 전통적 견해를 부정하고 세속적 가치관을 수용하는 일방적인 태도는 개신교의 보수적 신학이 유일한 규범으로 간주하고 있는 성경의 권위를 민중의 경험에 종속시키는 결과를 낳기 때문이다. 성경을 규범적 전거로 사용하지 않는, 혹은 사용한다 해도 부차적인 것으로 간주하려는 민중신학의 신학적 방법이 전통적 교리를 부정할 수는 있을런지 모르나, 동시에 하나님의 존재를 인정할 수 있는 자기반성의 길을 떠나는 모순을 내포하고 있는 점을 역설적으로 보여준다. 이러한 신학적 반성은 연역적인 논리, 혹은 귀납적인 논리의 일방만으로는 규정될 수 없는 성질을 갖게 된다. 그러나 새로운 신학적 통찰을 수용한 신학적 반성에서 잊지 말아야 할 사실은 기독교 신앙은 역사적 사건을 근거로 한 규범적 지식을 갖고 있다는 점이다. [보기 : Donald G. Dawe, *Jesus : The Death and Resurrection of God,* op. cit.].

23) Kraus, *God Our Savior : Theology in a Christological Mode* (Scottdale, PA ; Waterloo, Ontario : Herald Press, 1991), pp. 120-30 참조. Kraus는 오직 예수 그리스도를 통한 하나님과의 관계 속에서 본래적인 하나님의 형상을 회복할 수 있다고 본다.

의 차이가 너무 크기 때문이라기보다는, 예수 그리스도는 여전히 불가사의한 모습으로 사람들을 역사 안에서 만나 주시기 때문이다. 진정 하나님은 인류의 역사와의 관계에서 궁극적인 신비로 계신다고 고백하는 것이 제자도의 진실된 내용이다.

그러나 그리스도로 인한 신앙이 예수 그리스도와의 신비한 합일을 의미하는 것은 아니다. 왜냐하면 하나님의 신실하심은 예수 그리스도로 인해 인간의 형상으로 계시되고 인간들과 함께하심으로 인간 실존에 관한 이해의 범주가 되셨기 때문이다. 나아가 하나님의 참 형상은 제자들의 경험과 증거의 초석이 되는 하나님의 계시에 관한 역사적 지식을 제공했다. 다시 말해 역사적 관점에서 신약성경의 이해는 "예수의 증거가 로마제국의 지배하에 있던 이스라엘에게 소망을 전해 주었으며, 처음 그리스도인들의 선포의 내용과 희망이 없던 사람들에게 담대한 믿음을 주었다"[24]는 사실을 입증한다.

제자도는 진실한 인간성의 회복을 신약성경을 통해 나타난 참된 하나님의 형상 안에서 발견하려 한다. 그러나 기억해야 할 중요한 내용을 아래의 인용에서 찾을 수 있다 :

"초대교회 때부터 이미 복음서에 기록된 예수의 가르침과 교회의 실천 사이에 갈등이 있었음을 볼 수 있다. 교회조직의 성장에서 신약의 복음서에 기록된 예수의 가르침이 배제되는 모습을 볼 수 있으며…… 따라서 지극한 외경심으로 신약성경을 역사적인 관점을 무시하고 단순히 교리에 적합한 본문만을 취사 선택하는 태도는 예수의 가르침을 배제하려는 문제점의, 여러 세기를 거쳐 내려온 위장된 모습의 분명한 표현에 지나지 않는다고 할 수 있다. 바

---

24) David Tiede, *Jesus and the Future* (Cambridge : Cambridge University Press, 1990), p. 6.

로 이러한 긴장관계로 인해, 복음서에 나타난 예수는, 교회가 증거하는 그리스도가 예수의 참된 증거와 일치하지 않을 때, 교회 안으로부터 불만을 가진 개인들이나 그룹들이 인용하는 지침이 되는 것이다."[25]

  만일 신학의 실천에서, 예수 그리스도가 하나님과 인간의 관계를 구속을 통해 연결하는 역할을 이루신다고 간주된다면, 그 신학은 유연성과 수용성을 통해 그리스도의 은혜와 성령의 능력을 어떤 경우라도 강조하게 될 것이다. 그러므로 예수 그리스도는 어떤 종류의 복음의 상황화에도 초석이 되어야만 한다.[26]

  또한 인간의 자기 이해는 삶의 책임을 이해하는 데 결정적으로 작용한다. 이러한 경우는 예수와 제자들 모두에게 적용된다. 성경의 증거를 보면, 제자들은 부활이후의 경험 안에서 예수께서 단지 주만이 아니라 고난의 종이라는 사실을 깨닫게 된다. 그러므로 제자의 관점에서 상황화의 결정적 준거는, 성육하신 그리스도로서, 그는 단지 신비한 왕이 아니라 고난의 종이신 것이다.[27]

---

25) John Bowden, *Jesus : The Unanswered Questions* (Nashville : Abingdon Press, 1989), p. 49.

26) 민중신학자들이 취하는 종교다원적인 입장과 기능적 기독론에서 예수 그리스도는 많은 구세주적 존재들 가운데 하나일 수밖에 없다. 민중신학이 주창하는 상황화란 단지 세속적 정의와 가치관을 우위에 두는 일방적인 작업으로 한시적이고 제한된 자기모순을 드러낸다.

27) 예수의 제자들이 이웃의 안위에 대한 책임이 있듯이(마태 24 : 45-51), 그리스도인들은 자기의 정체성에 관해 질문해야만 한다 : "나의 자기 이해는 무엇인가? 나는 누구의 종인가? 나의 역할은 무엇인가?" 위의 질문에 답하는 과정에서 경우에 따라서는 하나님 나라에 동참하기 위해 자기의 목숨까지도 내놓는 위험을 무릅쓸 수도 있다.

오랫동안 예수 그리스도는 고난의 종으로 한국 기독교인들의 경험 가운데 진정한 능력과 권위로 임하셨다. 고난을 당하시는 예수는 한국의 기독교인들에게 문화의 차이를 초월하여 자신들의 고난에 동참하시는 하나님의 임재로 이해되었던 것이다. 그러나 기억해야 할 사실은 이러한 초월적인 하나님의 모습은 특정한 역사적·문화적 배경을 갖고 나타나셨다는 점이다. 즉 고난받는 성도들과 함께하시는 예수 그리스도는 나사렛인 목수 예수가 아니라 세상을 구원하시는 구주가 되신 하나님의 아들인 것이다. 당연히 민중의 경험 안에서 예수 그리스도의 정체를 인식하려는 시도는 무엇보다도 성경에 나타난 예수 그리스도를 당시의 특정한 배경 아래서 살펴야만 하며, 오늘 다양한 믿음의 공동체들의 이해들과도 비교해 보아야만 할 것이다.28)

다만 이러한 질문들에 대한 답의 내용은 결단코 예수와 인간 사이에 내재된 결정적인 차이를 희석시켜서는 안된다. 그러나 민중신학은 전통적인 기독론에 대한 불만에서 예수를 민중과 동일시하는 잘못을 범하게 된다. 민중신학이 보는 예수와 민중의 차이는 절대적 것이 아니라 상대적인 정도의 차이에 지나지 않게 된다.

28) 성경이 모든 근거자료들 중 가장 중요하다는 사실은 하나님이 역사를 통해 자기를 계시하시기 때문이다. 이스라엘은 하나님을 역사를 통해 자기를 증거하시는 언약의 주로 고백하고 찬양한다. 약속의 구세주로 믿음의 선진과 보증이 되신 예수 그리스도는 그의 삶과 죽음, 그리고 부활을 통해 인류에게 소망을 제시하셨다. 그러나 그의 삶과 죽음, 그리고 부활은 역사적이고 점진적인 계시인 성경이 없었다면 올바르게 이해될 수 없었을 것이다. 다시 말해 사도들의 예수 그리스도에 대한 고백은 특정한 기독론을 내포하며, 그 기독론은 고백의 내용을 결정하고 있는 것이다. 예수 그리스도가 복음인 이유는 예수께서 세상을 위한 하나님의 구원을 이루시기 때문이다. 즉 예수 그리스도는 하나님의

　신학의 작업을 통해 역사적이고 신학적인 난제들이 역사적 예수를 찾는 일의 어려움을 알게 한다.[29] 역사 속에서 하나님의 말씀이 성육하신 사건과 예수 그리스도의 부활은 논리적 통일성에 의한 진리가 아닌 역설로 이해된다. 실제로 성경의 증인들은 예수 그리스도를 참 인간이며 동시에 하나님으로 믿고 있음을 증거한다. 마찬가지로 참된 기독교의 증거는 이러한 역설적인 하나님의 계시를 믿고 받아들여야만 한다. Tiede의 주장과 같이, "예수의 이야기는 세상의 미래에 대한 소망의 확신이지만, 단순한 낙관주의와는 다르다. (왜냐하면) 그것은 미래의 소망을 강탈하려는 권세들과 능력들과의 불같은 투쟁을 거쳐서 드러난 것이기 때문이다."[30]

　제자도의 관점에서, 예수의 정체는 새로운 언약과 계명으로 하나님의 사랑을 선포하시고, 그 선포의 내용을 이루시기 위한 사랑의 실천으로 자기 목숨을 희생하신 하나님의 아들이시다.[31] 기독교 신

구원이 되신다. 따라서 기독론과 구원론은 서로 다른 교리가 아니라 하나의 교리이다. 그렇기 때문에 역사적 예수는 하나님 나라를 선포하셨고, 그의 부활을 목격한 제자들은 예수 그리스도의 십자가의 죽음과 부활을 선포한다. 이제 하나님 나라는 하나님의 구원으로 예수의 죽음과 부활을 통해 성취되었다. 민중신학이 존재론적 기독론을 무시하고 기능적 기독론을 발전시킴으로 인간 예수를 부각시키려 하지만, 본래 의도와는 상관없이 부적합한 기독론을 이루게 되는 이유는 역사적 사건으로 예수 그리스도의 십자가의 죽음과 부활은 그와 유사한 비유를 찾을 수 없고, 인간 예수를 수용할 수 있는 어떤 특정한 역사적 경험을 제시할 수 없기 때문이다. 결과적으로 하나님의 말씀인 성경을 근거로 하지 않는 신학은 주관적 독단에 치우칠 위험성이 높은 것이다.

29) Bowden, *Jesus : The Unanswered Questions,* pp. 32-50 참조.
30) Tiede, *Jesus and the Future,* p. 6.
31) Eduard Lohse, *Theological Ethics of the New Testament,* trans.

앙의 핵심인 하나님의 계시로서 예수 그리스도는 신학의 토대가 되며 그 내용을 가늠하는 규범이 된다. 따라서 올바른 복음의 상황화는 이 역설적인 하나님의 계시의 성격에 의해서 그 상황화의 특징이 규정되어야만 할 것이다. 다시 말해 성경의 증거로 드러난 예수 그리스도가 상황화의 길잡이가 될 것이다.[32] 나아가 성경의 증거는 도덕적, 율법적, 혹은 철학적 원리들의 형태로 주어지지 않았다. 오히려 성경의 증거들은 성령에 의해서 깨닫게 된다. Kraus의 말을 빌리자면, 예수의 제자들에게 역사하신 성령께서 "사랑의 관계들과, 이해할 수 있는 언어들로, 그리고 진실된 믿음의 공동체의 삶과 목표를 나누는 것에서"[33]도 역사하신다고 주장한다.

따라서 Kraus의 신학적 의도를 지지하는 제자도로서 신학의 내용은 자기 정체성, 자기 구현, 개인적 관계들과 연관되어 있다는 인식을 근거로 그리스도인의 삶 안에서 하나님께서 제공하신 역동적이

M. Eugene Boring (Minneapolis : Fortress Press, 1991), p. 32 참조. Lohse는 기독교 신앙의 핵심을 다음과 같이 바르게 지적하고 있다 : "그리스도를 주라고 하는 고백은 그리스도인들로 하여금 신앙고백에 합당한 삶을 살아야 할 의무를 함께 드러내는 행위이다. 복음을 듣고 받아들일 때 하나님의 소명을 경험하게 되며, 그 소명에 대한 반응은 그리스도인들의 삶을 통해서 이루어져야 한다."

32) 민중신학이 민중을 억압하는 요인들을 제거하기 위해 구속사적 전거를 포기한 것은 상황화의 실패를 초래한 결정적 실수이다. 덧붙여, 예수가 더 이상 영원하신 하나님의 아들이 아니라면, 구속에 대한 이해에서 윤리적 차원을 배제하게 되는 것이다. 그러므로 복음의 상황화의 중요성은 과소평가해서도 안 되지만, 하나님의 구원의 능력을 인간적 기준에 종속시켜서도 안 되는 것이다.

33) Kraus, *The Authentic Witness : Credibility and Authority* (Grand Rapids : Wm. B. Eerdmans Publishing Co., 1979), p. 62.

고 친근한 관계를 찾으려 한다.[34]

이러한 신학의 과정에서 구원에 대한 율법적 이해와 문자주의 해석에 따르는 가현적 경향들은 비판의 대상이 된다. 결과적으로 제자도의 관점에서 예수 그리스도와의 역동적인 관계를 구체적으로 표현하기 위해서 무엇보다 시급히 요구되는 과제는 하나님의 품성인 거룩함에 이르는 회개를 통한 관계의 회복이며, 그 결과로 인한 예수 그리스도의 가르침에 대한 순종이다.

제자도의 관점에서 우리를 위한 예수란 성경에 나타난 고난의 종이시며 부활의 주가 되신 하나님의 아들 예수 그리스도이시다. 이 예수 그리스도께서 하나님의 사명에 대한 순종으로 고난을 통하여 마침내 하나님 나라를 실현케 하신다. 이제 복음서 전체를 통해서 예수께서 승천하신 후에 주어지는 책임과 사명에 대한 주제들이 많이 있음을 알 수 있다(막 13 : 34-37 ; 마태 24 : 43-44 ; 참고 눅 12 : 39-40 ; 마태 24 : 45-51 ; 25 : 1-13 ; 14-30 ; 눅 19 : 11 ; 마태 25 : 31-46).

예수의 구속의 죽음과 장차 임하실 하나님 나라의 이중적 초점들은 바로 제자들이 참여할 영역이 된다. 결국, "우리를 위한 예수는 누구인가?"라는 질문에 대한 대답은 인간의 타락한 모습을 근거로 한 자기이해를 바탕으로 예수의 참된 모습은 하나님의 아들로서, 죄인들을 구원하시는 고난의 종인 인자로서, 그리고 부활승천하셔서 보좌에서 중보자로 역사하시는 주가 되심을 바르게 이해함으로 답해질 수 있을 것이다.

---

34) Kraus, *Our Lord,* p. 52.

어떻게 우리 안에 있는 소망을 나눌 수 있는가?

초대교회의 기독교인들은 예수께서 하나님의 통치를 이 땅에 이루셨다고 확신한다. 왜냐하면 예수의 삶, 죽음, 그리고 부활을 통해 드러난 하나님 나라는 그들의 삶을 의미있는 것으로 변화시켰기 때문이다. 다시 말해 하나님은 예수의 인성을 통해 하나님의 형상을 드러내심으로 자신을 먼저 알게 하셨다. 그렇기 때문에 예수의 인성은 하나님의 계시이다. 오늘 대부분의 한국 그리스도인들은 Julius Avery의 아래와 같은 의견에 동의할 것이다 :

"복음 혹은 하나님 나라의 복음은, 때가 차매 역사적인 인물인 나사렛인 예수를 통해 세상에 임하시고, 그리스도 안에서 영원히 인간을 찾아주신 하나님과 분리될 수 없다."[35]

Avery는 또한 "하나님께서 사람을 찾아오신 사실이 하나님 나라의 복음의 전부이다"[36]고 주장한다. 제자도의 관점에서도 동일한 주장을 펼 수 있다. 무엇보다도 예수 그리스도의 복음에 기초한 신앙은 미래에 관한 소망일 뿐만 아니라 현재의 소망에 관한 근거를 제공하고 있다. 따라서 이 소망은 종말론적인 실체로 이해된다.[37]

---

35) Julius H. Avery, *The Good News of the Kingdom of God : Our Human Predicament and God's Answer* (Athens, GA : Iberian Publishing Co., 1987), p. 166.

36) Ibid., p. 168.

37) Charles B. Cousar, *A Theology of the Cross : The Death of Jesus in the Pauline Letters* (Minneapolis : Fortress Press, 1990), pp. 181-83 참조. Cousar는 십자가로 드러난 "하나님의 계시는 철저한 자유와 철저한 참여의 역설적인 면을 드러낸다"고 말한다

이 종말론적 실체는 그리스도인들로 하여금 하나님과의 언약의
관계를 회복시킬 뿐 아니라 나아가 하나님께서 시작한 일을 계속적
으로 수행할 것을 요구한다.[38] 예수 그리스도는 제자들에게 성령으
로 함께하시고 보호해 주실 것을 약속하면서, 하나님 (아버지)의 지
속적 사역에 충성할 것을 부탁하신다. 마찬가지로 하나님의 자녀들
의 합당한 태도는 하나님 나라를 위해 모든 것을 희생할 수 있는 각
오인 것이다. 주를 위해서라면 어떤 희생도 아끼지 않는 믿음이 요
구되는 것이다.[39]

(p. 181). 즉 하나님께서 인간들의 삶 안에 찾아와 주심으로, "기독교
공동체는 십자가의 죽음을 통해 세상에 임하신 하나님과 그의 거룩한
신비롭고 감추어졌던 은혜의 실체를 보게 된다"는 것이다(p. 183).

38) Jim Wallis, *The Call to Conversion : Rediscovering the Gospel
for These Times* (New York : Harper & Row, Publishers Inc.,
1981), pp. 15-16 ; idem., *Agenda for Biblical People : A New
Focus for Developing a Life-Style of Discipleship* (New York
: Harper & Row, 1976), esp., pp. 100-35 참조. 예수의 제자들에게
는, Wallis의 언급과 같이, "하나님 나라는 단순한 관념 이상의 것이
되었다. 새로운 공동체의 탄생이 있었으며, 그것은 사도들의 가르침을
따르는 새로운 질서를 표방했다.……그리스도인들의 성격을 증거하는
사랑은 그들을 하나로 만들었을 뿐만 아니라, 자신들이 속한 공동체의
영역을 넘어서 그 사랑을 필요로 하는 모든 사람들에게로 넘쳐났다"
(pp. 15-16).

39) Jurgen Moltmann, *The Way of Jesus Christ : Christology in
Messianic Dimensions,* trans. Margaret Kohl (San Francisco :
HarperCollins, 1990) 참조. Moltmann은 재림의 소망에 대해 다음과
같이 기록하고 있다 : "그들은 두려움과 희망 가운데서 아직은 알 수
없는 미래를 기대하며, 현재의 삶을 재림의 소망 안에서 이끌어간다.
재림의 주에 대한 기대는 현실조차도 부활의 경험을 맛볼 수 있다는

이와 같이 구속을 통해 회복된 하나님과의 관계와 관련해서, 단지 민중의 현실적 구원인 해방만을 고집하는 민중신학자들은 "과연 예수 그리스도의 재림을 기다리고 있는가?"라고 질문해야만 한다. 기독교 신앙의 기능적인 이해조차도 예수 그리스도의 삶과 죽음, 그리도 부활을 통해 드러난 하나님의 진정한 모습과 분리될 수 없는 것은 너무도 자명하다. 이 하나님은 모든 사람이 구원에 이르시기를 원하시기 때문에, 아직 세상의 모든 악을 제거하기 위한 최후의 심판을 보류하시며, 인내로 때가 이르기까지 기다리신다. 즉 세상은 여전히 악하지만, 하나님의 통치는 이미 이 땅위에 세워졌다. 그럼에도 불구하고 예수의 미래에 대한 이해는 가난한 사람, 소외된 사람들과 함께하는 그의 사역을 통해서 구체화되었다고 해도 과언이 아니다. 그러므로 그리스도인들은 억압과 갈취와 소외로부터 살아남은 사람들의 증언을 들어야만 한다.[40] 제자도의 관점에서 행하는 신학의 작업은 역사의 흐름 속에서 자기들의 주체성과 목소리를 사용할 수 없는 사람들을 잊어서는 안 된다.[41]

믿음으로 살아가게 한다"(p. 130).

40) 불행하게도, 보수적인 한국의 교회들은 (기원 1세기의 초대교회들과는 달리) 한국의 문화적 가치관에 도전할 수 없는 실정이다. 왜냐하면 교회들 자체가 기존의 문화의 가치에 상당히 동화되어 있기 때문이다. 신앙의 문화적 예속을 비판하는 예로 Walter Brueggemann의 *The Prophetic Imagination* (Philadelphia : Fortress Press, 1978)을 보시오.

41) Rebecca S. Chopp, *The Praxis of Suffering : An Interpretation of Liberation and Political Theologies* (Maryknoll : Orbis Books, 1986) 참조. Chopp은 해방신학의 성격을 바르게 지적했는데, 그 성격은 현실에 안주하는 교회들에게는 그들의 신학을 교정하는 방향성이 될 수도 있다고 본다. Chopp은 해방신학이란 "기독교 신앙을

주님이 함께 계시지 않는다는 후기현대사상적 사고는 오류이다.[42] 예수 그리스도는 우리 가운데 굶주린 사람으로, 가난한 자로, 절망에 빠진 사람으로, 병자로, 그리고 옥에 갇힌 자로 나타나신다(마태 25 : 31-46). 또한 예수 그리스도 안에서 신앙이란 현실로부터의 도피를 의미하지 않는다. 오히려 예수 그리스도의 사랑으로 인한 새로운 생명으로 현실을 믿음, 소망, 사랑으로 변화시킬 것을 요구한다.

예수의 십자가로 비롯되고 부활로 인해 확정되어 믿음의 공동체 안에서 체험되는 구원의 조명을 통해서, 성령께서 이 세상과 하나님의 관계를 회복시켜 아버지의 영광에 이르게 하시는 모습을 본다. 이처럼 새로운 생명은 복음의 선포와 교회의 삶과 선교를 통해 역사하시는 성령에 의해 세상에 전해진다. 인간의 기본적 권리가 짓밟힐 때, 그리스도인들은 참 자유와 권위는 누구라도 하나님의 사랑을 받을 수 있다는 참 진리를 증거하신 예수 그리스도 안에서만 발견될 수 있음을 주장해야 한다. 지금 하나님 나라의 조명을 통해, 불의를 지적하지 못하고 침묵함으로 고난받는 종인 예숭와의 동질성을 상실한 한국교회의 현실을 극복하기 위한 노력의 일부로 복음의 내용인 십자가와 부활의 신학이 절실히 요청되고 있는 것이다.

결론적으로, 제자도의 관점에서 신학은 하나님 나라로 표현된 하나님의 주권에 의한 통치를 근거로 해야만 하는데, 이 하나님 나라

반성하고 안내함에 있어 자신을 고통받는 사람들의 입장과 동일시하며, 구원의 자유를 제시하고, 사람들을 자유케 하여 믿음과 공의로 살아갈 수 있게 하시는 하나님을 선포한다"고 제안한다(p. 153).

42) Jacques Ellul, *Jesus and Marx : From Gospel to Ideology,* trans. Joyce M. Hanks (Grand Rapids : Wm. B. Eerdmans Publishing Co., 1988) 참조. Ellul은 예수 그리스도의 복음이 아닌 다른 것으로 결론지어진 신학들을 신랄하게 비판하고 있다.

는 장차 그 완성이 예비되어 있지만 이미 예수 그리스도의 삶과 죽음, 그리고 부활로 임한 것이다. 지금도 세상의 악과 인간의 죄를 이기시는 하나님의 능력을 나타내고, 하나님의 언약관계를 성취하신 예수 그리스도는 하나님의 택한 백성들을 그의 나라로 초대하신다. 그러나 하나님 나라는 논리적 귀결에 의한 사상이나 열망이 아니라 하나님의 깨우침에 의해서만 들어갈 수 있다(막 4 : 10-12). 따라서 하나님 나라는 인간의 계획과 계산에 의해 통제되지 않는다(막 4 : 1-9).

그럼에도 예수와 그의 가르침으로서 하나님 나라는 현대인의 관점에서가 아니라 예수님 당시의 그의 백성들에 의한 이해를 통해서 찾아보는 것이 중요하다. 왜냐하면, 성경은 영원전부터 하나님께서 삼위일체의 사랑을 표현하고 있음을 증거하기 때문이다. 바로 이 사랑이 하나님께서 구원하시는 모습인 예수 그리스도로 말미암아 세상에 증거된 것으로 이스라엘에게 주신 약속의 성취를 의미하는, 하나님의 공의와 자비의 성취, 그리고 미래에 있을 하나님의 심판에 대한 확신을 내용으로 한다.

그러나 이제 하나님 나라는 이스라엘 민족만이 아니라 누구라도 믿음으로 들어갈 수 있는 하나님의 도전이며 선물이 된다. 즉 하나님의 사랑의 표현인 복음을 통해 전적으로 예수 그리스도를 믿고 따라감으로, 예수의 명령을 지킴으로, 하나님과 온전한 교제 안에서 새로운 삶을 살아가게 되는 것이다. 보다 중요한 사실은 이 하나님 나라를 가능케 하는 힘은 성령으로부터 주어진다는 사실이다.

제자도는 따라서 오직 믿음으로 이러한 역사 안에 이루어진 하나님의 말씀에 근거한 성취된 하나님의 약속과 통치를, 성령의 인도 아래서 삶의 구체적인 실천인 말과 행위를 통해서 증거하는 것이다. 결국 우리의 소망을 나눌 수 있는 유일한 방법은 예수께서 순종을 통해 섬김과 자기희생으로 가르치시고 실천하신 새 언약의 내용인 '서로 사랑하라'는 계명을 그의 주권에 전적으로 의지하며 순종하는 믿음으로 실천하는 것이다.

참고문헌

Aalen, S. "'Reign' and 'House' in the Kingdom of God in the Gospels." *New Testament Studies*, 8 (1961-62), 215-240.

Adams, Daniel J. *Cross Cultural Theology : Western Reflections in Asia. Atlanta* : John Knox Press, 1987.

Byung-Mu Ahn, "Jesus and the Minjung in the Gospel of Mark." *Minjung Theology : People as the Subjects of History.* Ed. CTC-CCA. Maryknoll : Orbis Books ; London : Zed Press ; Singapore : Christian Conference of Asia, 1983, pp. 138-52.

______, "The Korean Church's Understanding of Jesus." *International Review of Mission*, 74, no. 293 (1985), 81-91.

______, "Who Do You Say That I Am?" *CTC Bulletin*, 5, no. 3 (1984), 26-39.

Alves, Rubem A. *A Theology of Human Hope.* Washington : Corpus Books, 1969.

Anderson, Hugh. "The Historical Jesus and the Origins of Christianity." *Scottish Journal of Theology*, 13 (June 1960), 113-36.

Avery, Julius G. *The Good News of the Kingdom of God : Our Human Predicament and God's Answer*. Athens, Georgia : Iberian Publishing Company, 1987.

Barbour, Ian G. *Religion in an Age of Science : The Gifford Lectures*, vol. 1. San Francisco : Harper & Row, 1990.

Barth, Karl. *The Word of God and the Word of Man*. Trans. Douglas Horton. New York : Harper & Row, 1957.

______, *Anselm : Fides quaerens intellectum*. Trans. Ian W. Robertson. Richmond : John Knox Press, 1960.

Bartsch, H. Werner, ed. *Kerygma and Myth : A Theological Debate*. Trans. Reginald H. Fuller. London : SPCK, 1953 ; New York : Harper & Row, 1961.

Bauer, Walter. *Orthodoxy and Heresy in Earliest Christianity*. Philadelphia : Fortress Press, 1971.

Beasley-Murray, G. R. *Jesus and the Kingdom of God*. Grand Rapids : William B. Eerdmans Publishing Company ; London : Paternoster Press, 1986.

Beker J. Christiaan. *Paul the Apostle : The Triumph of God in Life and Thought*. Philadelphia : Fortress Press, 1980.

Belo, Fernando. *A Materialist Reading of the Gospels of Mark*. Trans. Matthew J. O'Connell. Maryknoll : Orbis Books, 1981.

Berkhof, Hendrikus. *Christian Faith : An Introduction to the Study of the Faith*. Trans. Sierd Woudstra. Grand Rapids : William B. Eerdmans Publishing Company, 1979.

Bivin, David and Roy Blizzard Jr. *Understanding the Difficult Words of Jesus : New Insights from a Hebraic Perspective*. Austin : Center for Judaic-Christian Studies, 1983, 1984.

Bloesch, Donald G. "A Christological Hermeneutic : Crisis and

Conflict in Hermeneutics." *The Use of the Bible in Theology : Evangelical Option.* Ed. Robert K. Johnston. Atlanta : John Knox Press, 1985, pp. 78-102.

Boerma, Conrad. *The Rich, the Poor and the Bible.* Trans. John Bowden. Philadelphia : The Westminster Press, 1979.

Boff, Clodovis. *Theology and Praxis : Epistemological Foundations.* Trans. Robert R. Barr. Maryknoll : Orbis Books, 1987.

Bonino, Jose Miguez. *Toward a Christian Political Ethics.* Philadelphia : Fortress Press, 1975.

Borg, Marcus J. *Jesus a New Vision : Spirit, Culture, and the Life of Discipleship.* San Francisco : Harper & Row, 1987.

Bornkamm, Gunther. *Jesus of Nazareth.* Trans. Irene & Fraser McLuskey with Jame M. Robinson. New York : Harper & Row ; London : Hodder & Stoughton, 1960.

Bowden, John. *Jesus : The Unanswered Questions.* Nashville : Abingdon Press, 1989.

______, *Schillebeeckx : In Search of the Kingdom of God.* New York : Crossroad Publishing Company, 1983.

Braaten, Carl E. *No Other Gospel : Christianity among the World's Religions.* Minneapolis : Fortress Press, 1992.

Breech, James. *Jesus and Postmodernism.* Minneapolis : Fortress Press, 1989.

Bright, John. *The Kingdom of God.* Nashville : Abingdon Press, 1958.

Brown, Robert M. *Theology in a New Key : Responding to Liberation Themes.* Philadelphia : The Westminster Press, 1978.

Brown, Delwin. *To Set at Liberty : Christian Faith and Human Freedom.* Maryknoll : Orbis Books, 1981.

Brueggemann, Walter. *The Prophetic Imagination.* Philadelphia :

Fortress Press, 1978.

Brunner, Heinrich Emil. *The Scandal of Christianity*. Philadelphia : The Westminster Press ; London : SCM Press, 1951.

______, *Dogmatics*, vol. 2. Trans. Olive Wyon. Philadelphia : The Westminster Press, 1952.

Buchanan, George W. *Jesus : The King and His Kingdom*. Macon : Mercer University Press, 1984.

Bultmann, Rudolf. *Jesus Christ and Mythology*. New York : Charles Scribner's Sons, 1960.

______, *Theology of the New Testament*. 2 vols. Trans. Kendrick Grobel. New York : Charles Scribner's Sons, 1951-55.

Cadbury,H. J. *The Perils of Modernizing Jesus*. New York : Macmillan Company, 1937.

Calvin, John. *Institutions of the Christian Religion*. Ed. John T. McNeill and Trans. Ford Lewis Battles. Philadelphia : The Westminster Press, 1960.

Chilton, Bruce, ed. *The Kingdom of God in the Teaching of Jesus*. Issues in Religion and Theology 5. Philadelphia : Fortress Press ; London : SPCK, 1984.

Chilton, Bruce and J. I. H. McDonald. *Jesus and the Ethics of the Kingdom*. Grand Rapids : William B. Eerdmans Publishing Company, 1987.

Choo, Chai-Yong. "A Brief Sketch of Korean Christian History from the Minjung Perspective." *Minjung Theology : People as the Subjects of History*. Ed. CTC-CCA. Maryknoll : Orbis Books ; London : Zed Press ; Singapore : Christian Conference of Asia, 1983, pp. 73-79.

Chopp, Rebecca S. *The Praxis of Suffering : An Interpretation of Liberation and Political Theologies*. Maryknoll : Orbis Books, 1986.

참고문헌

Clark, Charles A. *Religions of Old Korea*. New York : Fleming H. Revell Company, 1932.

Clark, Donald N. *Christianity in Modern Korea*. New York : University Press of America, Inc., 1986.

Coe, Shoki. "Contextualizing Theology." *Mission Trends*, No. 3. Ed. Gerald H. Anderson & Thomas F. Stransky. New York : Paulist Press ; Grand Rapids : William B. Eerdmans Publishing Company, 1976, pp.19-28.

Cook, Michael I. *The Jesus of Faith : A Study of Christology*. New York : Paulist Press, 1981.

Costas, Orando E. *Liberating News : A Theology of Contextual Evangelization*. Grand Rapids : William B. Eerdmans Publishing Company, 1989.

Coste, Rene. *Marxist Analysis and Christian Faith*. Trans. Roger A. Couture and John C. Cort. Maryknoll : Orbis Books, 1985.

Cousar, Charles B. *A Theology of the Cross : The Death of Jesus in the Pauline Letters*. Minneapolis : Fortress Press, 1990.

Cullmann, Oscar. *Salvation in History*. Trans. drafted by Sidney G. Sowers & afterwards completed by the editorial staff of the SCM Press. New York : Harper & Row, 1967.

______, *Christ and Time*. Trans. Floyd V. Filson. Philadelphia : The Westminster Press, 1950.

______, *The State in the New Testament*. New York : Charles Scribner's Sons, 1956.

Davis, Charles. *Theology and Political Society*. Cambridge : Cambridge University Press, 1980.

Dawe, Donald G. *Jesus : The Death and Resurrection of God*. Atlanta : John Knox Press, 1985.

Denny, James. *The Christian Doctrine of Reconciliation*. New York : Doran ; London : Hodder and Stoughton, 1918.

______, *The Death of Christ*. London : Hodder and Stoughton, 1911.

Dorr, Donal. *Spirituality and Justice*. Dublin : Gill and Mcmillan ; Maryknoll : Orbis Books, 1984.

Dunn, James D. G. *Unity and Diversity in the New Testament*. London : SCM Press, 1977.

______, *Christology in the Making*. Philadelphia : The Westminster Press, 1980.

______, *The Evidence for Jesus*. Philadelphia : The Westminster Press, 1985.

Dupuis, Jacques. *Jesus Christ at the Encounter of World Religions*. Trans. Robert R. Barr. Maryknoll : Orbis Books, 1991.

Ellul, Jacques. *Jesus and Marx : From Gospel to Ideology*. Trans. Joyce M. Hanks. Grand Rapids : William B. Eerdmans Publishing Company, 1988.

Fabella, V. and Sergio, T., eds. *Irruption of the Third World : Challenge to Theology*. Maryknoll : Orbis Books, 1983.

Foester, Werner. "diaballo, diabolos." *Theological Dictionary of the New Testament*. vol. 2. Ed. Gerhard Kittel and trans. Geoffrey W. Bromiley. Grand Rapids : William B. Eerdmans Publishing Company(1964), 75-79 ; "satanas." *Theological Dictionary of the New Testament*. vol. 7 (1971), 151-56.

Forsyth, P. T. *The Work of Christ*. London : Hodder and Stoughton, 1910.

France, R. T. "Liberation in the New Testament." *The Evangelical Quaterly*, 58, no. 1 (January 1988), 3-23.

Frend, W. H. C. *The Rise of Christianity*. London : Darton, Longman, and Todd, 1984.

Gadamar, Hans-Georg. *Philosophical Hermeneutics*. Trans. & ed. David E. Linge. Berkeley : University of California Press,

1976, 1977.

Gerhardsson, Birger. *The Testing of God's Son (Matt. 4 : 1-11 & Par.) : An Analysis of an Early Christian Midrash : Chapters 1-4*. Trans. John Toy. Lund, Sweden : CWK Gleerup, 1966.

Glebe-Moller, Jens. *Jesus and Theology : Critique of a Tradition*. Trans. Thor Hall. Minneapolis : Fortress Press, 1989.

______, *A Political Dogmatic*. Trans. Thor Hall. Philadelphia : Fortress Press, 1987.

Goppelt, Leonhard. *Theology of the New Testament*, vol. 1. Trans. John E. Alsup and ed. Jurgen Roloff. Grand Rapids : William B. Eerdmans Publishing Company, 1981.

Groome, Thomas H. *Christian Religious Education : Sharing Our Story and Vision*. San Francisco : Harper & Row, 1980.

______, *Sharing Faith : A Comprehensive Approach to Religious Education & Pastoral Ministry*. San Francisco : HarperCollins Publishers, 1991.

Gutierrez, Gustavo. *A Theology of Liberation*. Trans. & ed. Caridad Inda and John Eagleson. Maryknoll : Orbis Books, 1973.

Hamilton, Neil. *Jesus for a No-God World*. Philadelphia : The Westminster Press, 1969.

Hauck, F. "koinonos." *Theological Dictionary of the New Testament,* vol. 3. Ed. Gerhard Kittel and trans. Goeffrey W. Bromiley. Grand Rapids : William B. Eerdmans Publishing Company, (1965), 797-808.

Hellwig, Monika K. *Jesus the Compassion of God : New Perspective on the Tradition of Christianity*. Wilmington, Del. : Michael Glazier, Inc., 1983.

Hendry, George S. *The Holy Spirit in Christian Theology*. London : SCM Press, revised, 1965 ; orig. Philadelphia : The

Westminster Press, 1956.

Herzog, Frederick. *God-Walk : Liberation Shaping Dogmatics*. Maryknoll : Orbis Books, 1988.

Hiebert, Paul G. "Critical Contextualization." *International Bulletin of Missionary Research*, 11, no. 3 (1987), 104-112 ; quoted in *The Best in Theology*, vol. 2. Ed. J. I. Packer. Carol Stream, Il : Christianity Today, Inc., (1990), 387-400.

Hodgson, Peter C. *God in History : Shapes of Freedom*. Nashville : Abingdon Press, 1989.

Hoppe, Leslie J. *Being Poor : A Biblical Study*. Wilmington, Del. : Michael Glazier Inc., 1987.

Horsley, Richard A. *Sociology and the Jesus Movement*. New York : Crossroad, 1989.

______, *Jesus and the Spiral of Violence : Popular Jewish Resistance in Roman Palestine*. San Francisco : Harper & Row, 1987.

Hutchison, William R. "A Moral Equivalent for Imperialism : Americans and the Promotion of 'Christian Civilization,' 1880-1910." *Missionary Ideologies in the Imperialist Era : 1880-1920*. Ed. Torben Christensen and William R. Hutchison. Aarhus, Denmark : Aros, 1982, pp. 167-77.

Jeremias, J. *New Testament Theology : The Proclamation of Jesus*, vol. 1. Trans. John Bowden. New York : Charles Scribner's Sons ; London : SCM Press, 1971.

Jewett, Robert. *Christian Tolerance : Paul's Message to the Modern Church*. Philadelphia : The Westminster Press, 1982.

Johnston, Robert K., ed. *The Use of the Bible in Theology : Evangelical Option*. Atlanta : John Knox Press, 1985.

Kahler, Martin. *The So-called Historical Jesus and the Historic,*

Biblical Christ. Trans. & ed. Carl E. Braaten. Philadelphia : Fortress Press, 1964.

Kasper, Walter. *Theology and Church.* Trans. Margaret Kohl. New York : Crossroad, 1989.

______, *Jesus the Christ.* Trans. V. Green. London : Burns & Oates ; New York : Paulist Press, 1976.

Kay, Chi-Young. "A Study of Contemporary Protestant Preaching in Korea : Its Exegesis, Hermeneutics, and Theology." (Ph.D. dissertation, The School of Theology at Claremont in California, 1990).

Kim, Ji-Ha. *Cry of the People and Other Poems.* Ed. Nicola Geiger. Kagawaken, Japan : Autumn Press, 1984.

Kim, Se-Yoon. "Is 'Minjung Theology' a Christian Theology?" *Calvin Theological Journal,* 22 (1987), 251-74.

Kim, Yong-Bock. "Korean Christianity as a Messianic Movement of the People." *Minjung Theology : People as the Subjects of History.* Ed. CTC-CCA. Maryknoll : Orbis Books ; London : Zed Press ; Singapore : Christian Conference of Asia, 1983, pp. 80-119.

______, "Messiah and Minjung : Discerning Messianic Politics over against Political Messianism." *Minjung Theology : People as the Subjects of History.* Ed. CTC-CCA. Maryknoll : Orbis Books ; London : Zed Press ; Singapre : Christian Conference of Asia, 1983, pp. 183-93.

______, "Minjung Economics : Covenant with the Poor." *The Ecumenical Review,* 38, no. 3 (1986), 280-85.

Klein, G. "The Biblical Understanding of 'The Kingdom of God.'" *Interpretation,* 26 (1972), 387-418.

Koester, Helmut. *Introduction to the New Testament,* vol. 2. Philadelphia : Fortress Press, 1982.

Kraus, C. Norman. *Jesus Christ Our Lord : Christology from a Disciple's Perspective.* Scottdale, Penn. ; Kitchener, Ontario : Herald Press, 1976.

______, "Toward a Theology for a Disciple Community." *Kingdom Cross and Community : Essay on Mennonite Theme in Honor of Guy F. Hershberger.* Ed. John R. Burkholder & Calvin Redekop. Scottdale, Penn. : Kitchener, Ontario : Herald Press, 1976.

______, *The Authentic Witness : Credibility and Authority.* Grand Rapids : William B. Eerdmans Publishing Company, 1979.

______, *God Our Savior : Theology in a Christological Mode.* Scottdale, Penn. : Waterloo, Ontario : Herald Press, 1991.

Kung, Hans. *On Being a Christian.* Trans. Edward Quinn. New York : Dobleday, 1976 ; London : Collins, 1977.

______, *The Incarnation of God : An Introduction to Hegel's Thought As Prolegomena to a Future.* Trans. J. R. Stephenson. New York : Crossroad, 1987 ; London : T & T Clark, 1989.

Ladd, George E. *The Presence of the Future : The Eschatology of Biblical Realism.* Grand Rapids : William B. Eerdmans Publishing Company, 1974 ; reprinted in 1984.

Lee, Jung-Yong, ed. *An Emerging Theology in World Perspective : Commentary on Korean Minjung Theology.* Mystic, Conn. : Twenty-Third Publications, 1988.

Lesbaupin, Ivo. *Blessed Are the Poor : Christian Life in the Roman Empire, A.D. 64-313.* Trans. Robert Barr. Maryknoll : Orbis Books, 1987.

Lessing, G. E. *On the Proof of the Spirit and of Power.* Ed. H. Chadwick Lessing's Theological Writings. London : A & C Black, 1956.

Liechty, Daniel. *Theology in Postliberal Perspective*. Philadelphia :
　　　Trinity Press International ; London : SCM Press, 1990.
Lohse, Eduard. *Theological Ethics of the New Testament*. Trans. M.
　　　Eugene Boring. Minneapolis : Fortress Press, 1991.
Macquarrie, John. *Jesus Christ in Modern Thought*. London : SCM
　　　Press ; Philadelphia : Trinity Press International, 1990.
Marshall, I. H. "Incarnational Christology in the New Testament."
　　　Christ the Lord. Ed. Harold H. Rowden. Downers, Il :
　　　Intervarsity, 1982, pp. 1-16.
______, *The Origins of New Testament Christology*. Updated ed.
　　　Downer's Grove, Il. : Intervarsity Press, 1990.
Min, Anselm Kyongsuk. *Dialectic of Salvation : Issues in Theology
　　　of Liberation*. Albany, NY : State University of New York
　　　Press, 1989.
Minear, Paul S. "The Vocation of the Church : Some Exegetical
　　　Clues." *Missiology*, 5, no. 1 (January 1977), 13-37.
Moltmann, Jurgen. *The Crucified God : The Cross of Christ As the
　　　Foundation and Criticism of Christian Theology*. Trans. R.
　　　A. Wilson and John Bowden. New York : Harper & Row,
　　　1974.
______, *The Way of Jesus Christ : Christology in Messianic
　　　Dimensions*. Trans. Margaret Kohl. San Francisco :
　　　HarperCollins, 1990.
Moon, Cyris Hee-Suk. "An Old Testament Understanding of
　　　Minjung." *Minjung Theology : People As the Subjects of
　　　History*. Ed. CTC-CCA. Maryknoll : Orbis Books ; London
　　　: Zed Press ; Singapore : Christian Conference of Asia,
　　　1983, pp. 123-37.
______, *A Korean Minjung Theology : An Old Testament
　　　Perspective*. Maryknoll : Orbis Books ; Hong Kong :

Plough Publications, 1985.

Moule, C. F. D. *The Origin of Christology*. Cambridge : Cambridge University Press, 1977.

Mueller, David L. *An Introduction to the Theology of Albrecht Ritschl*. Philadelphia : The Westminster Press, 1969.

Mullins, Edgar Young. *The Christian Religion in Its Doctrinal Expression*. Philadelphia : Judson Press, 1917.

Na, Yong-Wha. "A Theological Assessment of Minjung Theology : Systematically and Biblically." (Th.D. Thesis, Concordia Theological Seminary, 1988).

Newbigin, Lesslie. *The Open Secret*. Grand Rapids : William B. Eerdmans Publishing Company, 1978.

Niebuhr, H. Richard. *Radical Monotheism and Western Culture*. New York : Faber, 1961.

Niles, D. Perman. "Introduction." *Minjung Theology : People As the Subjects of History*. Ed. CTC-CCA. Maryknoll : Orbis Books ; London : Zed Press ; Singapore : Christian Conference of Asia, 1983, pp. 1-11.

Ogden, Schubert M., ed. *New Testament and Mythology and Other Writings*. Philadelphia : Fortress Press, 1985.

Paik, L. George (Nak-Chun Paik). *The History of Protestant Missions in Korea, 1832-1910*. PyungYang : Union Christian College Press, 1929.

Palmer, Parker. *To Know As We Are Known : A Spirituality of Education*. San Francisco : Harper & Row, 1983.

Palmer, Spencer J. *Korea and Christianity : The Problem of Identification with Tradition*. Seoul : Royal Asiatic Society Korea Branch, 1986.

Pannenberg, Wolfhart. *Revelation As History*. Trans. David Granskau. London : Mcmillan, 1968.

______, "Minjung Theology : What Is Its Task?" *The Christian Thought*, 34, no. 1 (1990), 37-47.

Pelikan, Jaroslav. *Jesus through the Centuries*. New Haven : Yale University Press, 1985 ; paperback edition published by Harper & Row, 1987.

Perrin, Norman. *The Kingdom of God in the Teaching of Jesus*. Philadelphia : The Westminster Press ; London : SCM Press, 1963.

______, *Rediscovering the Teaching of Jesus*. New York : Harper & Rowp ; London : SCM Press, 1967.

______, *Jesus and the Language of the Kingdom*. Philadelphia : Fortress Press, 1976.

Pilgrim, W. *Goodnews to the Poor : Wealth and Poverty in Luke-Acts*. Minneapolis : Augusburg Publishing Company, 1981.

Pinnock, Clark. *The Scriptural Principle*. New York : Harper & Row, 1984.

Pugh, Jeffrey C. *The Anselmic Shift : Christology and Method in Karl Barth's Theology*. New York : Peter Lang, 1990.

Raisanen, Heikki. *Beyond New Testament Theology : A Story and a Programme*. London : SCM Press ; Philadelphia : Trinity Press International, 1990.

Richard, Lucien. "Some Recent Developments on the Question of Christology and the Third World." *Eglise et Theologie*, 8 (1977), 209-44.

Riches, John. *Jesus and the Transformation of Judaism*. New York : The Seabury Press, 1982.

Ringe, Sharon H. *Jesus, Liberation, and the Biblical Jubilee*. Philadelphia : Fortress Press, 1985.

Rust, Eric C. "Theological Emphases of the Past Three Decades."

Review and Expositor, 78 (1981), 259-70.

Sanders, E. P. *Jesus and Judaism*. Philadelphia : Fortress Press, 1985.

Schillebeeckx, Edward. *Interim Report on the Books Jesus and Christ*. Trans. John Bowden. New York : Crossroad, 1980.

______, *Christ : The Christian Experience as Lord*. Trans. John Bowden. New York : The Seabury Press, 1980.

Schneiders, Sandra M. *The Revelatory Text : Interpreting the New Testament as Sacred Scripture*. San Francisco : Harper & Row, 1991.

______, "Church and Biblical Scholarship in Dialogue." *Theology Today*, 42 (October 1985), 358.

Schotroff, Louise. "Non-violence and the Love of One's Enemy." *Essays on the Love Commandment*. Ed. L. Schotroff, et. al. Philadelphia : Fortress Press, 1978, pp. 9-39.

Schrage, Wolfgang. *The Ethics of the New Testament*. Trans. David E. Green. Philadelphia : Fortress Press, 1988.

Schweizer, Eduard. *Jesus Christ : The Man from Nazareth and the Exalted Lord*. Ed. Hulitt Glore. Macon : Mercer University Press, 1987.

Sobrino, Jon. *Christology at the Crossroad : A Latin American Approach*. Maryknoll : Orbis Books, 1978.

Song, Choan-Seng. *Jesus, The Crucified People*. New York : Crossroad, 1990.

______, *Third-Eye Theology*. Maryknoll : Orbis Books, 1979.

______, "The Seed of Hope in the Womb." *Religious Education*, 74, no. 5 (1979), 533-42.

Song, Kon-Ho. "A History of the Christian Movement in Korea." *International Review of Mission*, 74 (1985), 20-37.

______, *Inquiry about Man : An Anthropological Interpretation on the Christian Doctrine of Man.* Seoul : Korea Theological Study Institute, 1987.

Song, Harold S. "General Picture of the Korean Church : Yesterday and Today." *Korea Struggles for Christ.* Ed. Harold S. Song. Seoul : Korea Christian Literature Society, 1966.

Stegner, W. Richard. "Wilderness and Testing in the Scrolls and in Matthew 4 : 1-11." *Biblical Research*, 12 (1967), 18-27.

Stendahl, Krister. "Biblical Theology : A Program." *Meanings : The Bible As Document and As Guide.* Philadelphia : Fortress Press, 1984, pp. 11-44 ; quoted from "Biblical Theology, Contemporary." *Interpreter's Dictionary of the Bible*, vol. 1. Nashville : Abingdon Press, 1962.

Streng, Frederick. *Understanding Religious Life.* 3rd ed. Belmont, CA : Wadworth Publishing Co., 1985.

Stroup, George W. *The Promise of Narrative Theology : Rediscovering the Gospel in the Church.* Atlanta : John Knox Press, 1981.

Suh, Chang-Won John. "A Formulation of Minjung Theology : Toward a Socio-Historical Theology of Asia." (Ph.D. dissertation, Union Theological Seminary in New York, 1986).

Suh, Kwang-Sun David. *Theology, Ideology and Culture.* Hong Kong : World Student Christian Federation Asia/Pacific Region, 1983.

______, "A Biographical Sketch of an Asian Theological Consultation." *Minjung Theology : People As the Subjects of History.* Ed. CTC-CCA. Maryknoll : Orbis Books ; London : Zed Press ; Singapore : Christian Conferece of Asia, 1983, pp. 15-37.

______, "Korean Theological Development in the 1970s." *Minjung*

Theology : People As the Subjects of History. Ed.
CTC-CCA. Maryknoll : Orbis Books ; London : Zed Press
; Singapore : Christian Conference of Asia, 1983, pp.
38-54.

Suh, Nam-Dong. "Historical References for a Theology of Minjun
g." *Minjung Theology : People as the Subjects of History.*
Ed. CTC-CCA. Maryknoll : Orbis Books ; London : Zed
Press ; Singapore : Christian Conference of Asia, 1983, pp.
155-82.

______, "Towards a Theology of Han." *Minjung Theology : People
as the Subjects of History.* Ed. CTC-CCA. Maryknoll :
Orbis Books ; London : Zed Press ; Singapore : Christian
Conference of Asia, 1983, pp. 55-69.

Theissen Gerd. *The First Followers of Jesus.* Trans. John Bowden.
London : SCM Press, 1978.

Thomas, M. M. "Christian Action in Asian Struggle." *What Asian
Christians Are Thinking.* Ed. Douglas J. Elwood. Quezon
City, Philippines : New Day Publishers, 1976.

Tiede, David. *Jesus and the Future.* Cambridge : Cambridge
University Press, 1990.

Tillich, Paul. *Systematic Theology*, vol. 1. Chicago : University of
Chicago Press, 1951.

Tinder, Glenn. *The Political Meaning of Christianity : The
Prophetic Stance, An Interpretation.* San Francisco :
HarperCollins, 1991 ; originally published by Louisiana
State University Press, 1989.

Underwood, Horace G. *The Religions of Eastern Asia.* New York :
The Mcmillan Company, 1910.

Via, Don O. *The Ethics of Mark's Gospel in the Middle of Time.*
Philadelphia : Fortress Press, 1985.

참고문헌

Vivano, Benedict T. *The Kingdom of God in History.* Wilmington, Del. : Michael Glazier Inc., 1988.

Wagner, Herwig. "A Letter to the Minjug Theologians of Korea." *An Emerging Theology in World Perspective : Commentary on Korean Minjung Theology.* Mystic, CT : Twenty-Third Publications, 1988, pp. 183-195.

Wallis, Jim. *Agenda for Biblical People : A New Focus for Developing a Life-Style of Discipleship.* New York : Harper & Row, 1976.

______, *The Call to Conversion : Rediscovering the Gospel for These Times.* San Francisco : Harper & Row, 1981.

Wengst, Klaus. *Humility : Solidarity of the Humiliated.* Trans. John Bowden. Philadelphia : Fortress Press, 1988.

Wilder, Amos N. *Early Christian Rhetoric : The Language of the Gospel.* Cambridge : Harvard University Press, 1971.

Willis Wendell, ed. *The Kingdom of God in 20th-Century Interpretation.* Peabody, MA : Hendrickson Publishers, 1987.

Wilson, Bryan A. "Millenialism in Comparative Perspective." *Comparative Studies in Society and History,* 6 (1963), 93-114.

Wolterstorff, Nicholas. *Until Justice & Peace Embrace.* Grand Rapids : William B. Eerdmans Publishing Company, 1983.

Woodbridge, John D. and Thomas E. McComiskey. *Doing Theology in Today's World.* Grand Rapids : Zondervan Publishing House, 1991.

Yoder, John H. *The Politics of Jesus.* Grand Rapids : William B. Eerdmans Publishing Company, 1972.

강원돈, 「민중현실의 발견과 우리 것에 대한 추구」, 『1980년대 한국민중신학의 전개』, 한국신학연구소, 1990.

김용복, 「민중의 사회전기와 신학」, 『신학사상』 24, 1979.

김용복 외, 「심포지움 : 한국신학으로서의 민중신학의 과제」, 『신학사상』 24, 1979.

김지철, 「민중신학의 성서 읽기에 대한 비판적 고찰」, 『신학사상』 69(1990년 여름).

김창락, 『새로운 성서해석과 해방의 실천』, 한국신학연구소, 1990.

민경배, 『한국기독교회사』, 대한기독교출판사, 1990.

서남동, 『전환시대의 신학』, 한국신학연구소, 1976.

서남동, 『민중신학의 탐구』, 한길사, 1983.

서인석, 『하나님의 정의와 분노』, 분도출판사, 1975.

송기득, 「민중신학의 정체」, 『기독교사상』 362, 1989.

안병무, 『해방자 예수 : 그리스도교의 역사적 증언』, 서울 : 현대사상사, 1979.

______, 『예수와 민중』, 한국신학연구소, 1985.

______, 『민중신학 이야기』, 서울 : 한국신학연구소, 1987.

______, 『민중사건 속의 그리스도』, 서울 : 한국신학연구소, 1989.

______, 『갈릴래아의 예수』, 서울 : 한국신학연구소, 1990.

______, 『1980년대 한국민중신학의 전개』, 서울 : 한국신학연구소, 1990.

______, 「한국교회의 예수상, 선교백년」 『신학사상』 19, 1977.

안병무 편, 『사회학적 성서해석』, 서울 : 한국신학연구소, 1983.

안병무 · 김창락 · 민영진, 「민중신학의 성서해석방법」, 『신학사상』 57, 1987, 412-33 ; 『1980년대 한국민중신학의 전개』, 한국신학연구소, 1990, pp. 299-320.

이기백, 『한국사신론』, 1976.

한국신학연구소편, 『1980년대 한국 민중신학의 전개』, 한국신학연구소, 1990.

현영학, 「신의 역사창조 행위」, 『한국역사와 기독교』, 기독교사상 편집부 편, 대한기독교출판사, 1983.

______, 「민중. 고난의 종. 희망」, 『1980년대 한국민중신학의 전개』, 한국
　　신학연구소, 1990, pp. 11-23.